KB151449

오키나와 사람들의
한해살이
沖繩生活誌

OKINAWA SEIKATSU SHI

by Ben Takara

Copyright ⓒ 2005 by Ben Takara

First published 2005 by Iwanami Shoten, Publishers, Tokyo.

This Korean edition published 2016

by MINSOKWON Publishing Co., Seoul

by arrangement with the Proprietor c/o Iwanami Shoten, Publishers, Tokyo.

오키나와 사람들의
한해살이 沖繩生活誌

시인 다카라 벤이 들려주는 오키나와 생활지

다카라 벤 지음
김용의 · 김희영 옮김

오키나와
학술총서
_____ 03
沖繩學
叢書

Community Life in Okinawa

: "Okinawan Life Culture" by Ben Takara,
a poet in Okinawan studies

민속원

上 창세신을 모신 구다카지마의 신당에 치성을 드리러 온 다카라 벤 시인의 부인과 마을의 신녀
下 구다카지마의 신녀와 길에서 이야기를 나누는 다카라 벤 시인

上 오키나와 말로 후루라고 부르는 전통적인 돼지우리
下 오키나와 나하시의 재래시장에 진열된 돼지머리 장식

上 구다카지마의 설 의례에서 처음으로 마을의 장로로부터 술잔을 받다.
下 구다카지마의 설 의례에서 성인이 된 손자를 할머니가 축하하며 함께 춤을 추다.

上 아이의 백일 사진
下 위패를 안치한 제단

上 세계유산으로 지정된 세화 우타키의 기념석
下 오키나와 벼농사의 발상지 우킨주하인주

上 항아리에 담긴 아와모리 술
下 아와모리 술과 오키나와 상징물 시사

上 오키나와 전통과자 사타안다기
下 오키나와 말 사용을 금지하는 데에
　이용되었던 방언 표찰

上 오키나와의 국립극장에 게시된 구미오도리 광고
下 불의 신 히누칸을 모시는 공물

서문

　내 책상 위에는 미야모토 쓰네이치宮本常一[1]의 저서 『여성의 민속지女の民俗誌』(岩波現代文庫, 2001)와 함께 시마오 미호島尾ミホ[2]의 저서 『바닷가의 삶과 죽음海邊の生と死』(中公文庫, 1987)이 놓여 있습니다. 나는 미야모토 쓰네이치가 『잊혀진 일본인忘れられた日本人』(岩波文庫, 1984)을 비롯한 미야모토민속학 속에서 한 사람 한 사람의 생활을 성심껏 듣고 기록하여 이를 바탕으로 훌륭한 민속지를 엮어나가는 방법을 존경하며 애독해 왔습니다. 나도 그처럼 민속지에 가까운 생활지를, 그리고 가능하다면 나의 어머니나 누이들과 관련된 생활에 중점을 두고 쓸 수 있기를 바랐습니다.

　한편 시마오 미호의 『바닷가의 삶과 죽음』은 생활지를 문학으로까지 승화시키고 있습니다. 시마오 미호가 쓴 아마미제도奄美諸島에서의 생활지는 류큐호琉球弧에 살고 있는 우리들의 생활체험과 공통된 부분도 많아서 나도 그 같은 이야기를 쓸 수 있기를 동경해 왔습니다.

1_　1907~1981. 야마구치 현(山口縣) 출신의 민속학자이다. 초·중학교 교원으로 근무하던 시기에 긴키민속학회(近畿民俗學會)에 참가했고, 1939년에는 시부사와 게이조(澁澤敬三)가 설립한 'Attic Museum(현 일본상민문화연구소)'의 일원이 되었다. 전국의 낙도와 변방을 답사하여 독자적 민속학을 구축했으며, 무사시노대학(武蔵野大學)의 미대교수로도 재직하였다. 『바다를 연 사람들(海をひらいた人々)』, 『잊혀진 일본인(忘れられた日本人)』 등의 저작이 있다.

2_　1919~2007. 아마미제도(奄美諸島) 가케로마지마(加計呂麻島) 출신의 작가이다. 가케로지마에는 일본의 '해군특별공격대' 기지가 있었고, 이곳으로 부임해 온 시마오 도시오(島尾敏雄)와 만나 결혼하였다. 시마오 도시오의 대표작 『죽음의 가시(死の棘)』에 등장하는 '아내'의 모델이며, 『바닷가의 삶과 죽음』으로 '다무라도시코상(田村俊子賞)'을 수상하였다. 그 외에 『제례의 이면(祭り裏)』과 단편 『그날 밤(その夜)』 등 고향을 소재로 한 작품이 많다.

오키나와沖縄는 아열대성 기후인 까닭에 일본 본토와 달리 사계절의 변화가 그다지 뚜렷하지 않으며 여름과 겨울 사이에 짧은 봄과 가을이 끼어있는 느낌입니다. 그래도 일 년을 오키나와다운 사계절 감각으로 굳이 나누어 절기마다의 행사를 축으로 하여 오키나와의 일상생활을 전하고 싶었고, 그런 과정을 통해서 완성된 것이 이 책입니다.

일본으로 복귀하기 전의 오키나와는 외국으로 취급되어 여권과 비자 없이는 일본 본토와 자유롭게 왕래할 수 없었습니다. 일본으로 복귀한 후에는 출입국관리 수속도 폐지되며 본토에서 많은 사람들이 오키나와로 오게 되었습니다. 오키나와를 방문하는 관광객은 2003년부터 연간 500만 명을 넘어섰습니다. 이 수치는 오키나와 현縣 인구의 약 4배입니다. '푸른 바다 푸른 하늘의 섬들', '열대의 섬', '치유의 섬'이라는 이미지에서 오는 매력도 작용했을 것입니다.

반면에 오키나와는 '오키나와지상전의 상흔이 남은 섬', '기지문제가 존재하는 섬', '오키나와문제가 해결되지 않은 섬'이라는 이미지도 있습니다. 2차 세계대전 이후의 오키나와는 미군점령하의 섬으로 '오키나와ォキナワ'라는 가타카나片假名로 표기하기도 하였습니다. 그리고 정치적으로도 사상적으로도 수많은 '오키나와론'이 제기되었습니다.

다른 한편으로 오키나와는 학계, 특히 민속학과 역사학 및 언어·문학 등을 연구하는 학자들 사이에서는 '일본 고층문화가 남아있는 섬' 혹은 '일본의 고대를 비춰주는 거울' 등으로 높은 평가를 받고 있으며, 지역종합적인 학문영역으로서의 '오키나와학'도 다양한 전개를 보이고 있습니다.

그러나 나는 오키나와에서 태어나 자라고 이곳에서 살고 있는 사람 중의 한 명으로서 이러한 오키나와 이미지나 오키나와 이해에 늘 위화감을 느껴왔습니다. 그것들은 아무래도 오키나와의 어떤 일부분 또는 표층적 이야기일 뿐, 나의 생활 감각과 일상생활의 전체상과는 동떨어져 있거나 적어도 심층까지는 다다르지 못하고 있다는 생각이 들었습니다.

그래서 나는 나 자신의 일상을 생활지처럼 써보고자 하였습니다. 일 년간의 일상을 통해 오키나와에 살고 있는 내가(우리들이) 무엇을 체험하고 무엇을 생각하며 살고 있는지, 그리고 수 십 년, 수 백 년을 반복해 온 생활 속에서 무엇이 보이는지, 그것들을 가능한 한 기록하여 대상화해보려고 생각한 것입니다. 그때 줄곧 내 곁에 놓여있던 책이 앞에서 말한 『여성의 민속지』와 『바닷가의 삶과 죽음』이었습니다.

나의 일상생활은 오키나와본도沖繩本島의 남부인 시마지리 군島尻郡과 나하 시那覇市를 중심으로 전개됩니다. 일상생활은 개인에 따라, 가정에 따라, 직장이나 지역에 따라서도 다를 것입니다. 하물며 남쪽으로는 야에야마제도八重山諸島에서 미야코제도宮古諸島, 오키나와제도沖繩諸島, 그리고 북쪽으로는 아마미제도까지를 포함하는 류큐호의 섬들은 각각의 풍토와 역사 및 문화에 있어서 독특한 개성을 갖고 있습니다. 따라서 나의 오키나와 생활지는 어디까지나 오키나와본도 남부지역이라는 한계에서 벗어날 수 없습니다.

그러나 가능한 한 야에야마, 미야코, 아마미와의 교류 체험을 적어서 류큐호 생활지의 공통점과 차이점을 명확히 하고자 노력하였습니다. 그러한 노력을 통해 류큐호에서의 생활과 역사 및 문화의 다양성과 중층성을 부각시키려 했던 것입니다.

그렇지만 이 생활지가 오키나와에서 얼마만큼 일반적이며 어느 정도로 개성적인지
는 분명하지 않습니다. 나는 오키나와본도 남부에 있는 반농반어 마을에서 2차 대전이
끝난 후 얼마 지나지 않아 태어났습니다. 우리 집은 마을에서 둘째가라면 서러울 정도
로 가난했지만, 그래도 나는 오키나와의 전통문화가 숨 쉬는 가정과 지역에서 사랑받
으며 자랐습니다.

　　그리하여 오키나와가 일본에 복귀하기 전에 본토에 있는 대학으로 '유학'하고, 일본
복귀를 전후하여 오키나와로 돌아왔습니다. 또 1990년 무렵에는 필리핀대학의 대학원
으로 유학하는 기회도 얻었습니다. 그리고 20대부터 현재까지 시작詩作을 중심으로 하
는 문학 활동도 이어왔습니다. 이와 같은 경력을 지닌 나의 일상생활은 오키나와의 '일
반적인 생활'에 비하여 평범하지 않은 부분이 많을지도 모르겠습니다.

　　하지만 나는 자신의 생활지를 써나가는 동안에 과거의 역사와 체험 위에 현재의 내가
있고, 현재 속에 미래의 우주가 깃들어 있다는 지극히 당연한 사실을 재차 확인하였습니
다. 스피드와 이익추구를 다투며 눈앞의 일에 쫓겨 매일을 찰나주의적으로 보내기 쉬운
현대 문명사회에 있어서는 이 점에 대해 다시 한 번 검토할 필요가 있다고 생각합니다.

　　현재의 내게는 확실히 오키나와의 과거와 미래가 가득 채워져 있습니다. 그러면 지
금부터 여러분을 오키나와의 일 년이라는 커다란 사이클로 안내하겠습니다.

다카라 벤高良 勉

차례

오키나와
사람들의
한해살이

제1장

설 : 흑설탕 향기

흑설탕 향기

눈 내리는 거리를 무척 동경하였습니다. 겨울 저녁, 일에 지친 몸을 이끌고 집으로 돌아가는 길에 무의식적으로 '눈 내리는 거리를' 하며 노래를 불렀습니다.

내가 살고 있는 오키나와에는 눈이 내리지 않습니다. 온통 하얀 은세계, 그 세계에서의 생활을 경험할 수는 없습니다. 산이 단풍으로 물들고, 그 후 수개월 간 새하얀 눈에 덮인 세계가 시작된다……. 그와 같은 생활체험이 없는 나의 감수성은 눈이 내리는 나라 사람들의 그것과는 크게 다를 것입니다. "오키나와가 일본으로 복귀하면 눈이 내리게 될 것이라고 생각하였습니다. 그러나 내리지 않았습니다." 라는 작문을 쓴 초등학생도 있었습니다.

그래도 오키나와의 겨울은 춥습니다. 시베리아 한랭기단이 남하해 와서 매서운 북서풍이 불어 닥칩니다.

시사ㅅㅡ사ー 나하 시那覇市

> 태양은 며칠이고 모습을 보이지 않았다
> 곶을 돌지 않으면 돌아갈 수 없었다
> 오랜 나날 얼어붙은 해구海溝의, 크레바스[1]-의, 가을의 연인이여

나의 반생동안 미워하며 서로 사랑했던

겨울바람이여, 지금 알릴 수 있겠니

안녕, 잔파 곶殘波岬

ティダは 幾日も 姿を見せなかった 岬を廻らねば 歸れなかった

遠い日々 凍った海溝の クレバスの 秋の戀人よ ぼくの半生で 憎み

愛し觸れあってきた 冬の風たちよ いま 告げえるか さよなら 殘波岬

　　　　　　　　　　　　　　'잔파 곶' 다카라 벤高良勉

이 시는 나의 두 번째 시집 『곶岬』(海風社, 1984)에 수록되어 있습니다. 요미탄 촌讀谷村[2]의 잔파 곶을 비롯하여 오키나와본도沖繩本島의 서해안과 낙도는 겨울동안 혹독한 한풍과 거친 파도를 맞게 됩니다.

베개를 나란히 하고 함께 잠든 저 꿈의 매정함이여

잠깨어 보니 달은 서쪽 하늘로 기울고 춥디추운 겨울 한밤중이구나

枕ならべたる 夢のつれなさや

月やいりさがて 冬の夜半

　　　　　　　　　　　　　　'쇼돈부시諸屯節'[3]- 아카미네 우에카타赤嶺親方[4]-

류큐왕국琉球王國[5]- 시대의 아카미네 우에카타도 겨울 한밤중의 적막함을 류카琉歌[6]-

1_　crevasse. 빙하(氷河)나 설계(雪溪)가 깊게 갈라진 틈을 말한다.

2_　오키나와본도 중부의 나카가미 군(中頭郡)에 속하는 촌이다. 면적 3,517ha에 인구는 약 3만 8천 명으로, 2014년 현재 일본의 촌 중에서 가장 인구가 많다. 오키나와의 전통악기 산신(三線)의 시조라고 하는 아카인코(赤犬子)의 연고지이며, 자색고구마로 유명하다.

3_　쇼돈(諸鈍)은 일찍이 류큐(琉球)의 문물 유입구로서 번영했던 지명이다. 여성고전무용의 최고걸작 〈쇼돈〉은 다른 소품 없이 장식이 달린 후사이비나기(房指輪)라는 반지만을 끼고 극히 억제된 동작으로 추는 무용이다. '나카마부시(仲間節)', '쇼돈부시', '시온가나이부시(しょうんがない節)'의 세 곡으로 구성되어 있다.

4_　생몰년 미상. 현재의 오키나와 시에 속하는 노보리카와(登川) 마을을 새로이 건설할 때, 아카미네 우에카타가 구획정리와 도로 및 비상용수 정비 등에 대한 지도를 했다고 전한다. 아카미네의 이름과 함께 노보리카와 마을이 지금의 지역으로 이주해 왔다는 사실을 입증하는 석비가 노보리카와 공민관(公民館) 앞에 건립되어 있다.

로 표현하였습니다. 이 '쇼돈부시'는 류큐무용 중 대표적인 여성무용으로 알려진 〈쇼돈諸屯〉의 무용곡입니다.

한편 겨울은 가장 고대하는 계절이기도 합니다. 일 년의 시작인 설은 한겨울에 시작됩니다. 돼지고기요리를 비롯한 맛있는 음식을 일 년 중에서 가장 많이 먹을 수 있는 때도 설입니다. 1월 말이 되면 히칸자쿠라緋寒櫻[7]-가 피어나기 시작합니다.

오키나와에서 겨울 냄새의 상징은 달콤한 흑설탕을 끓이는 냄새일 것입니다. 제당공장 쪽을 지나노라면 '슷핀スッピン'이라는 다갈색 엿 모양이 된 흑설탕 향이 떠다닙니다. 그리고 사탕수수를 가득 실은 트럭이 도로를 오갑니다. 밭에서는 농가 사람들이 총출동하여 사탕수수 수확에 분주합니다.

> 설탕 만들 계절의 해가 묵직하게 마을을 감싸고 있네
> 糖期の日がどっしりと村つつむ
>
> 엔도 세키손遠藤石村[8]-

> 사탕수수 이삭이 수정처럼 햇볕에 서있네
> 甘蔗の穂の水晶のごと陽に立てり
>
> 아라타시 기리코新桐子

은색으로 빛나는 사탕수수의 꽃과 이삭이 흔들리는 밭에 둘러싸여 겨울의 추위를 견

5_ 류큐왕국은 1429년에 등장한 통일왕국으로, 오키나와의 중심지 나하 동부에 있는 슈리(首里)를 도읍으로 삼았다. 동북아시아와 동남아시아를 잇는 해상로에 위치하여 무역으로 발전했으며, 중국은 물론 일본과 한반도의 영향을 받아 독특한 문화를 이루었다. 1879년 450년간의 왕조가 끝나고 오키나와 현(縣)으로 일본에 편입되었다.

6_ 류카는 아마미제도(奄美諸島)·오키나와제도(沖縄諸島)·미야코제도(宮古諸島)·야에야마제도(八重山諸島)에 전승되는 서정단시형(叙情短詩形) 가요이다. 아마미제도에서는 주로 시마우타(島唄)라고 호칭한다.

7_ 벚꽃의 일종으로 춘분 무렵에 꽃이 핀다. 오키나와, 타이완, 중국 남부에 자생하며 일본 난대지역에서도 재배한다.

8_ 1907~1977. 오키나와 현 이토만 시(絲滿市) 마카베(眞壁) 출신의 의사이며 하이진(俳人)으로, 세키손은 배호(俳号)이다. 1956년부터 1977년 귀향 도중 급서하기까지 21년이라는 오랜 기간 동안 '류큐하이단(琉球俳壇)'에서 하이쿠(俳句) 심사를 담당하여 오키나와 하이쿠계에 절대적인 공헌을 한 인물이다. 사후인 1979년에 '엔도세키손상(遠藤石村賞)'과 구비(句碑)가 설립되었다.

디면서 봄날을 기다립니다.

새해의 시작

오키나와의 설은 1960년대부터 주로 양력으로 쇠게 되었습니다. 나도 신정新正으로 쇱니다. 이것은 전후戰後가 되어 '생활개선' 및 '신정운동'이 일어나, 그 영향에 따른 것입니다. 신정인데도 설날이라고 하면 몸과 마음이 완전히 새로워지는 듯한 기분이 드는 것은 이상한 일입니다.

오키나와는 류큐왕국 시대를 거쳐 독자적인 역사와 문화를 가꾸어왔기 때문에 본토처럼 신사神社[9]나 절이 발전하지 않았습니다. 내가 태어난 다마구스쿠 촌玉城村[10]과 현재 살고 있는 시마지리 군島尾郡에는 신사가 없습니다. 따라서 설에 신사나 절에 가서 참배하는 전통은 희박하며,[11] 참배자도 상대적으로 적은 것 같습니다. 오히려 각 지역의 마을공동체나 혈연공동체 및 가족을 중심으로 설 축하를 하고 있습니다.

설날 아침에는 아직 날이 밝기 전에 고향인 다마구스쿠 촌 아자字[12] 미이바루新源에 있는 하마가와우타키濱川御嶽[13]로 갑니다. 그리고 그 앞 망망대해에서 떠오르는 첫 일

9_ 일본 종교인 신도(神道)의 제사시설 및 그 시설을 중심으로 하는 제사의례·신앙을 행하는 조직을 말한다. 입구에 서있는 도리이(鳥居) 안의 구역 일대를 '신령이 머무는 성역'으로 간주하는데, 현재는 참배용 시설 외에 결혼식 등을 위한 시설이 설치된 경우도 많다.

10_ 오키나와본도 남부에 위치한 촌(村)이다. 2006년 1월에 사시키 정(佐敷町), 지넨 촌(知念村), 오자토 촌(大里村)과 합병하여 난조 시(南城市)로 되었다.

11_ 일본에서는 새해가 되면 각지의 신사나 사찰에 가서 첫 참배를 하는데, 이것을 하쓰모데(初詣)라고 한다. 새해에 처음으로 참배하면 경사스러움이 배가된다고 하여 옛날에는 한 집의 가장이 섣달그믐날 밤부터 신사에 나가 잠을 자지 않고 신년을 맞이하는 것이 관습이었다.

12_ '정(町)'이나 '촌'보다 작은 옛 행정 단위이다. 오키나와에서는 아직도 아자 단위의 공동체 생활을 영위하는 곳이 많다.

13_ '우타키(御嶽)'는 오키나와 전 지역에 존재하는 민속신앙의 성지이다. 대부분은 숲이지만, 바위나 구바(蒲葵)라는 야자과 상록수, 가주마루(龍樹) 나무 등이 우타키가 되기도 한다. 우타키는 가장 신성한 장소로서 마을에서 제사를 지낼 때 핵심을 이루며 대부분 조상이 최초로 살게 된 장소이거나, 혹은 마을을 개척한 조상의 납골장소 근처에 위치하기 때문에 마을 발생의 역사와 밀접한 관계를 갖는 경우가 많다. 하마가와 우타키는 햐쿠나(百名) 해변의 북쪽에 진좌하고 있는 우타키이다. '하마가와'란 바닷가의 용수(湧水)를 이르는데, 그것이 우타키의 이름으로 정착되었다.

출을 배례합니다. 푸른 바다 저편에서 떠오르는 첫 일출은 신성한 존재입니다. 그 후에 다마구스쿠 촌과 이웃한 지넨 촌知念村[14]-으로 가 세계유산인 세화 우타키齋場御嶽[15]-에 참배하며 설을 맞이하고 있습니다.

한편, 설날의 가장 중요한 의식은 '지타치누우누훼朔日の御美拜'와 새해인사를 다니는 일입니다. '지타치누우누훼'는, 먼저 히누칸火の神[16]-님께 와카미즈若水[17]-를 바치며 기도를 합니다. 그 후, 가족 전원이 부쓰단佛壇[18]-이나 도코노마床の間[19]- 앞에서 술잔을 주고 받으며 새해 첫인사를 나눕니다.

맨 처음, 내가 아내에게 술잔을 줍니다. 이어서 소금[20]-을 세 차례 손바닥에 올립니다. 그 후에 지난해 있었던 일에 대한 감사와 반성, 올해의 포부나 소망을 중심으로 새해 첫인사말을 합니다. 이것이 끝나면 아내가 와카미즈를 내 이마에 세 차례 묻히는 '미지나데水撫'[21]-를 해줍니다.

다음은 아내가 나에게 같은 순서와 방법으로 인사를 합니다. 아내의 이마에 내가 '미지나데'를 해줍니다. 그 다음은 내가 장녀에게, 그리고 장남에게 같은 의식을 이어갑니

14_ 시마지리 군의 촌이다. 2006년 1월 1일에 다마구스쿠 촌, 사시키 정, 오자토 촌과 합병하여 난조 시가 되었다. 구데켄(久手堅)에 위치한 촌사무소는 합병 후, 난조시청 지넨청사로 바뀌었다.

15_ 난조 시에 있는 사적이다. 15~16세기의 류큐왕국 쇼신왕(尙眞王) 시대의 우타키로 간주되고 있다. '세화' 는 '최고위(最高位)'를 의미하므로 세화 우타키는 '최고의 우타키'라는 뜻이 된다.

16_ '히누칸'은 집의 수호신으로, 한국의 조왕신에 해당한다. 아궁이에서 유래한 히누칸은 '우미치문(お三つ 物)'이라고도 하며, 최근에는 돌을 세 개 놓고 신체(神體)로 삼거나 도자기 향로를 히누칸으로 모시는 경우가 많다. 이 신앙은 오키나와의 민속신앙 중에서 매우 중요한 위치를 차지한다.

17_ 설날 아침 일찍 긷는 정화수를 말한다. 고대 일본의 궁중에서는 입춘일에 모이토리노 쓰카사(主水司)가 천황에게 바쳤던 물을 일컬었다. 회춘의 물이라는 신앙에서 발전하여 입춘 때의 물을 담아 바치면 일 년 동안의 사기(邪氣)를 막는 효과가 있다고 믿었으며, 후대에 와서는 설날에 뜨는 물을 와카미즈라고 부르게 되었다. 이 물로 오곡의 신인 '도시가미(年神)'에게 바칠 공물과 가족이 먹을 음식을 만들기도 하였다.

18_ 조상의 위패를 안치하는 제단을 의미한다. 일본에서는 집안에 주로 신도의 신을 모시는 가미다나(神棚)와 조상의 위패를 모시는 부쓰단을 함께 설치해 둔다.

19_ 일본식 건축에서, 객실의 상좌 쪽에 바닥을 한 층 높게 만들고 벽과 바닥을 이용하여 족자도 걸고 꽃꽂이 도 장식하는 곳이다.

20_ 일본인은 오래 전부터 소금에 정화하는 힘이 있다고 생각하여 신성한 곳이나 불교행사 때 부정을 씻어낼 목적으로 소금을 사용했다. 특히 소금에 절인 음식은 장기간 보존이 가능했기 때문에 소금에 신비한 힘이 있다고 믿었다.

21_ 정화 등의 의미로 물을 적시는 성스러운 행위를 뜻하며, 우비나디(御水撫で)라고도 한다. 성수를 담은 그릇에 가운뎃손가락을 담가 이마를 세 차례 적신다. 시데미지(シデ水)라고 부르는 탈피·재생의 성스러 운 물을 뒤집어쓰는 것과 같은 효과가 있다고 믿어졌다.

다. 딸과 아들도 내게 답례 인사를 합니다. 나와 '술잔 주고받기'가 끝나면 이번에는 아내가 아이들에게 인사를 합니다. 또 아이들이 아내에게 답례를 합니다. 마지막에는 아이들끼리 같은 의례를 교환하고 아내가 아이들에게 '미지나데'를 해준 후에 의식이 끝납니다.

전원의 인사가 끝나기까지 30분 이상이 걸립니다. 내 부모님이 살아계시던 무렵에는 아버지를 중심으로 형 가족도 함께 거행했기 때문에 지금보다 시간이 더 걸렸습니다. 온가족 앞에서 서로 인사를 주고받는 일은 몇 번을 반복해도 긴장됩니다. 상대방이 어떻게 하라고 부탁하거나 주의를 주면 잠자코 듣고 있습니다. 상대방에게서 부탁이나 주의를 들어도 대꾸할 수는 없습니다. 본심과 달리 적당히 인사치레를 하는 것도 안 됩니다. 처음에는 겸연쩍어 했던 아이들도 점차 인사를 더 잘하게 되고 부모에게 요청하는 것도 많아졌습니다.

이 '지타치누우누훼' 의식을 종료한 후에야 아이들은 비로소 '세뱃돈お年玉'[22]을 받을 수 있습니다. 그리고 친척들에게 새해인사를 하러 나섭니다.

나는 어렸을 때부터 행했던 '지타치누우누훼'의 '우누훼'라는 말의 의미를 전혀 몰랐습니다. 후에 마에히라 보케이眞榮平房敬 저 『슈리성 이야기首里城物語』(ひるぎ社, 1989)[23] 등의 문헌을 통하여 류큐왕국 시대에 슈리성에서 정월 의식으로 '조배朝拜'='조누우누훼朝之御美拜'가 행해졌다는 기록을 읽고, '지타치누우누훼'가 국왕이나 황제를 알현하는 의식에서 유래한다는 것을 알게 되었습니다.

그렇다면 우리 집안의 '지타치누우누훼'는 류큐왕국 시대부터 행했던 전통행사일지도 모릅니다. 아버지에게 확인해 보는 것은 불가능해졌지만, 아버지가 어렸을 때부터 이어져 온 행사라고 한다면 백여 년 동안 이어진 전통행사라고 할 수 있겠습니다.

22_ 세뱃돈을 뜻하는 '오토시다마(お年玉)'는 원래 새해의 신 '도시가미사마(年神様)'로부터 받는 선물을 의미했는데, 도시가미사마에게 공양했던 떡을 아이들에게 나누어 주었던 것이 그 시초라고 한다. 지역에 따라서는 도시가미사마로 분장한 마을 사람이 새해 첫날에 각 집을 돌며 아이들에게 둥근 떡을 나눠 주는 관습이 아직도 남아 있으며, 이 둥근 떡을 오토시다마라고 불렀다.

23_ 저자 마에히라 보케이가 전전(戰前)에 슈리성(首里城)에서 일했던 여관(女官)과 유모 등에게 들은 이야기를 기록하였다. 슈리성에 대한 개관, 국왕의 일상, 왕비 간택, 왕궁의 의례·제사 등의 내용을 다루고 있다. 슈리성은 류큐왕조의 왕성으로, 일찍이 해외무역의 거점이었던 나하항이 내려다보이는 구릉지에 위치하였다.

설 첫날에는 나의 형제와 친척 집을 중심으로 새해인사를 다닙니다. 그리고 이튿째는 아내의 친정과 친척 쪽을 중심으로 인사하러 다닙니다. 오키나와에서는 남계男系와 여계女系, 양쪽 친척을 똑같이 소중하게 여겨 양가에 명절 선물을 보내고 부쓰단에 배례를 합니다. 우리들이 어렸을 때는 소면 세 다발이나 차 한 봉지를 명절 선물로 보내는 것이 일반적이었습니다. 지금은 주스 세트나 비누 세트 등으로 바뀌었습니다.

오키나와본도의 언어로 전통적인 설 인사는 "이이소과치데비루いぃ正月で―びる, 와카쿠나미소치若くなみそ―ち―."라고 합니다. 이것은 "좋은 설입니다. 회춘하셨습니까?"라는 의미입니다. 친근한 사이인 경우는 간단하게 "이이소과치데비루."라고 합니다.

설을 축하하는 시마우타島唄[24]는 류큐호琉球弧[25]의 섬들마다 다릅니다. 아마미제도奄美諸島[26]는 '아사바나부시朝花節',[27] 오키나와제도沖繩諸島[28]는 '구진후御前風',[29] 미야코제도宮古諸島[30]는 '두가니아야구トゥ─ガニ─アヤグ',[31] 야에야마제도八重山諸島[32]는 '바시누투리부시鷲の鳥節'[33]가 대표적인 시마우타일 것입니다. TV와 라디오에서는 하루 종일

24_ 원래는 아마미제도에서 현지 주민들에 의해 각 마을에서 노래하던 민요를 가리키는 말이었다. 근년에 이 용어가 오키나와 현과 일본 전국으로 확대됨에 따라 본래의 함의와 용법에서 벗어나 아마미제도의 민요와 류큐민요가 혼동되거나 류큐민요의 다른 이름으로 사용되기도 한다.

25_ 일본 규슈(九州) 남쪽 맨 아래에서 타이완에 이르는 약 190km 해상에 활처럼 연결된 수많은 섬들이 류큐호 혹은 류큐열도를 이루며, 아마미제도(奄美諸島) 및 오키나와는 이 류큐호에 위치한다.

26_ 사쓰난제도(薩南諸島) 남부에 있는 섬들을 말한다. 가고시마 현(鹿兒島縣) 남부 오시마 군(大島郡)에 해당된다. 현재는 오키나와 현에 속해 있지 않지만, 원래 류큐국의 일부였다.

27_ 가고시마 현 아마미오시마(奄美大島)의 민요이다. 축하연을 시작할 때 항상 부르는 곡이지만, 길기 때문에 종종 줄여서 부른다. 줄인 것을 '줏카리부시(ちゅっきゃり節)'라고 한다. 가장 널리 노래되며, 가사의 패턴도 다양하여 시마우타 대회 등에서도 과제곡으로 나오는 기본적인 곡이다.

28_ 난세이제도(南西諸島) 중앙부의 크고 작은 섬들로, 오키나와 현의 중심부를 이루고 있다. 오키나와본도는 북동방에서 남서로 길게 뻗은 길이 약 120km, 면적 2,388.2km²의 섬이다.

29_ 류큐국왕 앞에서 연주하는 음악을 말한다. 일반적으로 '가자디후부시(かぎやで風節)'라고도 하며, '구진후고세쓰(御前風五節)'라고 해서 '가자디후부시', '온나부시(恩納節)', '나가이헤야부시(長伊平屋節)', '나카구스쿠한타메부시(中城はんた前節)', '구티부시(特牛節)'의 다섯 곡을 가리키는 경우도 있다.

30_ 난세이제도 서부, 사키시마제도(先島諸島)의 동부에 있는 크고 작은 섬들을 말한다. 미야코열도, 미야코군도라고도 한다.

31_ 현재는 정월을 축하하는 자리에서 노래되는 민요이다. 오키나와를 대표하는 민요라 하면 흔히 오키나와본도의 '나쿠니(ナ─クニ─)', 미야코의 '두가니아야구', 그리고 야에야마(八重山)의 '도바라마(トバラ─マ)'를 손꼽는다.

32_ 야에야마의 섬들은 일본 본토로부터 가장 멀리 떨어져 있고, 일본 최남단의 유인도인 하테루마지마(波照間島)와 일본 최서단의 요나구니지마(與那國島)를 포함한다. 야에야마제도는 오키나와 본도보다 타이완에 더 가깝다.

류큐왕조의 설 의식

이런 노래들을 반복하여 틀어줍니다.

오키나와제도의 '구진후'는 다른 이름으로 '가자디후かぎやで風'라고도 하며, 설날용 가사歌詞로 노래합니다.

새해에 숯과 다시마 장식하여
마음도 모습도 젊어지네
あらたまの年に 炭と昆布飾て
心から姿 若くなゆさ

이 노래는 "새해를 맞이하여 숯과 다시마를 장식해서 마음도 모습도 젊어진다."라는 뜻입니다. 우리 마을에서는 첫 일출이 시작될 즈음에 각 마을 공민관의 스피커에서 이 노래가 흘러나오며 새로운 일 년이 시작됩니다.

오나리 신をなり神

7년 전에 어머니가 95세로 돌아가신 후, 우리 가족은 설 이틀째를 큰누이 집에서 느긋하게 보내고 있습니다. 큰누이는 벌써 83세를 넘겼습니다. 막내인 나와는 부모자식 사이 정도의 연령차가 있어서 큰누이의 장남은 나보다 나이가 많습니다. 11남매의 장녀인 만큼 때로는 큰누이가 부모님을 대신하기도 하였습니다.

이 큰누이는 내게 있어서 '오나리 신'[34]입니다. 오나리 신이란 '오나리 → 에케리ゑけ

33_ 야에야마의 대표적인 민요이다. 오키나와의 음악은 오키나와본도와 그 주변, 미야코와 그 주변, 이시가키지마(石垣島)와 그 주변 등 세 지역으로 나누어진다. 이 중 이시가키지마와 그 주변에서 노래되고 있는 민요를 '야에야마 민요'라고 총칭한다. 원래의 노래인 '바시윤타(鷲ゆんた)'의 후반부만을 취하여 축하 노래로 부르고 있다.

34_ 오키나와에서는 여성의 영력이 특히 남자형제에게 강력히 작용하여 여자형제가 남자형제를 수호신처럼 지켜준다는 신앙이 있다. 이 신앙으로 인하여 남성이 바다에 고기 잡으러 갈 때는 여자형제에게서 받은 물건을 부적으로 지니는 습속도 있었다. 이하 후유(伊波普猷)의 지적에 따르면 이 개념은 남녀 사이의

ヮ'의 관계로, 오나리(여자형제)가 에케리(남자형제)의 수호신입니다. 이는 류큐호 전체에 공통되는 전통적 신앙입니다. 이 신앙에 관해서는 일찍이 이하 후유伊波普猷[35]가 『오나리 신의 섬をなり神の島』(樂浪書院, 1938)이라는 논집에서 소개하였습니다. 또 야나기타 구니오 柳田國男[36]-에 의한 「여성의 힘妹の力」(1925)[37]- 등의 연구로 일본 전국에 동일한 신앙이 존재했다는 사실이 밝혀졌습니다.

큰누이 하루ハル는 어렸을 때부터 나를 돌보며 지켜왔습니다. 내가 학생운동을 해서 대학을 유급했을 때도 누이는 조용히 지켜봐 주었습니다. 또 귀향할 때마다 여비나 학비를 지원해 주었습니다. 당시 큰누이는 벽돌공장에서 일하는 육체노동자였습니다.

어느 때인가, 큰누이 집에서 맛있는 설날 음식을 먹으면서 전쟁 중에 구마모토 현熊本縣[38]- 오구니 정小國町[39]-으로 소개疏開[40]-됐던 이야기를 들었습니다. 당시 23세쯤이었

모든 관계성을 내포한다. 즉 남성은 세계를 지배하고, 여성은 남성을 수호하며 신을 모시는 신녀로 자리매김 된다.

35_ 1876~1947. 오키나와 현 나하 시(那覇市) 출신의 민속학자・계몽가이다. 오키나와 연구를 중심으로 언어학・민속학・문화인류학・역사학・종교학 등 학문영역이 광대하였다. 그 학문체계에 의해 이후 오키나와학이 발전했기 때문에 '오키나와학의 아버지'라고 칭한다. 특히 『오모로소시(おもろさうし)』 연구에 관한 공헌이 다대하며, 류큐와 일본을 연결하는 연구와 함께 류큐인의 아이덴티티 형성을 모색하였다. '일류동조론(日琉同祖論)'은 그 탐구 중 하나이다.

36_ 1875~1962년. 효고 현(兵庫縣) 출신으로, 일본 민속학의 창시자이다. 1894~95년경에는 마쓰오카 구니오(松岡國男)라는 이름의 시인으로 활동을 하였다. 도쿄제국대학을 졸업한 뒤 농상무성에 들어가 농정관료의 길을 걸었다. 지방 시찰을 통해 각 지방마다 생활상에 커다란 차이가 있다는 것을 깨닫고 정사(正史)에서 취급되지 않은 서민의 역사에 관심을 갖게 되었으며, 규슈 여행 보고서인 『노치노카리코토바노키(後狩詞記)』(1909)는 근대 일본 민속학의 탄생을 알리는 저작으로 평가된다. 1941년 민속학 보급과 확립에 노력한 공적을 인정받아 '아사히문학상(朝日文學賞)'을 수상하였다. 『도노모노가타리(遠野物語)』 등 다수의 저작이 현재까지 중판을 거듭하고 있다. 『도노모노가타리』는 김용의(전남대학교출판부, 2009)의 번역으로 국내에서 소개되기도 하였다.

37_ '여성의 힘'은 여성의 영력에 관한 일종의 주술적 신앙이다. 여기에서의 '이모(妹)'는 현대의 생물학상 혹은 사회학상 정의로의 '여동생'이 아니라 모친, 자매, 백모나 종자매 등 같은 일족의 여성, 처첩, 연인 등 가까운 관계에 있는 여성을 모두 가리킨다. 고대일본에서 여성은 제사를 관장하며, 근친자나 배우자가 된 남성에게 그 영력을 나눠줌으로써 가호를 해주는 존재라고 간주되었다. 이와 같은 여성의 힘 또는 능력에 최초로 큰 관심을 기울인 사람은 야나기타 구니오이다. 야나기타 구니오는 1925년 10월의 『부인공론(婦人公論)』에 「여성의 힘(妹の力)」을 써서 남매의 친근함이란 무엇인가 하는 문제를 제기했다.

38_ 일본 규슈 중서부에 있는 현이며, 현청소재지는 구마모토 시이다. 아리아케 해(有明海), 야쓰시로 해(八代海), 동중국해에 접해 있어 전국 유수의 농업 지역이며, 차새우 등의 양식업이 왕성하다. 세계 최대 규모의 칼데라가 있는 아소 산(阿蘇山)이 유명하다.

39_ 활화산으로 이름난 아소산에서 북쪽으로 20km 거리에 위치한다. 인구 8천 명의 작은 산골마을 오구니는 지역자원인 삼나무를 이용한 조형미 넘치는 건축물로 연간 150만 명의 관광객을 불러 모으고 있다.

40_ 공습・화재 등에 대비하여 도시 또는 밀집지역의 주민이나 시설 따위를 분산하는 것을 가리킨다.

던 큰누이는 여동생 4명과 2살 정도였던 남동생을 데리고 눈이 내리는 오구니 정에 있는 절로 옮겨갔다고 합니다. 같은 마을에서 온 친척 네 가족도 함께였습니다. 덕분에 우리 가족은 전쟁 전에 출생한 10남매 중 9명이 전후에도 살아남을 수 있었습니다.

오키나와 현沖繩 縣에서는 제2차 세계대전 말기의 오키나와지상전[41]-에 돌입하기 전에 학동소개와 일반소개가 행해졌습니다. 전투에 방해가 되는 여성과 아이 및 노인을 소개시키고 학동에게는 교육을 계속 받을 수 있도록 했지만, 군대의 식량 확보를 위해 입을 줄이는 것이 소개정책의 주된 목적이었다고 전해집니다.

소개정책은 1944년부터 추진되었습니다. 당시는 오키나와 근해의 제공권과 제해권을 이미 잃은 후라서 매우 위험한 상태였습니다. 오키나와 주민들은 정부·군부의 명령으로 바다를 건너 타이완이나 규슈九州의 구마모토 현, 미야자키 현宮崎縣,[42]- 오이타 현大分縣[43]-으로 소개되었습니다. 그 와중에 쓰시마마루對馬丸[44]-처럼 미군 잠수함에 배가 격침당하는 바람에 소개를 위해 승선했던 어린 학생들 700명 이상이 희생되는 비극도 발생하였습니다.

친척들 20여 명은 당시 신세를 졌던 오구니 정의 즈이류지瑞龍寺와 현재도 교류하며 서로 방문을 하고 있습니다. 절 주지의 33주기 법요法要[45]-에도 참가했다고 합니다.

41_ 제2차 세계대전 말기인 1945년 3월 말부터 6월 23일까지 오키나와에서 미군과 일본군이 벌인 전투이다. 개전 후 처음으로 일본 영토 내에서 83일에 걸쳐 벌어진 전면전으로, 미·일 양쪽 다 막대한 피해를 입었다. 일본 측 추산으로 일본군 전사자가 10만 2천명, 미군 전사자가 4만 7천명이며, 미군 추산으로는 일본군 전사자가 6만 5천명, 미군 전사자가 약 1만 2천명이다. 가장 큰 피해자는 오키나와의 주민들로, 사망자만 12만 명에 이르는 것으로 추산하고 있다.

42_ 일본 규슈 남동부에 있는 현이며, 현청 소재지는 미야자키 시이다. 남국적인 느낌이 강한 기후 때문에 1960년대에는 니치난 지구(日南地區)를 중심으로 신혼여행의 메카로 번창했다.

43_ 일본 규슈 지방의 북동부에 위치하는 현이다. 온천의 원천수, 용출량 모두 일본에서 전국 1위를 차지하며, 벳푸 만(別府灣)에 면한 벳푸 온천 및 현의 중앙부에 위치하는 유후인(湯布院) 온천은 전국적으로 유명하다. 현청 소재지는 오이타 시이다.

44_ 쓰시마마루가 학동 826명, 일반 소개자 835명을 싣고 오키나와를 떠나 목적지인 가고시마를 향해 출발한 것은 1944년 8월 19일이었다. 이 배에 탄 학동들은 모두 부모와 생이별을 한 초등학교 3학년에서 6학년까지의 어린이들이었다. 8월 22일, 미군 잠수함의 공격으로 쓰시마 호에 승선해 있던 사람들 중 총 1,418명이 사망하였다. 살아남은 이들도 상당 기간 바다에서 표류하다가 인근을 지나는 어선 등에 의해 겨우 구조되었다. 그러나 쓰시마 호의 비극은 아시아·태평양전쟁이 종결될 때까지 철저한 보도통제로 인해 오키나와인들에게는 알려지지 않았다.

45_ 법회(法會) 또는 법사(法事)라고도 하는 법요는 주로 죽은 이의 명복을 빌며 불공을 드리는 추선(追善) 공양을 말한다. 매년 돌아오는 기일의 법회를 주기(週忌)라고 하며, 사후 만 1년이 지난 1주기의 다음은

"지금도 그때 살았던 방이 그대로 남아있단다."라며 누이는 그리운 듯이 이야기하였습니다.

생각해보면 하루 누이의 인생은 오키나와의 전전, 전후를 상징하는 듯한 역사적 체험이 가득하였습니다. 가난했기 때문에 큰누이는 초등학교도 제대로 다니지 못하였습니다. 동생들을 돌보면서 교실 창 밖에서 고개만 들이밀고 수업을 들었다고 합니다.

큰누이는 학교를 제대로 다니지 못했음에도 불구하고 형제자매 중에서 가장 독서를 좋아합니다. 초등학생이었던 나에게 『지로 이야기次郎物語』[46]와 『다리 없는 강橋のない川』[47]을 읽도록 권해준 사람도 하루 누이였습니다.

큰누이는 초등학교를 졸업하자마자 가계를 돕기 위해 오사카大阪로 가서 방적공장 여공으로 일하였습니다. 전쟁 중에는 어머니 대신에 구마모토 현으로 피난하였습니다. 전후에는 "오키나와가 전멸했다."라는 소문을 들으면서 귀환하였습니다. 살아남은 부모형제와 재회했을 때는 '유령이 아닐까'라고 생각하면서 쓰러져 통곡했다고 합니다.

전후에는 농사를 짓거나 벽돌공장, 기와공장 등에서 육체노동을 하며 자식들을 길렀습니다. 아이들도 가난한 집안을 도와 고학을 하면서 대학을 졸업하고 현재는 직장에 다니고 있습니다.

그 큰누이의 체험담을 듣고 이를 기록해두어야겠다는 생각을 해왔습니다. 그러나 바쁘다는 핑계로 지금까지 실현하지 못하였습니다. 그 후, 시정촌사市町村史와 현사縣史를 편집하는 일을 하고나서 겨우 녹취錄取의 중요성을 통감하게 되었습니다.

어머니가 돌아가신 후에는 집안 행사의 중심이 큰누이로 바뀌었습니다. 특히 제례나 장례 때는 큰누이가 고문역으로서 지휘를 합니다. 오나리 신은 지금도 남자형제들을 지키고 있습니다.

사망한 해도 연수에 넣기 때문에 3주기가 된다.

46_ 시모무라 고진(下村湖人) 저작의 장편교양소설이다. 양자로 가게 된 주인공 혼다 지로(本田次郎)의 성장을 묘사하였다. 작자 자신의 체험이 반영되는 등 자전적 색채가 짙다. 1936년부터 잡지 『신후도(新風土)』에 연재를 시작하여 1941년부터 1954년 사이에 전5부로 간행되었지만, 미완으로 끝났다.

47_ 스미이 스에(住井すゑ) 저작의 소설이다. 제1부는 잡지 『부락(部落)』을 통해 발표되었으며 1961년에 신초샤(新潮社)에서 간행되었다. 1부부터 7부까지 게재·간행되고, 8부는 표제만을 남긴 채 작자가 사망하였다. 메이지(明治) 시대 후기, 나라 현(奈良縣)에 소재한 피차별부락을 무대로 하여 부락차별의 불합리성 및 음습함이 거의 전편에 걸쳐 표현되어 있다. 1부부터 7부까지의 누계발행부수는 800만부를 넘었으며, 1969~70년과 1992년의 두 차례에 걸쳐 영화화되었다.

내 큰딸의 성인식 날,[48] 오랜만에 처가 쪽 사람들을 포함하여 우리 남매 부부 20명 가까이를 초대하고 축하연을 열었습니다. 딸 쪽에서 보면 결혼 전에 백부, 백모가 축하를 해주는 마지막 의식이 되었습니다. 오나리 신인 하루 누이는 집에서 만든 '사타안다기サーターアンダーギー' 과자와 회를 들고 와주었습니다. 사타안다기란 '사타(설탕)'가 잔뜩 들어간 '안다기(튀김)'를 말하며, 우리 큰누이가 잘 만드는 튀김과자입니다.

> 뱃머리 위에 흰 새가 앉아 있네
> 흰 새가 아니라 누이의 영신靈神이지
> お船のたかともに白鳥がゐちやうん
> 白鳥やあらぬ思姉おすじ
>
> '시루투야부시白鳥節'[49]

라는 류카도 있습니다. 이 노래는 "뱃머리에 흰 새가 앉아있다. 아니, 저것은 흰 새가 아니라 오나리 신의 영력이 흰 새가 되어 우리를 지키고 있는 것이다."라는 의미입니다. 이처럼 오키나와에서는 형제가 길을 떠나거나 어떤 사업을 할 때 오나리 신이 그 영력으로 수호해 준다고 믿고 있습니다.

설과 돼지

오키나와에서 2월은 한겨울이라는 느낌이 듭니다. 눈이 내리지 않는 아열대의 오키나와도 겨울은 꽤 춥습니다. 실내는 오히려 오키나와 쪽이 일본 본토보다 더 추울지도 모릅니다. 한겨울에도 일본식 난로[50]나 스토브를 사용하지 않는 가정이 많기 때문입니

48_ 현재 일본에서는 20세부터 성인으로 인정한다. 1월 15일을 성인의 날로 정하여 공휴일이 된 것은 1948년부터이지만, 지금은 성인의 날이 1월 두 번째 월요일로 바뀌었다.
49_ 오나리 신 신앙과 결부된 류큐 고전음악 악곡 중 하나이다. 산신(三線)의 기보법(記譜法)을 정리한 『야가비 군쿤시(屋嘉比工工四)』와, 최고(最古)의 류카집(琉歌集) 중 하나인 『류카핫코(琉歌百控)』에 각각 '시루투야부시'라는 것이 나와 있다. 연주회 등에서 마지막을 장식하는 노래로 잘 알려져 있다.

다. 직장에서도 난방장치는 사용하지 않습니다.

우리 집도 난방장치를 사용하지 않기 때문에 2월 새벽의 온도계는 16도 전후를 가리키는 날이 많아집니다. 그래도 15도 이하 쯤 되어서야 비로소 담요로 발을 감싸고 책을 읽거나 원고를 씁니다.

오키나와에서 추위의 정점은 구력舊曆,[51] 즉 음력으로 계산하면 외우기 쉽습니다. 먼저 동지 무렵에 '둔지비사冬至の寒さ(동지 추위)'가 있고, 음력 12월 8일의 오니모치鬼餅[52] 무렵에 '무치비사鬼餅の寒さ(오니모치 추위)'가 찾아옵니다.

그리고 설 무렵에 '소과치비사正月寒さ(설 추위)'가 오고, 음력 1월 중순 무렵에 '무두이비사戻り寒さ(돌아온 추위)'가 이어지며, 2월 상순 무렵에 '와카리비사別れ寒さ(이별 추위)'가 있습니다. 음력 2월이 되면 풍향이 바뀌어 날씨가 불안정해지는 '닌과치 가지마야二月風廻り(2월풍 돌기)'를 거쳐 겨울이 떠나갑니다.

내가 초등학생이었던 1960년대까지 오키나와의 마을 대부분이 음력으로 설을 축하했습니다. 어렸을 때의 가장 큰 즐거움은 설이 되면 세뱃돈을 받을 수 있다는 것과 돼지고기를 배부르게 먹을 수 있다는 것이었습니다.

30일과 섣달그믐에는 시마シマ라고 부르는 마을 곳곳에서 돼지의 비명소리가 들렸습니다. 억새로 지붕을 인 집에 살며 평균적으로 모두 가난했던 마을에서는 친척 혹은 이웃끼리 돈을 갹출하여 공동으로 돼지를 잡아서 설날용을 비롯한 반년분의 돼지고기를 서로 나누어가졌습니다.

먼저 반년 간 정성껏 돼지를 길러온 집의 부엌 근처에서 돼지를 묶어놓고, 돼지의 경동맥을 끊어 도살합니다. 목에서 흐르는 피는 한 방울도 헛되이 흘려버리지 않도록 세숫대야에 잘 받아냅니다. 그리고 재빨리 소금을 넣고 저어가며 피를 굳힙니다. 이것

50_ 고타쓰(火燵櫨, 炬燵)를 말한다. 고타쓰는 숯불이나 전기 등의 열원(熱源) 위에 틀을 놓고 그 위로 이불을 덮게 되어 있는 난방 기구이다.

51_ 달이 차고 기우는 것을 기준으로 한 역법이 태음력(太陰曆)이다. 태음력을 기본으로 하면서 그 단점을 개선한 역법이 태음태양력(太陰太陽曆)이며, 이를 구력이라고 한다. 오키나와에서는 아직도 많은 행사가 구력을 기준으로 하여 행해지고 있다. 본서에서는 음력이라 번역하였다.

52_ '오니모치'는 백설탕이나 흑설탕으로 맛을 낸 떡가루를 월도(月桃) 잎으로 싼 후에 쪄서 만든 것이다. 음력 12월 8일에 건강과 장수를 기원하는 의미로 먹는다. 오니모치는 옛날, 오자토(大里) 지역에 출몰하던 오니(鬼)를 퇴치하는 데에 떡을 사용했다는 오키나와본도의 민담에서 유래한다.

은 '지이리차チーイリチャー(피와 야채를 섞은 볶음요리)'의 중요한 재료가 됩니다.

그 다음, 큰 냄비로 펄펄 끓인 물을 돼지의 전신에 부어 털을 제거한 후에 둘러메고 바닷가로 옮깁니다. 하얀 백사장의 여기저기에서 붉은 판자를 깔고 몇 마리인지도 모를 돼지들이 해체되어 갑니다. 어른들은 먼저 담낭이 상하지 않도록 주의하면서 간장을 떼어냅니다. 담낭을 건들게 되면 담즙이 새면서 고기 전체가 쓴맛이 나서 먹을 수 없습니다. 다음으로 위장이 파열되지 않도록 잘 꺼냅니다. 그리고 허파, 심장과 내장 순으로 차례차례 해체해 갑니다.

대장과 소장을 짧게 자르고 뒤집어서 속에 든 똥을 씻어내는 작업은 아이들의 몫입니다. 참억새 줄기나 대나무젓가락으로 장을 뒤집어서 모래와 바닷물로 문질러가며 씻습니다. 초등학교 3, 4학년생이 되어서도 이 작업을 거들지 못하면 어엿한 한 사람으로 대접 받지 못합니다. 한겨울의 바닷물은 차가웠지만 우리들은 기꺼이 거들었습니다. 이렇게 정성껏 씻은 창자는 표고버섯이나 곤약과 함께 설날에 빼놓을 수 없는 '맑은 건더기 국'으로 요리되었습니다.

'소과치 와쿠루시正月用の豚つぶし(설날용 돼지도살)'라고 불렀던 이러한 광경도 1972년의 일본복귀 무렵부터는 더 이상 볼 수 없게 되었습니다. 특히 일본의 식품위생법과 도축장법屠畜場法 등이 적용된 다음부터 돼지도살은 위법행위로 간주되어 금지 당하였습니다.

그러나 이와 같은 일본 문화가 과연 진보적이라고 말할 수 있는지는 잘 모르겠습니다. 복귀 전인 1968년에 내가 시즈오카대학靜岡大學[53]으로 '유학'하여 가장 놀랐던 것은 피차별부락被差別部落[54] 문제와 천황제[55] 문제였습니다. 내가 학우들에게 "오키나와에

53_ 대학 본부는 시즈오카 현 시즈오카 시 스루가 구(駿河區)에 있다. 1949년에 시즈오카고등학교, 시즈오카 제1사범학교, 시즈오카제2사범학교, 시즈오카청년사범학교, 하마마쓰공업전문학교(濱松工業專門學校)를 통합하여 설립되었다.

54_ 중세 말기 내지 근세 초기의 봉건사회에서 신분적·사회적으로 심한 차별을 받던 사람들이 한정된 지역에 정주함으로써 형성된 집락을 이른다. 미해방부락 또는 부락이라고도 불렀는데, 행정적으로는 동화지구(同和地區)라고 부른다. 메이지(明治) 시대 이후에도 사실상 차별이 존속하고 있었는데, 주민들의 사회적 차별을 자주적으로 철폐하려는 부락해방운동이 본격적으로 일어나 1922년에는 전국수평사(全國水平社)가 결성되었다. 이 운동은 식민지 조선에도 영향을 끼쳐 같은 시기 진주의 형평사(衡平社) 운동과의 관련성이 지적되기도 한다.

55_ 일본의 천황제는 넓은 의미에서 보면, 7세기에 천황이라는 문자가 문헌에 나타난 이후 현대에 이르기까지

서는 설에 모두 함께 돼지를 잡는데, 그 일을 어렸을 때부터 거들었어."라고 자랑스레 이야기했더니, 아무 것도 모르는 친구들은 "뭐? 그럼, 오키나와 사람들은 모두 피차별 부락민[56]이니?"라며 놀라워하였습니다. 그러나 정작 놀란 것은 내 쪽이었습니다. 그때부터 나는 부락차별과 아이누[57] 민족차별 문제를 생각하게 되었습니다. 왜 오키나와와 홋카이도北海道[58]에는 피차별부락이 없는 것일까요.

일본 본토에서는 돼지나 소 등을 도살하는 직업을 일부 사람들에게만 강요해 왔습니다. 그뿐 아니라 그 사람들을 '부락민'으로 차별하였습니다. 그리하여 슈퍼나 편의점이 발달한 현재는 돼지와 소는 물론, 닭이나 생선까지도 어떻게 잡고 손질하는지를 모르는 아이들이 늘었습니다.

이러한 점이 생사의 고통과 음식의 고마움, 타인의 아픔을 모르는 인간이 늘어나는 현상으로 이어지는 것은 아닐까요. 돼지나 산양이 죽을 때의 그 비명소리를 들으며 자란 사람이라면 그리 간단하게 다른 생명을 해치는 일은 할 수 없을 것이라고 생각합니다.

설에 모두 함께 돼지를 도살하는 광경은 사라졌지만, 그래도 설 풍습은 무슨 까닭인지 그럭저럭 이어지고 있습니다. 오키나와의 신문은 매년 이토만 시絲滿市[59]와 우루마 시うるま市,[60] 하마히가지마比嘉島,[61] 이라부 정伊良部町,[62] 지넨 촌 구다카지마久高島,[63]

의 동일가계(同一家系)의 세습 천황이 존속하고 있다는 사회제도를 의미한다. 초대 천황은 신화에 등장하는 진무(神武)이며, 1989년에 즉위한 현재의 천황은 125대째인 아키히토(明仁)이다.

56_ 전근대 일본의 신분제도 하에서 집단을 이루고 살던 '에다(穢多)', '비인(非人)' 등의 최하층민을 '부라쿠민 (部落民)'이라고 일컬었다.

57_ Ainu. 아이누는 일본의 홋카이도(北海道)와 러시아의 사할린(Sakhalin), 쿠릴(Kuril) 열도 등지에 분포하는 소수 민족이다. 아이누란 아이누어로 '인간'을 의미하며, 이것이 공식적으로 민족의 명칭이 된 것은 19세기 후반 메이지 시대부터이다. 오늘날 아이누인들은 스스로를 '친척, 동족'을 뜻하는 '우타리(ウタリ)' 라는 말로 나타내기도 한다.

58_ 일본 북단부에 있는 홋카이도본도(北海道本島)와 부속 도서로 된 지역이며, 도도(道都)는 삿포로 시(札幌市)이다. 본래 아이누족이 살고 있던 미개지로 '에조치(蝦夷地)'라고 불렸으며, 메이지 유신 이후에 본격적인 개발이 시작되었다. 현재 제1차 산업과 경공업 중심의 제2차 산업을 주산업으로 하고 있다.

59_ 오키나와본도의 최남단에 위치한 시이다. 1982년에 대형선박용 어항이 완성되고 수산가공공장이 입지하는 등 상공업의 한 중심지로서 발달하고 있다. 유리공예와 칠기 등의 전통공예로 유명하며, 음력 5월 4일의 하레(ハーレー)라는 배 경주와 음력 8월 15일의 줄다리기 등도 잘 알려져 있다.

60_ 오키나와본도 중부에 소재하는 시이다. 구시카와 시(具志川市), 이시카와 시(石川市), 나카가미 군(中頭郡) 가쓰렌 정(勝連町), 요나시로 정(與那城町)의 2시 2정(町)이 2005년 4월 1일에 신설 합병하여 발족되었다.

다케토미 정竹富町[64]- 구로시마黑島[65]- 등 각지의 설 관련 기사를 게재하고 있습니다. 구로시마에서는 줄다리기로 설을 축하합니다.

오키나와에서는 1960년대부터 '신정운동'이 시작되어 구정인 설을 쇠는 마을이나 가정은 소수파가 되어버렸지만, 그래도 완전히 사라지지는 않았습니다. 특히 어업을 중심으로 하는 지역에서는 구정 설이 주류입니다. 그리고 설은 중요한 전통행사이며 문화입니다.

일본은 메이지明治 시대[66]-부터 신정을 축하하게 된 듯하지만, 중국과 베트남을 비롯하여 동아시아 여러 나라에서는 아직도 구정 설이 주류입니다. 음력으로 행해지는 생활의 지혜와 문화도 소중하게 여겼으면 합니다.

구소後生의 설

오키나와의 전통적인 연중행사에는 설이 두 차례 있습니다. 음력으로 1월 1일부터 시작되는 설과, 16일의 '구소의 설'입니다. '구소의 설'이란 죽은 사람들의 설이라는 의

61_ 우루마 시에 속하는 섬이다. 섬의 명칭은 두 행정구인 하마(浜)와 히가(比嘉)에서 유래한다. 오키나와본도 가쓰렌반도(勝連半島)의 동쪽 4km에 위치하며, 1997년에 헨자지마(平安座島)와 하마히가대교(浜比嘉大橋)로 연결되었다. 류큐신화의 개벽신인 아마미쿄(アマミキョ), 시네리쿄(シネリキョ)가 모셔져 있다.

62_ 미야코 군(宮古郡)에 있었던 정(町) 이름이다. 2005년 10월 1일에 미야코의 히라라 시(平良市)・구스쿠베 정(城辺町)・우에노 촌(上野村)・시모지 정(下地町)과 합병, 미야코지마 시(宮古島市)가 되었다.

63_ 오키나와본도 동남단 지넨곶(知念岬)의 동쪽 해상 5.3km에 있는 둘레 8.0km의 가늘고 긴 섬이다. 난조 시 지넨 아자마 항(安座眞港)에서 쾌속선으로 15분, 페리로 20분 거리이다. 난조 시에 속하며, 인구는 약 200여명이다.

64_ 야에야마 군에 속하는 정(町)이다. 야에야마제도 중 이리오모테지마(西表島)・다케토미지마(竹富島)・고하마지마(小浜島)・구로시마(黑島)・하테루마지마(波照間島)・하토마지마(鳩間島)・아라구스쿠지마(新城島)・유부지마(由布島)의 유인도와 그 주위에 있는 나카노우간지마(仲の神島) 등의 무인도로 이루어지며, 이시가키지마(石垣島)・요나구니지마(與那國島)・센가쿠제도(尖閣諸島)는 포함하지 않는다.

65_ 야에야마제도의 다케토미 정(町)에 속하며, 이시가키지마에서 남남서 17km에 위치한다. 융기산호초로 형성된 평탄한 섬으로, 곳곳에 육우용 목장이 펼쳐져 있어서 '소의 섬'으로 알려져 있다. 이전에는 삼림이 우거졌지만, 2005년 이후에 마을 이외 거의 대부분이 목초지로 개간되었다.

66_ 메이지 천황(明治天皇) 통치시기를 가리킨다. 메이지 천황은 메이지 유신 전인 1867년 2월에 즉위했으며, 1868년 1월 3일에는 왕정복고의 대호령에 의해 메이지 정부가 수립되었다. 이후부터 1912년 7월 30일에 메이지 천황이 죽을 때까지의 44년간을 메이지 시대라고 한다.

미입니다. 이 '구소의 설'을 현재는 '주루쿠니치十六日' 또는 '주루쿠니치마치十六日祭'라고 합니다.

16일이 되면 먼저 묘의 벌초와 청소를 합니다. 그리고 미야코제도와 야에야마제도에서는 음식을 올리고, 묘 앞에서 조령祖靈들과 함께 그 음식을 먹으면서 축하를 합니다. 오키나와의 묘는 '문추門中'67-라고 부르는 일족이 공동으로 사용하는 공동묘가 중심입니다. 이 공동묘는 마을에서 떨어진 곳에 서로 이웃하여 세워져 있습니다. 미야코제도, 야에야마제도, 오키나와본도 북부 등에서는 4월에 행해지는 성묘인 청명제淸明祭68-보다 주루쿠니치마치가 더 중시되며 활발히 행해지고 있습니다.

오키나와제도에서는 성묘를 간단하게 끝내고 오후부터는 '미사ミーサ(일 년 이내에 죽은 사람)'가 있는 친척 집을 방문하여 향전香典69-을 올리고 기도를 합니다. 또 저녁이 되면 부쓰단이 설치된 집에서는 음식을 만들어 바치고 기도를 올립니다.

전통시장에서

미야코제도, 야에야마제도에서는 고향을 떠나있던 사람들도 일을 쉬고 섬으로 돌아와 주루쿠니치마치에 참가합니다. 도저히 돌아올 수 없는 사람들은 나하항邪覇港 입구에 있는 미 구스쿠三重城70-라는 성지聖地 등에 모여 고향의 묘를 향해 요배遙拜하는 경우

67_ 동일한 시조의 부계 혈연집단을 오키나와 현에서는 문추라고 한다. 문추는 17세기 후반 이후에 사족(士族)의 가보(家譜) 편찬을 계기로 오키나와본도 중남부를 중심으로 발달하였으며, 점차 본도 북부와 낙도에도 확산되었다.

68_ 청명은 24절기 중 5번째 절기이며, 양력으로는 4월 5일에서 7일 무렵이다. 오키나와에서는 '시미(シーミー)'라고 발음하며, 중국과 마찬가지로 묘의 청소를 하고 성묘를 한 후에 마치 소풍 같은 분위기로 친척들이 묘 앞에 모여 조상과 함께 떡과 돼지고기 요리, 과자, 과일 등의 음식을 즐기는 풍습이 있다.

69_ 장례 때에 유족에게 보내는 금전이나 물품 등을 향전이라 하며, '香奠'이라고도 표기한다. 불교의식에서는 원래 꽃이나 공물과 함께 향을 올리는 관습이 있었다. 그래서 밤샘이나 고별식에 향을 지참했는데, 시대가 바뀌고 장례식에 비용이 많이 들게 되면서부터 현금을 가지고 가게 되었다.

70_ 나하항 입구에 있는 포대로, 왜구 방어를 위해 16세기에 만들어진 성채이다. 반대쪽의 야라자무이구스쿠(屋良座森城)와 쌍을 이루고 있다. 후대에는 뱃길 떠나는 사람을 배웅하는 장소가 되어 항해안전을 비는 배소(拜所)도 만들어졌다.

도 있습니다.

이 '구소의 설'에는 오키나와의 조상숭배 신앙과 생사관이 잘 나타나 있다고 생각합니다. 먼저 초하루부터 15일까지는 '이치미生身의 설'이라고 하여 산 자들의 설 행사가 이어집니다. 이전에는 1월 15일에 소나무 장식[71]-을 치우고 성인식을 행하는 등, 성인의 날을 경계로 '이치미의 설'이 확연하게 구별되었습니다. 현재는 성인의 날이 매년 바뀌는 까닭에 애매하게 되었습니다. 이 15일까지는 신이 가정이나 마을 안에 계시는 신성한 시기이므로 성묘 등의 부정한 일을 피해야 한다는 신앙도 있습니다. 16일부터는 이윽고 성묘가 허락되어 조상에게 제사지내는 일도 할 수 있습니다. 그래서 주루쿠니치마치가 행해지게 되었다는 것입니다.

오키나와에서는 조상들이 사후에 구소後生에 가있기만 하는 것이 아니라 명절에 돌아와서 살아 있는 자손들과 함께 지낸다고 믿고 있습니다. 그 조령들이 돌아오는 절기가 주루쿠니치마치와 청명제, 오본お盆[72]- 등입니다. 따라서 조령들은 이 세상과 저 세상을 왕복하고 있는 셈입니다.

오키나와의 신앙은 조상숭배와 불교 및 도교가 혼합하며 독특한 신앙으로 형성되었습니다. 부쓰단과 오본 행사 등 불교의 영향을 받았으면서도 단카檀家[73]-제도나 종파의 침투는 그다지 깊지 않습니다. 우리 집 같은 경우는 정토진종淨土眞宗[74]- 계열의 사찰에 고별식을 부탁하고, 죽은 후 49일째까지의 '7・7기忌' 법사法事는 선종禪宗[75]- 사찰에 부

71_ 이를 가리켜 가도마쓰(門松)라고 한다.

72_ '우라본에(盂蘭盆會)'의 준말이다. '우라본'이란 산스크리트어 'ullamana'에서 나온 말로, 거꾸로 매달려 있다는 뜻이다. 사후에 거꾸로 매달리는 고통을 받는 사자(死者)를 구제하기 위해 후손들이 음식을 마련하여 승려들에게 공양을 하는 것을 우라본에라고 한다. 일본에서의 우라본은 7월 15일을 중심으로 조상의 명복을 비는 불사(佛事)이다. 보통 불을 피워서 사자의 영(靈)을 맞이하여 공물을 바치고 성묘 등을 한 다음, 다시 불을 피워 영을 떠나보낸다. 현재는 지방에 따라 7월 15일에 행하는 곳도 있지만, 한 달 늦은 8월 15일 전후에 행하는 곳도 있다. 우리나라에서는 우란분재(盂蘭盆齋) 또는 백중맞이라 부르며, 주로 음력 7월 15일에 사찰에서 거행하는 불교 행사를 이른다.

73_ 일정한 절에 소속하면서 그 절에 장례식 등 불사 일체를 맡기고 시주로 그 절의 재정을 돕는 집, 또는 그런 신도를 가리킨다. 일본의 불교는 에도(江戶) 시대를 통해 단카제도에 의해 각 가정과의 유대성이 강화된 반면, 불교가 주로 장례불교로서 형해화(形骸化)하는 폐해도 나타나게 되었다.

74_ 일본 불교의 한 종파로, 일향종(一向宗) 또는 진종이라고도 한다. 가마쿠라 시대(鎌倉時代, 1185 경~1333) 초기에 정토종(淨土宗)의 개조 호넨(法然)의 가르침을 계승한 제자 신란(親鸞)이 창종하였다. 신란의 사후에는 그 문하생들이 교단으로서 발전시켰다.

75_ 참선수행으로 깨달음을 얻는 것을 중요시하는 대승불교의 한 갈래이다. 일본에서는 임제종(臨済宗)・조

탁합니다. 그 반대의 경우도 있습니다.

또 전통적인 묘지는 사찰과 관계없이 마을에서 떨어진 묘지 지역에 세워져 있습니다. 그렇기 때문에 사람들은 묘역을 흡사 자기 집 마당의 연장으로 생각하여 그곳에서 음식을 먹거나 술을 마시고 산신三線[76]을 켜며 노래하고 춤추면서 조령과 함께 즐기는 것입니다.

나는 이 조령들과 함께 먹고 즐기는 시공간을 '그 세상'이라고 이름 붙였습니다. '이 세상'과 '저 세상'이라는 이분적인 세계관으로 아우르지 못하는 또 하나의 세계가 있는 것입니다.

오키나와의 전통적인 조상숭배로는 인간의 영혼이 영원불멸이라고 믿고 있습니다. 그렇다면 인간이 죽은 후의 영혼은 어떻게 되는 것일까요. 먼저 7·7기의 법요를 지낸 후, 1년기, 7년기, 13년기의 법요를 지냅니다. 그 동안 매년 설과 청명제, 오본 등에는 '그 세상'으로 돌아와서 살아 있는 자손들과 함께 지냅니다. 그리고 33년기의 법요가 끝나면 모든 조령은 신이 된다고 믿고 있습니다.

신이 된 조령은 또 어떻게 될까요. 전통적으로는 우타키御嶽라고 부르는 성지에 머물거나 니라이카나이=ライカナイ[77]로 간다고 믿습니다. 우타키는 전통적인 마을이라면 두세 곳 이상 있으며, 조령이나 태양, 달, 별 등의 영력靈力이 모여 있는 수호신의 거처로서 숭배되는 곳입니다. 나카마쓰 야슈仲松彌秀[78]는 명저 『신과 마을神と村』(傳統と現代社,

---

동종(曹洞宗)·황벽종(黃檗宗)을 총칭한다. 가마쿠라 시대 초기에 에이사이(榮西)가 임제종을, 도겐(道元)이 조동종을 각각 전하였고, 에도 시대(江戸時代, 1603~1867)에 인겐(隱元)이 황벽종을 전하였다. 좌선을 중심에 두는 수행에 의해 마음의 본성이 밝아지며 깨달음을 얻을 수 있다고 보며, 불립문자(不立文字)·교외별전(教外別傳)·직지인심(直指人心)·견성성불(見性成佛)을 주장한다.

76_ 세 줄로 된 오키나와의 전통 현악기이다. 모양은 샤미센(三味線)과 비슷하나 약간 작으며, 발목(撥木)을 쓰지 않고 깍지를 집게손가락에 끼고 탄다. 산신은 14세기 말에 중국에서 전파되어 궁중악기로 정착한 후 점차 국민적인 악기와 곡조로 개량되었다.

77_ '기라이카나이(儀來河內)'라고도 하는 니라이카나이는 먼 곳이라고 할 뿐으로 장소는 일정하지 않다. 때로는 재앙을 가져오고 해충을 보내오는 니라이카나이는 사람이 죽어서 가는 유토피아적 사후세계이기도 하며, 인간세계에 내왕하는 신들이 거처하는 세계이기도 하다. 이에 더하여 아이들의 사령(死靈)이 인도되는 곳으로 보는 견해도 있다. 이 니라이카나이는 오키나와인들의 삶 속에 깊이 뿌리내리고 있는 관념이다.

78_ 1908~2006. 온나 촌(恩納村) 출신의 오키나와지리학자·민속학자이다. 1930년 오키나와현사범학교를 졸업한 후에 초등학교 교원, 오키나와여자사범학교 교원, 류큐대학 교수 등을 역임하고 1975년에 정년퇴임을 하였다. 1982년에 난토(南島)지명연구센터를 설립, 오키나와의 지명연구에 진력하였다. 오랜 기간에 걸친 그의 우타키(御嶽) 및 구스쿠(グスク) 연구는 이후의 오키나와지리학, 민속학, 고고학, 인류학 등의

1972) 등에서 "우타키 장소는 옛날에 그 마을의 장지葬地였다고 생각되며, 현재 석회암 지대에 세워진 우타키 안에서는 신골神骨을 종종 볼 수 있다."라고 말하고 있습니다.

한편, 니라이카나이란 인간이 사는 세계와는 다른 세계로서 모든 영력과 신들이 모이는 장소입니다. 나는 이 영력을 '에너지'라고 해석하고 있습니다. 인간이나 곤충 등 모든 생물의 생명 에너지도 니라이카나이에서 생겨나고, 사후에는 그 곳으로 돌아간다고 합니다. 따라서 니라이카나이는 눈에 보이지 않으며, 바다 저편 혹은 바다 속·땅 속에 있다고 전해지고 있습니다. 오키나와에 불교 등이 혼입되면서 니라이카나이 신앙도 상당히 변용되었습니다. 그러나 구다카지마 등과 같이 전통적인 신앙이 변함없이 지켜지고 있는 지역에서는 인간이 죽으면 니라이카나이로 돌아간다고 굳게 믿고 있습니다.

우리 지역에서는 33년기가 끝나 신이 된 조령은 일단 우타키에 머문 후에 니라이카나이로 돌아간다고 믿습니다. 그렇다면 인간의 영혼이나 생명 에너지는 니라이카나이에서 태어나 우타키를 거쳐 아기가 되고, 죽으면 33년 후에 신이 되어 묘지에서 우타키를 거쳐 니라이카나이로 돌아간다는 대순환을 반복하고 있는 셈입니다.

구다카지마久高島

내 고향인 햐쿠나百名 미이바루新原 해안에서 동쪽으로 펼쳐진 태평양 위에 지넨 촌에 속하는 구다카지마가 떠있습니다. 오키나와제도에서 구다카지마는 '신의 섬'으로 숭배되고 있습니다. 특히 류큐왕국 시대에는 왕권신화의 섬으로서 중요시되었습니다. 우리들은 어렸을 때부터 항상 구다카지마를 바라보며 그와 관련된 신화·전설을 들으면서 자랐습니다.

어른들에게 들은 신화에서는 류큐 민족의 조상이 아마미쿄アマミキョ, 시네리쿄シネリキョ라는 남녀신이라고 합니다. 아마미쿄, 시네리쿄라는 두 신은 처음에 ① 구다카지마

연구에 큰 영향을 끼쳤다.

에 강림하였습니다. 그 후 ② 고마카지마コマカ島,[79]- ③④ 다마타タマタ[80]-의 두 섬, ⑤ 아두치지마アドゥチ島,[81]- ⑥ 아지지마アージ島[82]-를 발판으로 삼아 일곱 걸음으로 ⑦ 오키나와본도 다마구스쿠 촌 햐쿠나의 야하라즈카사ヤハラヅカサ[83]-라고 부르는 바닷가에 상륙했다고 합니다. 아아, 위대한 신들이여.

그리고 하마가와우타키에서 잠시 거주하며 우킨주受水・하인주走水[84]-의 샘 옆에서 벼농사를 시작하였습니다. 그 후, 아자字 나칸다카리仲村渠[85]-의 민툰 구스쿠ミントゥン城[86]-로 옮겨 본격적으로 거처를 만들고 정주하였습니다. 그로부터 류큐 민족이 온 오키나와에 퍼졌다는 신화입니다. 아마미쿄, 시네리쿄 신화는 류큐왕국의 최초 역사서인 하네지 조슈羽地朝秀[87]- 저작의 『중산세감中山世鑑』[88]-에도 적혀있습니다.

따라서 구다카지마와 햐쿠나 해안은 늘 함께 거론되는 신화의 고향입니다. 오키나와

79_ 오키나와본도 남부 지넨 촌 앞바다에 떠있는 작은 무인도이다. 나하에서 차로 50분 정도 걸리는 거리에 있는 지넨해양레저센터에서 고마카지마까지 배를 운항하고 있다.

80_ 오키나와 현 난조 시 지넨 지구에 속하는 태평양의 무인도이다.

81_ 오키나와 현 난조 시 다마구스쿠 지구에 속하는 무인도이다.

82_ 오키나와본도 난조 시의 시키야(志喜屋) 바닷가 가까이에 있는 사유지 섬이다. 시키야와 아지시마 사이에 옛 다마구스쿠와 지넨의 경계가 있다. 섬이라고는 하지만, 육지에서 10m도 채 떨어져 있지 않으며, 다리가 설치되어 있다.

83_ 아마미쿄가 바다 저쪽에 있는 신들의 세계 니라이카나이로부터 건너와 구다카지마를 거쳐 오키나와본도에 내려선 최초의 장소라고 전해지고 있다. 류큐석회암으로 만들어진 석비가 세워져 있는데, 밀물 때는 바다 속에 가라앉아 보이지 않고 썰물 때만 모습을 드러낸다.

84_ 난조 시 다마구스쿠 아자(字) 햐쿠나(百名)의 바닷가 근처에 있는 두 샘으로, 서쪽에 있는 것이 우킨주, 동쪽에 있는 것이 하인주이다. 우킨주에 면한 미후다(御穗田)라는 논이 류큐의 도작발상지라고 전해진다. 난조 시 나칸다카리 구(仲村渠)의 구민들은 음력 1월 첫 축일(丑日)에 미후다에서 에다우간(親田御願)이라는 모내기 의식을 거행한다.

85_ 일본의 성씨이자 지명이다. 성씨로서는 오키나와 특유의 것이다. 오키나와본도 남부, 특히 나카가미 군 자탄 정(北谷町)에 많다.

86_ 표고 110m의 구스쿠이다. 전설에 의하면 바다 저편의 낙토 니라이카나이의 성지인 우후아가리(大東) 섬으로부터 바다를 건너온 아마미쿄가 최종적으로 정착한 장소로, 이곳에서 자손이 번영하여 오키나와 전체로 확산되었다고 전한다. 현재도 '아가리우마이(東御廻い)'의 순례지로서 참배자가 끊이지 않으며, 제사유적으로 보존되고 있다.

87_ 1617~1675. 류큐왕국의 정치가이며, 당명(唐名)은 쇼죠켄(向象賢)이다. 젊었을 때 현재의 가고시마 현인 사쓰마(薩摩)로 유학하여 여러 학문을 익혔다. 1650년에 왕명에 따라 『중산세감(中山世鑑)』을 편찬하여 류큐왕국 최초의 역사서를 완성시켰다. 1666년에는 쇼시쓰왕(尙質王, 1648~1668년 재위)의 섭정으로서 각종 개혁을 단행하여 사쓰마 번(藩)에 의한 류큐침공 이래 피폐했던 나라를 재건하는 데에 성공했다.

88_ 『중산세감』은 1650년에 조슈가 국왕의 명으로 편찬한 류큐왕국 최초의 정사로, 화문체(和文体)로 되어 있다. 전 6권 구성이다.

에는 '문추'라고 부르는 씨족 일문一門이 4년에 한 번씩 성지순례를 하는 '아가리우마이 東御廻り' 행사가 있습니다. 슈리성을 출발하여 요나바루 정與那原町,[89]- 사시키 정佐敷 町,[90]- 지넨 촌, 다마구스쿠 촌의 성지에 참배하며, 세화 우타키, 구다카지마 요배, 우킨 주·하인주, 하마가와우타키는 빠트릴 수 없는 성지로 되어 있습니다.

구다카지마에서 태어나 자란 여성은 일정한 연령 이상이 되면 전원 '다마가에タマガェ—'라고 부르는 여성 신직자神職者가 됩니다. 이 여성 신직자로 다시 태어나는 의식이 12년에 한 차례씩 거행되었던 유명한 '이자이호イザイホー' 제례입니다. 다마가에라는 신녀神女가 되면 70세까지 구다카지마의 독특한 제사조직에 소속되어 한 달에 두 번 이상 치르는 신사神事에 참가합니다. 나는 1978년의 이자이호 제례를 구경할 수 있었지만, 유감스럽게도 그때를 마지막으로 이후 이자이호는 연기된 채 더 이상 행해지지 않고 있습니다.

그래도 구다카지마의 여타 연중행사는 계속 행해지고 있습니다. 그 중에서도 설과 '팔월십오야 마쓰리八月十五夜祭り'가 비교적 큰 행사라고 할 수 있을 것입니다. 나는 구다카지마의 팔월십오야 마쓰리에는 참가한 적이 없지만, 설 제례에는 몇 차례 참가할 수 있었습니다.

구다카지마의 설은 오키나와의 옛 공동체 모습이 남아 있는 독특하고도 중요한 '샤쿠니게酌願い' 행사부터 시작됩니다. 설날 아침, 온 섬사람들이 '호카마툰外間殿'이라고 부르는 참배소에 모입니다. 그리고 16세 이상의 남성들이 섬의 노로祝女[91]-와 가민추神人[92]-에게 술잔을 올리고 받으며 일 년 동안의 건강과 가내번창 및 섬의 번영을 기원합니다.

남성들은 두 명씩 호카마툰에 올라가 술잔을 주고받습니다. 그 기원이 끝나면 섬사

89_ 오키나와본도 남부, 시마지리 군에 속하는 정(町)이다. 정의 캐치프레이즈는 '태양과 녹색전통과 친절함을 미래로 이어가는 바닷가 마을'이다. 류큐방언으로는 유나바루(ユナバル)라고 발음한다.

90_ 오키나와본도 남부에 존재했던 정이다. 2006년 1월에 지넨 촌, 다마구스쿠 촌, 오자토 촌과의 합병으로 난조 시가 되며 소멸하였다. 류큐왕국을 건국한 쇼하시(尚巴志)의 출신지로 알려져 있다.

91_ '누루'라고도 발음하는 노로는 오키나와 현과 가고시마 현, 아마미제도의 류큐 신앙에서 마을의 신사를 관장하는 여성 사제를 말한다. 민간의 무녀(巫女)와는 성격이 다른 존재로서 류큐왕국 제2 쇼(尚)씨 왕조의 3대 국왕인 쇼신왕 시대에 제정된 신직(神職)이다.

92_ 오키나와의 민속신앙에서 신과 소통하는 민속종교자의 통칭이다. 가민추 중에서도 상위는 노로라고 부른다.

람들이 지키는 신정神庭에서 노래와 산신 연주, 박수에 맞춰 즉흥적으로 '가차시ヵチャ―シ―'라는 환희의 춤을 춥니다. 그 후, 전원의 샤쿠니게가 끝날 때까지 빙 둘러앉아 회등을 먹으면서 서로 새해 인사를 나눕니다. 내가 참가한 해에는 오전 11시경에 시작되어 오후 1시가 지나 끝났습니다.

나도 섬사람들의 권유에 따라 태어나서 처음으로 호카마툰에 올라가 술잔을 받았습니다. 구다카지마 출신의 선배와 함께 술잔 두 개씩을 올린 쟁반을 두 명의 가민추로부터 교대로 건네받아서 합계 여덟 잔이나 받았을까요. 샤쿠니게는 매우 엄숙하고 신성하여 벅찬 감동이 밀려왔습니다. 앞으로의 인생의 에너지를 전부 건네받은 것 같은 기분이 들었습니다. 호카마툰의 신정에서 가차시를 춤추고 싶어 하는 마음을 이해할 수 있었고, 나도 실컷 추었습니다.

내가 처음으로 구다카지마의 설 행사에 참가한 1985년 무렵, 이 샤쿠니게는 새벽과 함께 시작되었습니다. 초하루는 남성만의 샤쿠니게, 이틀째는 우민추海人[93]-만의 '하치우쿠시初起こし',[94]- 사흘째는 여성의 샤쿠니게가 행해진다고 들었습니다.

이 샤쿠니게를 위해 구다카지마 사람들은 설이 설령 주중에 해당되더라도 휴가를 얻어 오키나와본도나 일본 본토에서 돌아옵니다. 그러나 최근에는 참가자가 조금씩 줄고 있는 듯합니다. 그 덕분에 섬사람이 아닌 우리들까지 술잔을 받을 수 있었습니다.

저녁에는 단체로 친척이나 친구 집으로 새해인사를 하러 다닙니다. 우리 마을에서는 '우시마시押し廻り'라고 불렀습니다. 일문의 남성들이 단체로 새해인사를 하러 돌아다니는 우시마시는 오키나와본도에서는 드물게 되었지만, 구다카지마에서는 아직도 철저하게 행해지고 있습니다. 섬사람이 아닌 우리들도 친구와 지인 집 등 도합 네 곳에서 음식대접을 받았습니다.

이와 같이 구다카지마에서는 매년 설을 마을공동체 차원에서 축하하고 있습니다. 이곳에서의 설날 음식은 어째서인지 네 발 달린 육류는 금기이며, 회와 고구마튀김을 중심으로 합니다. 이는 '난토南島선사문화'[95]-의 흔적일지도 모릅니다.

93_ 바다에 들어가 조개류나 해조를 채집하는 일을 하는 사람을 칭한다. 옛날에는 어부 전반을 가리키는 호칭이었다.

94_ 업무를 시작하는 것을 뜻한다. 음력으로 정월 2일부터 3일에 행했다고 하며, 현재는 3일에 행하는 곳이 많다. 농촌에서는 '하치바루(初原)'라고 한다.

지금은 구다카지마의 왕복도 매우 편리해졌습니다. 지넌 촌 아자마 항安座眞港에서 고속정으로 약 15분밖에 걸리지 않습니다. 2002년부터는 카페리도 취항하고 있습니다. 인구 약 230명의 섬 생활도 점점 변화해 가고 있을 것입니다. 그러나 설의 샤쿠니게 등 중요한 전통문화는 반드시 지속되었으면 합니다. 나는 아직 구다카지마의 팔월십오 야 마쓰리에 참가한 적이 없다는 점이 유감스럽습니다. 나중에 2년 정도 구다카지마에 서 셋집이라도 얻어 직접 생활해 보려는 계획을 세우고 있습니다.

류큐무용

류큐·오키나와의 문화를 해외에 소개할 때에 가장 손쉬운 방법은 류큐무용이나 시 마우타·민요, 그리고 가라테空手[96]- 등을 상연하는 일일 것입니다. 실제로 류큐무용과 가라테는 국제적으로 높은 평가를 받고 있습니다.

세계의 어떤 민족문화이든 간에 그 중심에는 언어와 노래와 춤이 있습니다. 우리 류 큐 민족의 전통문화도 그렇습니다. 우리들은 어렸을 때부터 류큐 예능 속에서 성장해 왔습니다. 결혼식 피로연에서 묘의 신축 행사에 이르기까지 류큐무용은 다양한 축하의 장에서 빠트릴 수 없는 문화입니다.

특히 1964년 무렵에 TV가 마을과 가정에 들어오기 전까지 류큐무용과 오키나와연극 은 최대의 오락이었습니다. 다행히도 이웃마을에 '햐쿠나극장百名劇場'이 있어서 한 달 에 두세 번은 오키나와연극을 하는 극단이 순회공연을 하러 왔습니다. 나는 초등학생 때부터 어머니와 누이들에게 이끌려 극단 '도키와자ときわ座',[97]- '다이신자大伸座'[98]- 등의

95_ '난토'는 류큐열도의 다른 이름인 난세이제도 지역을 가리키는 고대의 호칭이다. 주로 『속 일본기(続日本 紀)』에서 사용되었으며, 난세이제도 전역을 율령국가에 편입시키려는 일본 조정의 시책에 따라 등장한 용어이다.

96_ 류큐왕국 시대의 오키나와 발상지인 격투기이다. 주먹과 발을 사용하는 타격기술을 특징으로 한다. 가라테의 기원에 관해서는 여러 설이 있지만, 일반적으로는 오키나와 고유의 권법 '티(手)'에 중국무술이 가미되고, 일본무술의 영향도 받으면서 발전해 온 것으로 본다.

97_ 1950년에 마키시 고추(眞喜志康忠)를 단장으로 하여 결성된 극단이다. 단원으로는 마쓰모라 고에이(松 茂良興榮), 아하 모리노부(安波守信), 하나시로 세이치(花城淸一), 마키시 야에코(眞喜志八重子) 등이 있 었다.

오키나와연극을 자주 보았습니다. 〈거꾸로 선 유령逆立ち幽靈〉[99]-이나 〈이마조과イマ
ジョー小〉[100]- 등의 괴담물이 인상에 강하게 남아있습니다. 또 명배우인 마키시 고추眞喜
志康忠[101]-와 오기미 고타로大宜見小太郎,[102]- 하나시로 세이치花城淸一의 연기에 매료되었
습니다. 태

그리고 막간에 공연되는 류큐무용을 매우 좋아했습니다. 특히 오기미 고타로, 우네
신자부로宇根伸三郎의 명콤비로 이루어지는 〈모도리카고戻り籠〉[103]-는 가장 큰 즐거움이
었습니다. 그 무렵은 〈단차메谷茶前〉[104]- 등의 템포가 빠른 무용을 즐겼습니다.

대학생이 되자 〈가세카케かせかけ〉[105]-와 〈하마치도리浜千鳥〉[106]- 등 정감 있는 류큐무

98_ 오기미 고타로(大宜見小太郎)가 아시아・태평양 전쟁 후인 1946년에 오키나와로 돌아와 1949년에 결성
한 극단이다.

99_ 오키나와연극의 걸작괴담이다. 어떤 사내가 절세미인 아내 때문에 항상 질투심으로 괴로워하다가 결국에
는 병에 걸렸다. 그러한 남편의 고통을 없애주고 싶은 마음에 아내는 자신의 코를 잘라냈다. 질투심에서
해방된 남편은 병이 곧 치유되지만, 이번에는 추해진 아내에게 등을 돌리고 거듭 바람을 피다가 정부와
정식으로 결혼하기 위하여 아내를 죽였다. 그 후 아내는 원령(怨靈)이 되어 남편 앞에 출몰하기 시작했고
견디기 힘들어진 남편은 못으로 죽은 아내의 발을 관에 박아버렸다. 그러자 원령이 거꾸로 선 모습으로
나타났다는 내용이다.

100_ 오키나와에 전해지는 유명한 괴담 중의 하나이다. 옛날 아마미오시마 고니야 정(古仁屋町)의 한 부잣집에
이마조(イマジョー)라고 하는 하녀가 일하고 있었다. 그 집 주인이 이마조의 미모에 반해서 첩으로 삼자,
이를 질투한 본처가 이마조를 살해하였다. 그 후 이마조는 원령이 되어 본처에게 복수를 했다는 내용이다.

101_ 1923~2011. 전전과 전후의 오키나와연극계를 경험하고 리드해 온 명배우 중 한 사람이며, 극작가로도
활약하였다. 9세에 마지키나 유코(眞境名由康)의 '산고자(珊瑚座)'에 입단하여 희가극〈밤 마실(夜半參)〉
로 데뷔를 하였다. 전후에는 극단 '도키와자'를 결성하여 오키나와연극의 부활에 힘썼다. 1961년에 중요
무형문화재 구미우두이(組踊)의 기능보유자로 지정받았으며, 한편으로 류큐대학에서 오랜 기간 연극 강의
를 하는 등 오키나와연극과 전통문화의 계승・발전에 크게 공헌하였다. 1997년에 '류큐신보상(琉球新報
賞)'을 수상하였다.

102_ 1919~1994. 오키나와 현 나하 시 출신의 배우・각본가・연출가・무용가이다. 초등학생 시절부터 아역으
로 활약하여 오키나와연극의 거물로서 알려졌으며, 오키나와배우협회장을 역임하였다. 1940년에는 오사
카(大阪)로 가서 '류큐연극무용단(琉球演劇舞踊團)'을 결성하여 오사카에 거주하는 오키나와인을 대상으
로 오키나와예능을 공연하였다. 전후인 1946년에 오키나와로 돌아와 1949년에 '다이신자'를 결성하였다.

103_〈모도리카고〉는 가마꾼인 두 사내와 젊은 여자 손님을 둘러싼 일련의 골계적 대화를 노래와 춤으로 표현
한 희가극(喜歌劇)이다. 가부키(歌舞伎) 무용과 조루리(淨瑠璃) 음악의 일종인 도키와즈부시(常磐津節)의
공연물이었던 것을 오키나와 풍으로 각색한 것이다.

104_ '단차메'는 원래 오키나와본도 북부의 온나 촌(恩納村)에 있는 어촌을 가리킨다. 무용으로서의 〈단차메〉
는 젊은 남녀의 일하는 기쁨, 생명력을 표현하는 잡무(雜舞)의 하나이다. 남자는 노를 들고, 여자는 해산물
을 넣는 바키(バーキ)라는 소쿠리를 들고서 힘찬 동작을 보여준다.

105_ 신분의 차이를 넘어 여성의 일반적인 노동이었던 베 짜기용 실을 만드는 것을 '가세카케'라고 했다. 무용
〈가세카케〉는 오색실이 감긴 얼레와 흑칠(黑漆)이 아름다운 틀을 손에 들고 우아하게 추는 여성무용이다.

106_ 잡무의 걸작으로, 현재 오키나와에서 가장 애호되고 빈번하게 추는 무용 중 하나이다. 창작시기는 불분명

용이 좋아졌습니다. 나도 마을경로회의 여흥을 위해 청년단과 함께 〈가나요かなーょ
ー〉[107]와 〈디마투汀間當〉[108]의 무용을 정식으로 배워서 춘 적도 있으며, 니시하라 정西
原町[109]에 있는 류큐무용교습소에 다니기도 하였습니다.

류큐무용은 크게 민속무용과 궁정무용, 창작무용으로 나누어집니다. 민속무용은 말
할 것도 없이 섬과 마을의 민속행사 때 추는 무용입니다. 궁정무용은 류큐왕국 시대에
슈리 왕부首里王府의 '오도리부교踊奉行'[110]라는 관리들이 창작한 무용입니다. 궁정무용
은 주로 류큐국왕과 '책봉사册封使'라고 부르는 중국에서 온 사절단, 그리고 일본 쪽의
사쓰마 번薩摩藩[111]이나 에도 막부江戸幕府[112]에 보여주기 위해 추었습니다. 창작무용은
메이지 시대 이후부터 현재까지 무용가들이 관객들에게 보여주기 위해 창작한 무용입
니다.

수많은 류큐무용의 공연목록 중에서 내가 개인적으로 걸작이라고 생각되는 무용을
몇 가지 소개해 보겠습니다. 먼저 여성무용인 '이나구우두이女踊り'의 최고걸작은 뭐니
뭐니 해도 〈쇼돈諸屯〉입니다.

이 무용은 헤어진 사람을 더욱 그리워하는 여성의 연심을 표현하고 있습니다. '나
카마부시仲間節', '쇼돈부시諸屯節', '시욘가나이부시しょうんがない節'라는 세 곡으로 구성
되어 있으며, 모두 명곡입니다. 이미 소개한 '쇼돈부시'이지만, 다시 한 번 보도록 하

하지만, 1880년대에 이미 나하의 소극장에서 상연되었다.

107_ 사랑하는 기쁨을 노래한 오키나와민요 '가나요'에 맞춰 추는 류큐무용이다. '가나요'는 '사랑하는 사람이
여' 또는 '연인이여'라는 의미라고 하며, 독무인 경우와 남녀가 쌍으로 추는 안무가 있다.

108_ 류큐무용에서 자주 공연되는 잡무이다. '디마(汀間)'는 현재의 나고 시(名護市)에 속하는 지명이다. 디마
에 살았던 아름다운 마을처녀 마루메카나(丸目加那)와 슈리(首里) 하급관리 사이의 연애를 마을청년들이
놀려대는 내용이다.

109_ 오키나와본도 중부의 나카가미 군에 속하는 정이다. 나하 시의 북동 약 10km 정도의 위치에 있다. 오키나
와 방언으로 '니시'는 '북(北)'을 의미하여, 니시하라라는 지명은 류큐왕국의 중심인 슈리의 북쪽에 위치했
던 것에 유래한다.

110_ 류큐왕국 시대, 책봉이나 국왕의 연기(年忌) 때에 임명되는 임시관리직으로, 식전(式典)에서 행해지는
류큐무용의 감독을 맡았다.

111_ 사쓰마 번은 일본 에도 시대(江戸時代, 1603~1867)에 사쓰마와 오스미(大隅) 및 휴가노쿠니(日向國) 모로
가타 군(諸県郡), 사쓰난제도(薩南諸島) 등을 지배했던 번이다. 그 지배 영역은 지금의 가고시마 현(鹿兒
島縣) 전역과 미야자키 현(宮崎縣)의 남서부에 속해 있었다.

112_ 도쿠가와 이에야스(德川家康)가 천하통일을 이룬 후, 현재의 도쿄에 해당하는 에도에 1603년 수립한 무가
정권(武家政權)으로, 도쿠가와 막부라고도 한다. 1867년까지 이어진 에도 막부는 막번체제(幕藩體制)라는
집권적 지배체제를 확립했다.

겠습니다.

> 베개를 나란히 하고 함께 잠든 저 꿈의 매정함이여(사투누시요)
>
> 잠깨어 보니 달은 서쪽 하늘로 기울고 춥디추운 겨울 한밤중이라네(아리사투누시요)
>
> 枕ならべたる 夢のつれなさや (里主ヨー)
>
> 月やいりさがて 冬の夜半 (アリ里主ヨー)

'사투누시요'와 '아리사투누시요'는 일종의 장단이며, '사랑하는 사람이여'라는 의미입니다.

〈쇼돈〉은 매우 추상화된 안무로 춥니다. 이 '쇼돈부시'의 클라이맥스에서 무용수는 거의 이동하지 않고 시선을 세 방향으로 변화시키는, 유명한 '산카쿠미지치三角目付'[113] 동작으로 '베개를 나란히 하는' 것이 꿈인지 현실인지 모르겠다는 감정을 표현합니다. 또 내가 좋아하는 '마쿠라디枕手'[114]라는 동작도 이어집니다. 이것은 여성무용인 '이나구우두이'에서 가장 어려운 동작이라고 합니다.

한편, 남성무용 '니세우두이二才踊り'[115]의 최고걸작은 〈다카데라만자이高平良萬歲〉[116] 입니다. 이 무용은 류큐왕국의 국극國劇 '구미우두이組踊'[117] 중의 〈만자이티치우치萬歲敵討〉[118]라는 극에서 추었습니다. 그런데 매우 호평을 받아 현재는 독립된 무용으로 추

113_ 위에서 아래로, 이어서 왼쪽 위로, 또 오른쪽 위로, 하며 시선의 포인트가 역삼각형으로 되는 표정을 말한다. 여성 고전무용 〈쇼돈〉 제2곡 째인 '쇼돈부시'의 가사 '마쿠라나라베타루(枕並べ たる)'에서 볼 수 있는 특수기법이다.

114_ 여성 고전무용에서 여성의 심경을 드러내는 특수한 기법으로, 팔을 양쪽으로 벌려 표현한다.

115_ 원래 사쓰마의 재번봉행(在藩奉行)을 환영하기 위한 무용이었다. 그 성립은 와카슈오도리(若衆踊り) 다음으로 오래되었다고 한다. 구어 형식이며, 최근에는 물색 의상을 입는 유파도 있지만, 대체로 검은색 문양의 복식으로 옷자락을 양 허리 옆에 묶어서 허리띠로 조이고 춤춘다.

116_ 다사토 조초쿠(田里朝直)의 구미우두이(組踊) 〈만자이티치우치(萬歲敵討)〉에서 주인공 형제가 춤추는 부분을 다마구스쿠 세이주(玉城盛重)가 발췌하여 4곡으로 구성한 고전 니세우두이다. 클라이맥스까지의 묘사가 다이나믹하게 표현되고 있어서 볼거리가 많다.

117_ 몇 사람이 짝을 지어 춤을 추거나 두 가지 이상의 춤으로 구성된 무용을 뜻한다.

118_ 다사토 조초쿠 작품으로 간주되는 복수물 구미우두이로서 1756년에 초연되었다. 형제가 유랑예능인으로 분(扮)하여 암살된 부친의 원수를 갚는다는 스토리이다. 이 구미우두이에 사용된 곡목을 니세우두이로 재구성한 것이 다마구스쿠 세이주의 명작 〈다카데라만자이〉라는 작품이다.

고 있습니다.

이 무용에서는 다카데라 우자시高平良御鎖라는 사람의 음모로 살해당한 부친의 원수를 갚기 위해 유랑예능인인 만자이萬歲[119]로 변장한 주인공이 등장합니다. 그리고 목표로 하는 적 앞에서 사자춤獅子舞 등 만자이의 예능을 펼치며 상대를 방심시킨 후에 멋진 복수를 한다는 드라마를 무용으로 표현하고 있습니다. 간단히 〈만자이〉라고도 약칭되는 이 무용에서도 사자머리를 다루는 것이나 '이단 가마쿠二段ガマク'[120]라고 부르는 독특한 허리동작 등 고도의 기법이 요구됩니다. 리듬의 완급 변화도 어려워 니세우두이 중에서 가장 어려운 공연목록이라고 합니다.

나는 이 외에도 여성무용인 〈누후아부시伊野波節〉[121]와 남녀 혼무 〈가나요 아마카와かなーよー天川〉,[122] 잡무인 〈문주루むんじゅる〉[123] 등 좋아하는 류큐무용이 많습니다. 그러나 그 전부를 소개하는 것은 생략하겠습니다. 여러분도 반드시 한 번은 류큐무용을 천천히 감상해 보시기 바랍니다.

인생이란 묘한 것이어서 나는 결국 류큐무용가와 결혼하였습니다. 그리고 우리 집 일층에 류큐무용강습소를 개설하게 되었습니다. 그래서 현재는 거의 매일 일층에서 류큐무용의 음악과 연습하는 소리가 들려옵니다.

전후의 오키나와에서 류큐무용을 배우는 사람들은 신문사가 주최하는 콩쿠르에서 심사를 받고 신인상, 우수상, 최고상, 그랑프리라는 단계를 올라갑니다. 그리고 최고상

119_ 축언(祝言)을 하며 마을을 도는 걸식 예능인을 말한다. 주로 슈리 외곽 등에 있던 천민으로, 연초 등에 각 집에서 축언을 읊거나 혹은 춤추는 인형을 조작하였다. 또 장례식 때는 징을 치며 염불을 읊거나 해서 돈을 받았다.

120_ '가마쿠(ガマク)'란 허리와 상체를 잇는 옆구리 부근 근육의 유연한 부분을 말한다. 왼쪽 또는 오른쪽의 가마쿠에 미묘한 호흡으로 힘을 모음으로써 허리의 안정과 상체의 자세가 정해진다.

121_ 손에 장식 삿갓을 들고 추는 여성 고전무용 중의 하나이다. '누후아부시', '운나부시(恩納節)', '나가운나부시(長恩納節)'로 구성된다.

122_ 〈가나요 아마카와〉는 메이지 시기에 창작된 잡무 중에서도 신나고 코믹한 동작이 인기인 무용이다. 전반부의 '가나요부시(かなーよー節)'와 후반부의 '시마지리아마가부시(島尻天川節)', 모두 남녀의 애정을 대범하게 구가하는 내용의 이 무용은 결혼피로연 등의 상연목록 중에서 기본형이기도 하다.

123_ '문주루'는 밀짚이라는 뜻의 '문가라(ムンガラ)' 또는 '문자라(ムンジャラ)'가 전화(轉訛)한 것이다. 메이지 시대 후기에 청초한 마을처녀를 노래한 이나미네(稻嶺) 지역 가요 '문자라부시(むんじゃら節)' 또는 '사가야부시(さがやー節)'라고도 부르던 '문주루부시(むんじゅる節)'가 오키나와본도에 전해졌으며, 이 노래에 다마구스쿠 세이주가 동작을 붙여 〈문주루〉라는 잡무의 걸작을 완성하였다.

이상을 수상한 제자들에게 강사면허가 수여됩니다. 아내가 류큐무용강습소를 열고 20년 이상이 되는데, 매년 1월은 제자들의 '마이하지메舞初め(새해 첫 무용)'부터 시작하고 있습니다. 현재, 아내의 제자들 중에서 여덟 명 이상의 강사가 나왔습니다. 이런 과정을 거쳐 미래의 류큐무용가가 양성되어 가는 것입니다.

오니모치鬼餅

　신정과 설 사이에 해당하는 음력 12월 8일이 되면 오키나와제도에서는 '무치ㅅ—ㅊ—(오니모치)' 행사를 합니다. 이 무렵은 반드시 한파가 찾아오기 때문에 '무치비사鬼餅の寒さ(오니모치 추위)'라고 부르고 있습니다. 무치는 산닌月桃[124]-이나 구바蒲葵[125]-라는 식물의 잎으로 싼 떡을 말하며, 그 떡으로 아이들과 가족의 건강을 기원하는 행사를 합니다. 어렸을 때는 설, 오본에 다음가는 즐거운 행사였습니다.

　초인종이 울려서 현관으로 나가보았더니 평소에는 교육활동으로 바쁜 형님 부부가 오래간만에 찾아왔습니다. 첫손주가 생겨서 '하치무치初餅'[126]-를 갖다 주러 온 것입니다. 그들의 웃는 얼굴은 행복한 듯 빛나고 있었습니다. 이처럼 특히 아이가 태어나서 일 년 이내인 집에서는 무치를 많이 만들어 친척들에게 나누어주며 아기가 건강하게 자라고 있다는 사실을 알립니다. 형님 부부는 250여 개나 만들어서 나누어주었다고 합니다.

　이 무치 행사에는 '오니모치 전설'이 있는데, 우리들은 부모 세대로부터 여러 차례 이 이야기를 들은 적이 있습니다. 옛날, 슈리의 가나구스쿠 촌金城村에 조실부모한 오누이가 가난하지만 사이좋게 살고 있었습니다. 그러나 오라비는 빈곤한 생활을 더 이상

124_ '산닌', 즉 월도는 생강과의 다년초이다. 인도가 원산으로, 오키나와 규슈 남단부 등에서 재배한다. 높이는 약 3m이며, 여름에 향기가 나는 아름다운 담홍색 꽃을 맺는다.

125_ 높이가 약 3~10m 되는 야자과 상록교목이다. 줄기가 곧고, 꽃대에 잎이 모여서 달린다. 잎은 손바닥 모양으로 깊이 갈라져 있으며, 아래로 드리워진다. 규슈 남부·오키나와·타이완 등지에 분포한다.

126_ 오키나와에서는 태어난 지 일 년째 되는 아이가 튼튼하게 성장하는 것을 축하하는 행사가 옛날부터 행해졌다. 아이가 일어서서 걸을 수 있게 된 것을 축하하는 마음과, 평생 먹는 것에 어려움 없이 건강한 아이로 자라달라는 바람을 담아 찹쌀 한 되로 생일 떡을 만들었다.

견딜 수 없어 밤마다 남부에 있는 오자토구스쿠大里城[127]- 근처까지 가서 사람을 죽이고 그 인육을 먹는 '오자토오니大里鬼'[128]-가 되어버렸습니다.

이를 알고 슬퍼하던 누이는 오니鬼가 된 오라비를 퇴치하기로 결심하였습니다. 누이는 12월 8일에 자갈을 넣은 떡과 먹을 수 있는 보통 떡, 두 종류를 만들어서 오라비를 유인하였습니다. 그리하여 높은 낭떠러지 위의 들판에 가서 오누이는 함께 떡을 먹었습니다. 누이는 오라비에게 자갈을 넣은 떡을 주었기 때문에, 오라비는 이렇게 딱딱한 떡도 누이는 먹을 수 있다는 말인가 하며 놀랐습니다.

또 누이는 일부러 속옷도 입지 않은 채 다리를 벌리고 앉아 있었습니다. 오니가 된 오라비는 "그 아래의 구멍은 무엇이냐?"라고 물었습니다. 누이가 "윗구멍은 떡 먹는 구멍, 아랫구멍은 오니 먹는 구멍"이라고 대답하였습니다. 오니는 무서워서 도망치다가 낭떠러지에서 떨어져 죽었습니다.

이로부터 음력 12월 8일에 떡을 만들어서 오니나 마물魔物로부터 아이들의 생명과 건강을 지키도록 기원하는 행사가 시작되었다고 합니다. 현재도 나하 시那覇市[129]- 슈리 긴조 정首里金城町에는 오니모치 전설에 등장하는 오누이를 모신 '우치카나구스쿠우타키內金城御嶽'[130]-가 남아 있습니다. 커다란 상록수로 둘러싸인 훌륭한 우타키입니다.

우리들이 어렸을 때는 자신의 나이 수만큼만 무치를 먹을 수 있었습니다. 자신의 무치를 줄로 묶어서 방안 벽에 매달아놓고 2, 3일에 걸쳐 먹었습니다. 그러므로 무치 행사 무렵은 일 년 중 가장 배불리 떡을 먹을 수 있는 시기였습니다. 이 외에는 제사 때나 팔월십오야 마쓰리 때밖에 먹을 기회가 없었습니다.

127_ '시마시오자토 구스쿠(島添大里城)'를 가리킨다. 류큐 최대의 구스쿠이며, 1429년에 난잔(南山)이 멸망할 때까지 정부기관이 설치되어 있었다. 현재는 폐허 상태이지만, 2012년 1월에 국가사적으로 지정되었다.

128_ '오니(鬼)'는 일본의 대표적 요괴이다. 민담이나 민속신앙에 등장하는 나쁜 것, 무서운 것, 강한 것을 상징하는 존재이기도 하다. 지역에 따라 부르는 호칭도 다양하다. 뿔이 있거나 도롱이를 입고 있기도 하며 온몸이 진흙투성이인 것 등 모습도 각양각색이다.

129_ 오키나와본도(沖繩本島) 남부에 위치한 오키나와 현의 현청소재지이다. 오키나와 현의 정치·경제·문화의 중심지이며, 나하공항과 나하항이 있어서 오키나와 현의 현관 역할도 담당하고 있다. 면적은 일본의 도도부현청(都道府縣廳)이 소재한 도시 중에서 가장 작으며, 인구밀도는 수도권과 긴키권(近畿圈)을 제외하면 전국에서 가장 높다.

130_ 추정 수령이 200~300년 되는 거목 아래에 돌 3개가 놓여있는 우타키이다. 오키나와에서는 거목이나 괴석 등을 신으로 숭배하는 풍습이 있다. 류큐의 지리지 『류큐국유래기(琉球國由来記)』의 자나자키 촌(茶湯崎村) 항에는 가베노오아무시라레(眞壁大阿志母良禮)라는 신녀(神女)가 모셨다고 기록되어 있다.

어쨌거나 고구마가 주식이던 가난한 시절이었습니다. 쌀밥은 일 년에 고작 몇 차례, 또는 병에 걸렸을 때밖에 먹을 수 없었습니다. 따라서 떡은 굉장한 음식이었습니다. 오키나와의 설에는 전통적으로 떡국[131]이 없습니다. 돼지고깃국이 중심이며 떡은 거의 없었습니다.

오키나와의 떡은 찹쌀로 만듭니다. 물에 담가두었던 찹쌀을 맷돌로 갈아 가루를 내서 물기를 짜낸 후에 경단 모양으로 만들어서 찝니다. 그러므로 절구와 절굿공이로 떡을 치는 방법과는 다릅니다. 보통은 찹쌀 외에 아무 것도 넣지 않지만, 여유가 있는 집에서는 설탕을 넣어 달게 만들기도 하였습니다. 최근에는 수수나 자색 고구마를 넣은 떡도 등장하였습니다. 또 구바 잎으로 싼 떡은 '지카라무치力餠'라고 부르며, 크기가 크고 남자아이만 먹을 수 있었습니다. 이 지카라무치를 형과 서로 뺏어가며 먹었던 기억이 납니다. 30센티미터 이상이나 되는 가늘고 긴 산닌 잎으로 떡을 싸서 찌면 독특한 향기가 납니다.

무치의 다음날은 '무치산치ムーチーサンチー'라는 아이들만의 행사가 있었습니다. 저녁에 해안의 방풍림 속에 아단阿檀나무[132]나 목마황木麻黃나무[133]로 오두막을 만들고, 그곳에서 서로 갖고 온 떡을 구워먹는 행사입니다. 나도 친척이나 사이가 좋은 친구들 대여섯 명과 함께 오두막을 하나 만들어서 놀았습니다. 세상이 점차 풍족해지자 우리들은 용돈을 모아 카레라이스 같은 것도 만들어 먹었습니다. 1960년 전후의 일입니다.

또 그 해에 신축한 집이 있으면 무치산치는 그 집에서 행하였습니다. 온 마을 아이들이 쌀과 야채, 용돈 등을 갖고 오면 그 집에서 카레라이스 등을 만들어 주었습니다. 일종의 건축의례로서 신축한 집에 아이들이 많이 모여서 떠들썩하게 축하를 하면 그 집이 번영한다며 집주인은 기뻐했던 것입니다.

그런데 나는 최근까지 무치 행사가 오키나와 현 전역에서 행해진다고 믿고 있었습니

131_ 일본의 떡국은 원래 도시가미사마(年神樣)에게 공양한 떡을 가미다나(神壇)에서 물리고 거기에 야채와 닭고기, 해산물 등을 넣고 푹 삶아 만든 요리로, '조니모치(雑煮餠)'라고 불렸다.
132_ 학명은 'Pandanus odoratissimus'이며, 판다누스과 상록수이다. 판다누스는 열대성 상록교목으로 사람머리 크기의 열매가 맺히며 잎은 모자나 바구니 등의 원료로 사용한다.
133_ 학명은 'Casuarina equisetifolia'이다. 바닷가와 내륙의 자갈밭에 자라며, 높이는 5~8m이다. 내염성(耐塩性)이 있어서 해안지대의 방풍림으로 심기도 한다.

다. 그러나 야에야마 출신 친구가 야에야마와 미야코제도에는 이 오니모치 행사가 없다고 가르쳐주었습니다. 이 행사가 특정일에 행해지게 된 것은 쇼케이왕尙敬王[134] 23년(1735)부터라고 하는데, 그 전파와 분포에 관심이 많습니다. 류큐호에서의 떡 문화의 기원과 분포라는 흥미로운 테마와도 연관됩니다.

지금은 무치산치를 거의 볼 수 없게 되었습니다. 떡을 싸는 산닌 잎도 시장이나 슈퍼에서 팔게 되었습니다. 이전에는 아이들이 산이나 들에 가서 산닌 잎을 직접 베어왔습니다. 그리고 무치도 시장에서 팔고 있어 일 년 내내 언제든지 먹을 수 있으며, 관광객도 사서 먹을 수 있는 시대가 되었습니다.

그래도 오키나와제도의 무치 행사는 존속하고 있습니다. 보육원이나 초등학교에서 무치를 만들어 축하하는 곳도 있습니다.

사탕수수 수확

오키나와에서 겨울의 풍물이라고 하면 사탕수수 수확입니다. 제당공장 쪽을 지나노라면 온종일 굴뚝에서 수증기가 피어올라 활기가 넘치며 달콤한 흑설탕 냄새가 퍼집니다. 이 사탕수수 수확은 설 무렵에 절정을 맞이합니다.

사탕수수 수확은 농가의 아이들에게 있어서 혹독한 노동임과 동시에 일종의 축제였습니다. 우리들이 고등학생이던 무렵까지는 '이마루結い回る(돌며 묶기)'와 '힛치바루—日中畑仕事(온종일 밭일하기)'라는 용어가 남아있었습니다.

'힛치바루'가 되면 오전 8시 경부터 저녁 6시 경까지 가족 전원이 하루 종일 밭일을 중심으로 생활합니다. 노인부터 아이들까지 각각 맡은 역할이 있으며, 모두가 힘을 합하여 열심히 일합니다. 유치원생과 초등학교 저학년 아이들의 주된 일은 나무그늘에서 아기를 돌보거나 끈을 옮기는 등의 잔심부름입니다.

134_ 1700~1752. 류큐 제2 쇼씨(尙氏) 왕조의 제13대 국왕으로, 1713년부터 1752년까지 재위하였다. 사이온(蔡溫)을 삼사관(三司官)으로 하여 수많은 개혁을 행하였다. 또 교육과 문화진흥에도 힘을 기울여 류큐를 문화대국으로 이끄는 등 그 수완으로 인해 근세의 명군으로 칭송되었다. 1712년, 사쓰마 번(薩摩藩)의 허가를 받아 류큐국사(琉球國司)에서 류큐국왕으로 복귀하였다.

초등학교 고학년 또는 중학생이 되면 이제 어엿한 성인으로서의 역할이 주어집니다. 남자아이들은 주로 사탕수수를 손도끼로 뿌리부터 베어내기도 하고 마른 잎이나 수염 뿌리와 흙을 털어내는 일을 합니다. 여자아이들은 베어낸 사탕수수를 한 곳으로 옮겨 모아 이삭 끝의 휘어진 방향을 가지런히 맞추면서 적당한 높이로 쌓아갑니다. 어머니와 함께 차나 식사 준비를 하는 것도 여자아이들의 중요한 역할입니다.

고등학생 이상의 남자아이들에게는 마른 잎과 흙을 털어내고 길이도 맞춰진 사탕수수를 옮겨 나르는 일이 기다리고 있습니다. 아버지와 형들의 지휘 하에 운반트럭이 들어올 수 있는 농로길 옆까지 좁은 밭두렁 길로 운반합니다. 사탕수수는 약 3미터 전후까지 자라있습니다. 어머니와 누이들은 마치 우리 남자아이들의 성장을 시험이라도 하는 듯이, 남자아이들의 힘을 고려하여 수수 다발의 크기와 무게를 바꿔줍니다. 우리 마을에서는 한 다발의 무게가 약 30킬로그램 정도였습니다.

사탕수수 밭의 입지조건이 나쁘면 밭두렁 길로 1킬로미터 이상 옮겨야 할 때도 있습니다. 게다가 아버지와 형들은 우리들 보란 듯이 한 번에 두 다발씩 짊어지기도 합니다. 낡은 옷이나 담요 조각 등으로 어깻바대를 만들어 짊어지기도 하지만, 반나절이면 어깨가 벌겋게 부어오르고 하루 종일 일하면 살갗이 벗겨지는 일도 있습니다.

그래도 '이마루'를 거들러 와있는 친척 아저씨, 아줌마 앞에서 체면상 나약한 소리를 할 수는 없습니다. 또 평소에는 도회지로 일하러 가서 따로 살고 있는 형과 누이들이 모이기 때문에 자신의 성장을 과시하고 싶어서라도 좋든 싫든 의욕이 넘칩니다. 아버지와 할아버지들은 실눈을 뜨고 그런 모습을 보면서 작업 전체를 지휘해 나갑니다. 할머니는 갓난아기와 어린 아이들을 돌봅니다.

힘든 '힛치바루'도 오키나와의 풍토에 맞춰 중간에 적당한 휴식시간이 들어가며 리드미컬하게 지나갑니다. 한바탕 땀을 흘렸을 무렵, 오전 10시의 휴식에 들어갑니다. 그후, 고대하던 점심입니다. 어머니와 누이들이 적당히 움푹한 밭 한 쪽에서 된장국을 데웁니다. 형들이 참억새 줄기로 젓가락을 만듭니다. 베어낸 사탕수수 밭에서 가족과 친척이 모두 빙 둘러앉아 함께 먹는 점심은 얼마나 맛있던지. 따뜻해진 몸을 눕히고 반시간 정도 꾸벅꾸벅 졸아도 됩니다.

그리고 오후 3시 무렵에 또 휴식시간이 됩니다. 아이들은 키만한 사탕수수에 매달려서 단 즙을 빨고 있습니다. 라디오에서는 류큐민요 프로그램이 시작되고 시마우타가 흘러나옵니다.

1. 땀 흘리며 일하는 사람의
   기쁨이야 모두가 알지
   汗水ゆ流ち 働らちゅる人の
   心うれしさや 與所の知ゆみ

3. 밤낮으로 일해서 모은 돈이여
   소나무 푸르듯 영원하기를
   朝夕働らちょてぃ 積ん立てる錢や
   若松の盛い 年と共に

'아시미지부시汗水節'[135]

나른해지기 시작한 몸을 다시 일으킵니다. 노래는 '스라요 스라 하타라카나スラヨー スラ 働らかな'라며 장단을 맞추고 있습니다. 라디오의 볼륨을 높여서 밭 가득히 시마우타가 흐르게 합니다. 이웃 밭에서도 그 옆 밭에서도 시마우타가 들려옵니다.

시마우타에 이끌려 몸을 움직이는 동안에 겨울의 이른 저녁이 찾아옵니다. 오후 5시가 지나면 하루 일의 정리가 시작됩니다. 따끔거리는 어깨를 감싸면서 집으로 돌아갈 짐을 정리합니다. 어머니와 누이들은 먼저 돌아가서 회를 사거나 튀김 등의 음식을 만들어놓고 기다립니다. 이윽고 1960년대 후반부터는 직접 잡은 생선이 아니라 가끔은 가격이 비싼 수입꽁치나 전갱이 회를 사서 먹는 여유가 생겨났습니다.

이 '힛치바루'를 2, 3일 하면 트럭 한 대 분량의 사탕수수를 수확할 수 있었습니다. 트럭 한 대면 약 20톤, 이것을 제당공장에 팔았습니다. 일본복귀 전에는 트럭 한 대분의 사탕수수를 10달러에 팔 수 있었습니다. 우리 집은 밭이 적었기 때문에 일 년 동안

135_ 1928년에 발표된 오키나와민요이다. 쇼와천황(昭和天皇) 즉위식 때 오키나와에서는 기념행사의 일환으로 '근검저축운동'이 실시되었다. 오키나와 현 학무부사회과가 그 캠페인을 위해 노랫말을 모집하였는데, 구시가미 촌(具志頭村)의 청년단원 나카모토 미노루(仲本稔)의 노랫말이 우수상으로 당선되었다. 이 노랫말에 미야라 조호(宮良長包)의 곡을 붙여 '아시미지부시'가 성립되었다.

에 수확할 수 있는 사탕수수는 트럭 서너 대 분량 정도였습니다. 그 사탕수수 값과 돼지를 판 돈이 주된 현금수입원이었습니다. 내가 고등학교와 대학까지 진학할 수 있었던 것도 사탕수수와 돼지 덕분이라고 할 수 있습니다.

부모님이 나이 들고부터는 사탕수수를 재배할 사람이 없어서 내가 사탕수수 수확을 거들었던 것은 1985년 무렵까지였습니다. 그래도 겨울이 되면 마을 이곳저곳에서 온 가족이 사탕수수를 수확하는 광경을 볼 수 있습니다. 사탕수수는 현재도 오키나와 농업에서 중요한 근간작물입니다.

사탕수수 수확

우타키御嶽와 구스쿠城

이 장의 마지막으로 설 이야기와 관련하여 오키나와 문화유산에 대해 언급해두겠습니다.

우리 일족의 가미우간神拜[136]은 매년 정월 이틀째의 오전 10시 경부터 시작됩니다. 본가 가족을 중심으로 출신지 마을의 우타키와 구스쿠グスク, 샘을 순례하며 참배합니다.

먼저 오키나와의 도작발상지로 유명한 우킨주·하인주부터 시작하여 하마가와우타키, 햐쿠나의 우타키, 다카라구스쿠タカラ城, 이렇게 합계 여덟 곳을 순례합니다. 그곳에서 일 년 동안의 건강과 일가의 번영을 기원하는 것입니다.

고대로부터 이어지고 있는 오키나와의 전통적인 마을에는 우타키가 여러 곳 있습니다. 마을 안에 나무가 울창한 장소에는 일반적으로 우타키가 있습니다. 우타키는 '우간주御願所'라고도 합니다. 미야코나 야에야마제도에서는 '우간ウガン' 또는 '온オン', '스쿠スク'라고도 부릅니다. 슈리 왕부首里王府[137]는 이러한 성지에 '우타키'라는 총칭을 부여하

136_ 조상의 연고지로 간주되는 구스쿠 터·묘·샘·우타키 등의 배소(拜所)를 정기적으로 순배(巡拜)하는 오키나와의 민속의례이다. 상세히는 4장의 '가미우간' 항목을 참조하기 바란다.

고, 그 유래와 모시는 신의 이름 및 수 등을 『류큐국유래기琉球國由来記』[138]-라는 문헌에 기록하여 남기고 있습니다.

우타키에는 원래 도리이鳥居[139]-나 배전拜殿 등의 인공시설이 전혀 없었습니다. 우타키에 존재하는 산이나 돌, 초목 하나하나가 바로 신체神體인 것입니다. 그리고 그 곳에 마을을 수호하는 조령신祖靈神・개척신島立神・섬의 수호신島守神・니라이카나이 신=ライカナイ神・항해수호신 등을 모십니다. 우타키는 자연숭배와 조상숭배가 통합된 류큐의 독특한 성역입니다.

나는 어렸을 때부터 "우타키에서는 돌멩이 하나, 풀 한 포기도 가져와서는 안 된다." 라고 배웠고, 현재도 그렇게 지키고 있습니다. 이 우타키가 갖고 있는 '아무 것도 없는 자연적인 데서 느껴지는 신비성'의 매력에 대해서는 오카모토 타로岡本太郎가 명저 『오키나와 문화론 - 잊혀진 일본沖繩文化論 - 忘れられた日本』(中央公論社, 1972)[140]-에서 훌륭하게 묘사하고 있습니다.

한편, 나는 양친 및 집안 사람들과 구스쿠라는 성지에도 참배해 왔습니다. 슈리성首里城 터나 나카구스쿠 구스쿠中城グスク[141]- 터로 대표되는 구스쿠란 류큐의 독특한 성채를 말합니다. 오키나와 현내縣內에서는 약 300개소 이상의 구스쿠가 확인되고 있습니다. 이 구스쿠들은 약 12세기부터 축조되기 시작하였습니다. 북쪽의 아마미제도부터 남쪽의 야에야마제도까지 구스쿠가 축조되어 철기와 도자기, 활석제滑石製 돌냄비 등

137_ 류큐왕국의 통치조직이다. 류큐왕부, 주잔(中山)왕부라고도 한다. 국왕을 정점으로 하고, 국왕보좌역인 섭정과 삼사관(三司官)이라 칭하는 집정관 3명이 중추기관이며, 그 관청을 효조쇼(評定所)라고 한다.

138_ 『류큐국유래기』는 1713년에 국왕 쇼케이가 명을 내려 전 21권으로 편찬되었다. 그 내용을 보면 왕성인 슈리 왕부는 물론, 각 섬과 마을에 전해지는 제사나 행사, 관직, 제사(諸事)의 유래, 사사(寺社)의 연기(緣起), 각 지방에 존재하는 우타키의 유래와 신명(神名) 및 옛 전승 등이 다양하게 기술되어 있다.

139_ 도리이는 일반적인 세계, 즉 불경한 곳과 신성한 곳을 구분 짓는 경계로서의 문이며, 일반적으로 신사의 입구에 세워진다. 기본적인 구조는 두 개의 기둥이 서있고, 가사기(笠木)라 부르는 가로대가 기둥 꼭대기를 서로 연결하는 형태이다.

140_ 오키나와 문화의 근원에 내재된 도민(島民)의 정신적인 세계를 화가의 안목과 시인의 직관으로 파악한 명저이다. 일본을 탐구하는 데에 있어서 변경인 오키나와야말로 일본 문화의 순수하고 강렬한 원점이 있다는 주제를 바탕으로 무용, 노래, 신비성, 제사, 죽음 등 다양한 시점에서 고찰하고 있다.

141_ 오키나와본도 나카가미 군 나카구스쿠 촌(中城村)에 있던 구스쿠이다. 15세기 쇼타이큐왕(尙泰久王) 시대, 고사마루(護佐丸)의 구스쿠로서 알려져 있다. 성벽 증축에 의해 현재의 규모가 되었다고 추정되지만, 축성 시기는 불명확하다.

공통 유물이 출토되는 시대를 고고학에서는 '구스쿠 시대'로 시기구분을 하고 있습니다. 구스쿠 시대가 되면 점차 아마미에서 야에야마까지의 통일류큐문화권이 성립하며, 이윽고 류큐왕국으로 통일되어 갑니다.

구스쿠는 류큐왕국을 상징하는 유일한 고고학적 유물로서 세계적으로 높은 평가를 받고 있습니다. 구스쿠에는 '성城'이라는 한자를 사용하기도 하지만, 류큐의 독특한 사적입니다. 구스쿠는 일본 본토의 성곽과는 다른 특성을 갖고 있습니다. 물론 중국이나 유럽에 많은 '성채도시' 또한 아닙니다.

구스쿠도 그 발생에서 현재까지 역사적으로 변화해 왔습니다. 일찍이 연구자들 사이에서는 '구스쿠 논쟁'이라는 논쟁이 벌어져 "구스쿠는 요새이다.", "구스쿠는 성역이다.", "구스쿠는 고대 집락 터이다." 등의 학설이 주장되었습니다. 이 논쟁은 현재도 결론이 나지 않은 부분이 있습니다. 그러나 대부분의 구스쿠가 고대 집락부터 요새, 그리고 지역주민의 신앙대상인 성역으로서의 특징을 간직해 왔습니다. 그런 까닭에 대부분의 구스쿠 내부에는 우타키가 존재하는 것입니다.

2000년 12월에 오키나와의 구스쿠와 우타키를 중심으로 하는 아홉 곳의 문화재가 '류큐왕국의 구스쿠 및 관련 유산군'이라는 명칭의 세계유산으로 등록되었습니다. 아홉 곳의 세계유산은 ① 나키진 구스쿠今歸仁城 터[142]-(나키진 촌今歸仁村[143]-), ② 자키미 구스쿠座喜味城[144]- 터(요미탄 촌), ③ 나카구스쿠 구스쿠 터(나카구스쿠 촌中城村[145]-・기타나카구스쿠 촌北中城村[146]-), ④ 가쓰렌 구스쿠勝連城[147]- 터(우루마 시), ⑤ 슈리성 터(나하 시) 등 다섯 곳의 구스쿠

142_ 오키나와본도의 북부 모토부 반도(本部半島)에 있는 구스쿠 터이다. 세계유산으로도 등록되었으며, 나하 시에서 자동차로 약 1시간 30분 거리에 있다. 나키진 구스쿠의 역사는 13세기까지 거슬러 올라간다. 견고한 성벽으로 둘러싸인 이 구스쿠는 표고 약 100m에 위치하며, 얀바루(やんばる) 지역을 지키는 요새였다.

143_ 오키나와본도 북부 모토부 반도에 위치하며, 낙도를 포함하여 19개의 아자(字)로 구성되어 있다. 면적은 39.85km²로 나하 시와 거의 비슷하지만, 인구가 약 9,600명인 작은 촌이다. 나키진 구스쿠를 비호하며, 산잔(三山) 시대에는 북부의 정치경제 중심지로 알려졌었다.

144_ 나카가미 군 요미탄 촌(讀谷村)에 있는 구스쿠이다. 1416년~1422년에 윤탄자(讀谷山)의 아지(按司) 고사마루가 축성했다고 간주된다. 오키나와지상전 이전에는 일본군 포대가, 전후에는 미군의 레이더 기지가 설치되어 있었던 까닭에 성벽 일부가 파괴되었지만, 성벽 복원이 이루어졌다. 2000년 11월에 슈리성 터 등과 함께 류큐왕국의 구스쿠 및 관련 유산군으로 유네스코의 세계유산(문화유산)으로도 등록되었다.

145_ 나카가미 군의 촌이다. 촌의 인구밀도는 전국에서 두 번째로 높다. 촌 남부에 류큐대학(琉球大學)의 센바루(千原) 캠퍼스가 있으며, 주변에 학생들이 많이 살고 있어서 활기가 넘치는 곳이다.

와, ⑥ 소노히얀 우타키園比屋武御嶽 석문[148]-(나하 시), ⑦ 다마우둔玉陵[149]-(나하 시), ⑧ 시키나엔識名園[150]-(나하 시), ⑨ 세화 우타키(지넨 촌)로 구성되어 있습니다.

이와 같은 세계유산은 다음과 같은 점이 높이 평가되었습니다. 먼저 일본열도의 지역 중에서는 유일한 독립왕국이었던 류큐왕국 시대에 축조된 문화유산군이라는 점입니다. 아홉 곳의 유산은 14세기 후반의 산잔三山 시대[151]-부터 류큐왕국으로 통일되어 번영했던 18세기까지의 류큐열도 역사 속에서 만들어진 것이며, 어느 것 하나 빠트릴 수 없는 관련성을 갖고 있습니다. 그리고 이 류큐왕국 시대의 문화유산은 중국, 일본, 조선을 비롯한 동아시아 사람들과의 교류 속에서 생겨났다는 점입니다.

나는 이 세계유산 중 나키진 구스쿠 터와 슈리성 터, 세화 우타키에 어렸을 때부터 참배해왔습니다. 또 국내외의 친구들이 찾아오면 자키미 구스쿠 터와 가쓰렌 구스쿠 터, 나카구스쿠 구스쿠 터 등으로 안내하였습니다.

그리고 나는 1997년부터 오키나와 현 교육청 문화과에서 이 세계유산 등록업무의 담당자 중 한 명으로 일하였습니다. 나의 주된 업무는 문화청의 지도를 받으며 유네스코에 제출할 '세계유산 등록신청서'를 작성하는 일이었습니다. 이와 함께 일곱 곳의 시

146_ 나카가미 군의 촌이다. 일본에서 인구밀도가 가장 높은 촌이다. 오키나와본도 중부의 동해안에 위치하며, 나카구스쿠 만에 면하고 있다.

147_ 우루마 시에 있는 구스쿠이다. 아지(按司) 아마와리(阿麻和利)의 구스쿠로서 알려져 있으며, 가쓰렌 반도 남부에 있는 구릉에 위치한다. 헤구스쿠(南城), 니시구스쿠(北城) 등으로 구성되어 있다.

148_ 나하 시 슈리 마와시 정(眞和志町)에 위치한다. 슈리성 간카이몬(歡會門)의 왼쪽, 슈레이몬(守禮門) 뒤쪽에 있는 석문과 주변 일대의 숲을 소노히얀 우타키라고 한다. 편액의 명문에 따르면 쇼신왕(尙眞王) 시대인 1519년에 창건되었다. 이곳은 류큐왕국의 제2 쇼씨(尙氏) 왕통의 시작인 쇼엔왕(尙圓王)의 출생지이기도 하며, 국왕이 각지를 순행하러 나설 때는 반드시 배례했던 장소이다. 또 국가의 최고위(最高位) 신녀(神女)인 기코에오기미(聞得大君)가 취임 때에 가장 먼저 배례했던 국가적 성지였다.

149_ '玉御殿' 또는 '靈御殿'으로도 표기한다. 세계유산 중 하나로, 류큐왕국 제2 쇼씨 왕통의 역대 국왕이 묻혀있는 능묘(陵墓)이다. 나하 시 슈리 긴조 정(金城町)에 소재한다. 원래는 1477년부터 1526년까지 재위했던 제3대 쇼신왕이 선왕인 쇼엔왕을 매장하기 위해 건축한 것이다.

150_ 나하 시 시키나(識名)에 있는 류큐 정원 중 하나이다. '시치나누우둔(識名の御殿)' 또는 슈리성의 남쪽에 있다 하여 '난엔(南苑)'이라고도 불렀다. 제2 쇼씨 왕조의 쇼보쿠왕(尙穆王, 재위 1752~1795) 시대에 조성이 시작되었다고 전해지지만, 확실하지는 않다. 쇼온왕(尙溫王) 시대인 1799년에 중국 양식과 오키나와의 독자적인 양식을 절충하여 완성되었으며, 당시는 중국으로부터의 책봉사를 접대하는 영빈관으로 사용되었다.

151_ 고대 류큐의 시대구분 중 하나이다. 1322년경부터 1429년까지를 이른다. 오키나와본도에서는 14세기에 들어서자, 각지에서 구스쿠를 갖춘 아지들을 묶는 강력한 왕이 나타나 난잔(南山), 주잔(中山), 호쿠잔(北山)의 산잔으로 정리되어 이 세 왕통이 병립하는 시대가 약 백 년 간 이어졌다.

정촌市町村 교육위원회와 연대하여 이러한 문화재의 보호와 정비, 복원, 활용사업을 진행해나갔습니다.

잔업이 계속되는 매일이어서 결국 과로로 입원하게 되었지만, 세계유산 등록이 결정되었을 때는 감개무량하였습니다. 내가 초등학생, 중학생이던 무렵까지 학교에서 오키나와 현의 관습이나 문화는 열등하고 뒤처진 것이라고 교육받았습니다. 우타키 참배는 미신을 믿는 것이라며 비난받았습니다. 또 지역에 있는 구스쿠의 돌담은 쉽게 파괴되어 도로정비나 미군주택의 건축자재로 사용되었습니다.

그러나 지금은 오키나와의 대표적인 구스쿠와 우타키가 전 인류가 공유하는 세계유산이 되었습니다. 그리고 온 세계의 사전 등에 오키나와어로 'GUSUKU'와 'UTAKI'라는 용어가 소개되는 시대가 된 것입니다.

제2장

봄 : 기다림

오키나와의 봄은 매우 짧게 느껴집니다. 음력 3월, 4월이 오키나와의 봄입니다. 겨울이 끝나고 약간 따뜻해졌다는 생각이 들면 벌써 더워집니다.

오모로オモロ

1 시마지리의 귤

　고향의 귤

　빨리 익었으면

또 봄이 되면

　초여름이 되면

　익기가 기다려진다

一 島尻九年母

　親國九年母

　うらこやはひ

又 おれづもが 立てば

　わかなつが 立てば

　うらこやはひ

〈권 14 - 994〉

빨간 기와지붕 하테루마지마渡照間島

오모로란 오키나와・아마미奄美에 전해지는 신가神歌를 말합니다. 그 어원은 '우무이思い'로 추측되고 있습니다. 류큐왕국琉球王國의 쇼세이왕尚清王[1]- 시대인 1531년에 첫 번째 편집사업이 행해져 각 지방의 '우무이'를 모아서 『오모로소시おもろさうし』[2]-가 성립되었습니다. 『오모로소시』는 1623년까지 편집이 계속되어 전 22권에 총 1,554수의 오모로가 수록되어 있습니다.

인용한 오모로는 귤꽃이 피는 봄을 맞이한 기쁨을 노래하고 있습니다. '오레즈모おれづも'는 '우리즌潤旬'이라고도 발음하며, 비가 내려 땅이 기름진 음력 2, 3월 무렵을 말합니다. '와카나쓰わかなつ'는 초여름을 뜻하고, '구네부九年母'란 밀감류의 총칭입니다. 또 '우라코야하히うらこやはひ'는 장단소리인데, '매우 기다려진다'는 의미입니다. 류큐왕국 신화의 땅이며, 제1 쇼씨尚氏 왕통[3]-의 발상지였던 시마지리島尻 지방을 오모로에서는 '오야쿠니親國' 혹은 '네노쿠니根國'[4]-로 노래하고 있습니다.

반석 같은 소나무는 변함이 없다

언제나 봄이 오면 녹색 잎은 짙어만 간다

ときわなる松の 変わることないさめ

いつも春くれば 色どまさる

자탄왕자北谷王子[5]-

1_ 1497~1555. 류큐 제2 쇼씨(尚氏) 왕조의 제4대 국왕이다. 신호(神號)는 데니쓰기노안지오소이(天続之按司添)이다. 제3대 국왕 쇼신왕(尚眞王)의 제5왕자로, 부왕이 서거한 다음 해인 1527년에 즉위하여 1534년에 명(明)의 책봉을 받고 1555년까지 재위하였다. 1537년에는 아마미오시마(奄美大島)에서 발생한 반란을 진압하고 왜구에 대한 압력・방비도 강화하는 등 군사적 면에서 큰 공적을 쌓았지만, 사후에는 왕자들 사이에서 왕위계승분쟁이 일어났다.

2_ 1531년부터 백 년 가까이 걸려 신사(神事)나 궁정의 연회 등에서 노래되던 서사시를 편찬한 가요집이다. 의례의 장에서 읊는 제식가요가 대부분을 차지하고 있다.

3_ 류큐를 통치했던 왕족의 성씨이다. 제1 쇼씨 왕통은 쇼시쇼왕(尚思紹王)을 시조로 하여 63년 동안 7대가 이어졌으며, 제2 쇼씨 왕통은 시조 쇼엔왕(尚圓王)이 즉위한 1469년부터 마지막 왕인 19대 쇼타이(尚泰)에 이르기까지 410년 동안 이어졌다.

4_ 네노쿠니는 일본신화에 등장하는 이계(異界)이며, 일반적으로 황천국과 같은 것으로 생각되고 있다. 『고사기(古事記)』에는 '네노카타스쿠니(根之堅州國)'・'소코쓰네노쿠니(底根國)', 『일본서기』(日本書紀)에는 '네노쿠니(根國)', 축문(祝詞)에는 '네노쿠니소코노쿠니(根の國底の國)'・'소코네노쿠니(底根の國)'라고 적혀 있다.

5_ 1650~1719. 자탄왕자는 류큐국 제2 쇼씨 왕조의 제10대 국왕 쇼시쓰(尚質)의 4남으로, 쇼테이왕(尚貞王)

라는 류카琉歌가 있습니다. 류큐무용에서는 축의祝儀 무용으로서 '구티부시特牛節'⁶라는 곡에 맞춰 이 류카를 노래합니다.

봄은 젊은이들에게 있어서 진학이나 취직 등 새로운 출발을 하는 계절이기도 하지만, 이별의 계절이기도 합니다.

그리고 사월
빈혈증 있는 소년소녀는
항구를 떠나간다
　다녀오려므나
　많이 벌어 오려므나

꿈을 꾸지
눈물에 젖어서도
돌아올 날을
'안녕'이라는 말이 없는
이 섬으로

そして四月
貧血症の少女や少年は
港から出て行く
　行じ来うよ －
　儲て来うよ －

시대인 1689년부터 1705년까지 17년 동안 섭정을 했던 조아이(朝愛)의 다른 이름이다. 조아이를 종조로 제2 쇼씨에서 분가하여 대대로 자탄 마기리(北谷間切, 현재의 자탄 정[北谷町]·가데나 정[嘉手納町]·오키나와 시[沖縄市]의 일부)의 아지(按司)·지토(地頭)를 역임하였다.

6_　류큐고전음악 악곡으로, 이에지마(伊江島)에서 발생했다고 한다. 류큐국왕 앞에서 연주하는 음악인 '구진후 고세쓰(御前風五節)' 중 하나로서 축의성이 강한 곡이다. '구티'는 강건한 목우(牡牛)를 칭한다.

夢みるのよ

泣き濡れても

帰り来る日を

'さよなら'という言葉のない

この島へ

'사월의 하늘四月の空' 다카라 벤

음력 3월 3일의 '하마오리浜下り' 행사를 신호로 바닷물이 점점 따뜻해집니다. 산호초가 녹색으로 바뀔 정도로 녹조緑藻[7] 김이 바다에 퍼지며 자라납니다. 어느 샌가 장마가 시작되고 있습니다.

하마오리浜下り

겨울의 푸른 하늘에 비치던 히칸자쿠라緋寒櫻도 3월이 되면 꽃이 지고 새잎이 나기 시작합니다. 주지하는 바와 같이 오키나와의 히칸자쿠라는 1월 하순 경부터 피기 시작하여 2월경이 꽃놀이 시즌의 절정입니다.

내가 초등학교 1학년이었을 때 오키나와는 미군정부의 지배하에 있으면서 일본 교과서를 사용했는데, "피었네, 피었네, 벚꽃이 피었네."라고 국어 시간에 배워도 느낌이 즉각 전달되지는 않았습니다. 새 교과서의 첫 쪽에는 교문 옆에 만개한 벚꽃나무가 있고, 입학식을 하러 가는 하루오はるお와 요시코よしこ가 서있는 그림이 있었던 것으로 기억합니다. 다음 쪽은 "하루오, 안녕? 요시코, 안녕?"으로 이어졌습니다.

그러나 오키나와의 벚꽃처럼 붉은색이 아니라 핑크색이어서 벚꽃이라는 설명을 들어도 이해를 할 수 없었습니다. 하물며 벚꽃은 입학식이 있는 4월에 핀다는 설명을 들으면 머릿속이 더욱 혼란스러울 뿐이었습니다. 초등학교 4학년 무렵, 이과理科 시험에

7_ 일본어 원문에는 히토에구사(ヒトエグサ)로 나온다.

서 "벚꽃은 몇 월에 핍니까?"라는 문제에 "1월"이라고 대답했더니 'Ｘ(오답)'이었습니다.

도호쿠東北[8]나 홋카이도北海道에 사는 아이들도 틀림없이 혼란스러웠을 것입니다. 개탄스러운 일본의 교과서와 그 획일적인 교육, 지금은 개선되었을까요.

3월 3일은 전국적으로 '히나마쓰리雛祭り'[9]가 행해지는 '모모노셋쿠桃の節句'[10]입니다. 우리 집에는 딸이 하나 있는데, 보육원 이외의 다른 데서는 히나마쓰리를 치른 적이 없습니다. '히나닌교雛人形'[11]를 사는 문제로 가족끼리 의논한 적도 있지만, 내가 반대해서 히나닌교는 사지 않았습니다.

오키나와에서는 여자아이에게 전통적으로 음력 3월 3일에 히나마쓰리 대신 '하마오리'를 하며 축하해 왔습니다. 음력 3월 3일을 오키나와본도沖縄本島 남부에서는 '산과치아시비サングヮチアシビ' 또는 '산과치산니치サングヮチサンニチ', 미야코지마宮古島[12]에서는 '사니쓰サニツ' 등으로 부르며 여자아이의 명절로 되어 있습니다.

이 날은 여성들이 모래사장에 가서 하루 종일 갯벌조개잡이 등을 하며 즐기는 축제일입니다. 나도 어렸을 때는 어머니와 누이들과 함께 조개잡이 하러 자주 갔습니다. 물론 매년 그 날은 간만의 차가 가장 큰 날이었습니다.

나의 고향 미이바루新原의 바다도 초호礁湖[13]지대가 무릎 밑까지 바짝 말라서 근해

8_ 일본 도호쿠지방(東北地方)의 준말이다. 혼슈(本州)의 동북부에 위치하는 아오모리(青森)・아키타(秋田)・이와테(岩手)・야마카타(山形)・미야기(宮城)・후쿠시마(福島)의 6현(縣)을 가리킨다.

9_ 삼월삼짇날에 작은 인형을 제단에 장식하고, 감주・떡・복숭아꽃 등을 올리며 여자 아이의 행복을 비는 민속행사이다. 히나마쓰리는 자신의 몸에 붙은 액을 흐르는 강물에 흘려보내는 중국의 풍습과, 인형을 자신의 대역으로 삼아 더러움이나 액을 털어버리는 일본의 '하라이(祓い)' 풍습이 융합되어 생긴 것으로 간주되고 있다.

10_ '모모(桃)'는 복숭아를 뜻한다. 복숭아나무가 마(魔)를 쫓는 신성한 나무라고 여겼기 때문에 히나마쓰리에서 복숭아를 장식하게 되었다고 한다. 그러므로 히나마쓰리의 다른 이름인 모모노셋쿠는 '복숭아 명절'이라는 뜻이 된다.

11_ 히나마쓰리에 진열하는 인형이다. 옛날의 천황・황후와 좌우 대신・궁녀・악공 등을 상징하는 인형에 일본 고유의 옷을 입혔다. '다이리비나(内裏雛)'라고 부르는 여자 하나와 남자 하나가 제일 상단에 장식된다. 여기에 산닌칸조(三人官女)와 고닌바야시(五人囃子), 시종, 그리고 잡역부를 합하여 15개의 히나로 이루어진 것을 표준적인 한 세트로 여긴다.

12_ 오키나와본도(沖縄本島)에서 미야코 해협(宮古海峽)을 거쳐 남서로 약 290km 떨어진, 태평양과 동중국해 사이에 있는 섬이다. 난세이제도(南西諸島) 서부의 도서군 미야코제도(宮古諸島)에 속하며, 사키시마제도(先島諸島)의 일부를 이룬다.

13_ 산호초 지형 중 하나이다. 영어로는 'Coral reef lagoon'이지만, 보통 간단하게 '라군'이라고 부르는 경우가 많다. 보초(堡礁)나 환초(環礁)에서 볼 수 있으며, 산호초 및 도서(島嶼) 등의 육지에 에워싸인 해역을

2킬로미터 정도까지 걸어갈 수 있게 됩니다. 우리들은 '디루ティール'라고 부르는 대바구니나 마대麻袋 등을 들고 큰실말과 낙지, 고둥 혹은 거거硨磲조개[14]를 캐며 다녔습니다. 바닷물은 벌써 미지근해져 있어 기분이 좋았습니다.

삼진날에 여성이 바닷가 또는 바다에 가는 것은 일 년간의 부정을 정화하는 효과가 있기 때문이라고 알게 된 것은, 어머니로부터 신화 같은 옛날이야기를 듣고 난 후부터입니다.

옛날 옛날에 한 처녀의 집으로 밤마다 아름다운 청년이 드나들었습니다. 이윽고 두 사람은 서로 사랑하게 되었고, 처녀는 청년의 신분을 알고 싶어서 그의 옷에 몰래 바늘을 찔러 두었습니다. 다음 날 실을 따라 찾아가보니 바늘은 동굴 속에서 자고 있던 아카마타アカマター라는 큰 능구렁이의 비늘에 꽂혀 있었습니다.

처녀는 이미 임신을 하였습니다. 이 사실을 알게 된 처녀의 어머니는 딸을 바닷가로 데려가서 바닷물에 몸을 담그도록 가르쳐 주었습니다. 딸이 바다 속으로 들어가자, 능구렁이의 새끼를 유산하게 되었습니다.

그로부터 오키나와 여성들은 일 년에 한 번은 하마오리를 하여 바닷물에 몸을 담궈서 부정을 씻어내게 되었다고 합니다. 나는 어렸을 때 함께 하마오리를 하던 어머니와 누이들이 바다에 들어가면 그 장딴지에서 새끼 뱀들이 떨어져 나오지나 않을까 마음 졸이며 걱정하였습니다.

조개잡이가 끝나고 바닷가로 돌아오면 서로 그 날 채취한 것을 보여주며 비교하는 것도 즐거움 중 하나였습니다. 마을에 따라서는 조개 등을 그대로 바닷가에서 끓여 다른 음식과 함께 먹고, 밤까지 술을 마시거나 산신三線을 켜며 축하하는 곳도 있었습니다. 그러나 우리 마을에서는 저녁부터 각 가정에서 조개를 삶아 그 조갯살을 빼는데 분주하였습니다.

3월 3일에 먹는 또 하나의 맛있는 음식은 어머니와 누이들이 만들어 주는 '산과치과시三月菓子'였습니다. 산과치과시는 밀가루에 설탕과 베이킹파우더를 섞어서 물로 반죽

가리킨다.

14_ 학명은 'Tridachna gigas'이다. 태평양, 인도양 등지에서 깊은 물속의 산호초 위에 붙어산다. 몸의 길이는 1.5m, 넓이가 50cm에 무게는 300kg에 달한다. 껍데기는 잿빛을 띤 흰색으로 부채 모양이며, 깊숙한 다섯 고랑이 있다.

하여 만들었습니다. 반죽을 손가락 두 개 정도 폭의 사각형으로 잘라 표면에 식칼로 절선을 세 줄 넣고, 이것을 식용유로 튀기는 것입니다.

어머니와 누이들은 이 산과치과시를 하마오리 때의 간식으로 가져갔습니다. 어쨌든 평소는 과자 같은 것을 좀처럼 먹지 못하던 시절의 이야기입니다. 나는 어쩌다 먹는 이 산과치과시를 매우 좋아하였습니다. 보통은 흑설탕을 넣었지만, 어머니가 크게 맘 먹은 때는 백설탕을 넣었습니다. 또 달걀 등을 넣는 부유한 집도 있었습니다.

내가 초등학생이던 무렵의 과자라고 하면 이 산과치과시와 '사타안다기サーターアンダーギー(설탕이 들어간 튀김)'라는 튀김과자가 고작이었습니다. 그리고 일 년에 한 두 번은 집에서 도너츠도 만들었습니다. 찻잔의 윗부분과 바닥의 둥근 부분으로 도너츠의 반죽에 구멍을 냈습니다. 이 방법은 어머니들의 현명한 지혜라고 생각합니다.

한 때 쇠퇴했던 3월 3일의 하마오리 행사도 최근 점차 부활하고 있습니다. 그 중에는 미야코지마宮古島처럼 관광 투어를 기획하여 갯벌조개잡이의 손님을 모으는 곳도 있습니다.

일 년에 한 번 정도 물이 빠진 산호초 벌판에서 갯벌조개잡이를 즐기는 일은 기분도 좋고 건강에도 좋습니다. 히나닌교를 사주지 못했던 딸이 시집을 간 후에도, 하마오리의 전통행사는 지속되기를 바랍니다.

청명제淸明祭

오키나와의 봄과 가을은 짧습니다. 봄을 알림과 동시에 조상공양을 하는 행사가 청명제(우시미御淸明)입니다. 4월이 되어 입학식이나 직장의 환영·환송회가 끝난 첫째 주 일요일부터 청명제 시즌이 시작됩니다.

청명제는 류큐왕국 시대에 중국에서 전해져 왔다고 하며, 음력 3월의 '청명절淸明の節'에 행해지는 조상공양 행사입니다. 류큐왕국의 역사서인 『구양球陽』[15]-에 의하면 쇼

15_ 한문체로 기록된 류큐왕국의 정사(正史)이다. 본문 22권, 부권(付卷) 3권, 외권(外卷)인 『유로설전(遺老說傳)』으로 구성되어 있다. 정병철(鄭秉哲) 등 4인의 편찬으로 1745년에 완성되었다. 역대국왕의 치세를

보쿠왕尙穆王[16]- 17년(1768) 조에 "2월 12일, 처음으로 매년 청명절에 다마우둔玉陵에 배알拜謁하여 봉제奉祭할 것을 정하였다."(원문은 한문)라고 적혀 있어 이 무렵부터 연중행사로서 확산된 것이라고 생각됩니다.

처음에는 왕부王府를 비롯하여 슈리首里나 나하那覇의 사족士族계급이 행했던 행사가 현재는 오키나와본도의 중남부와 북부 지구의 지방 농촌까지 확대되고 있습니다. 그러나 미야코宮古, 야에야마제도八重山諸島에서는 일부에서밖에 행하지 않는다고 합니다. 일반적으로 정월 16일의 주루쿠니치마치十六日祭로 조상공양을 성대하게 치르고 있는 지역은 청명제를 그리 중요시하지 않는 듯합니다.

우리 일문一門의 경우는 가미우시미神御清明와 무라우시미村御清明를 행합니다. 둘 다 양력 4월 중의 일요일을 이용합니다.

먼저 가미우시미에 대해서입니다. 오전 10시경에 이토만 시絲滿市 아자字 요자與座의 '아지按司[17]- 묘'에 모입니다. 아지란 그 지역 영주를 말합니다. 이 요자 마을은 현재 이토만 시로 되어 있지만, 2차 세계대전 전에는 다카미네 촌高嶺村,[18]- 류큐왕국 시대에는 다카미네 마기리間切[19]-에 속해 있었습니다. 아지 묘에서는 먼저 일 년에 한 차례 하는 대청소를 합니다. 주로 묘역 안의 잡초를 제거하고 묘 주위를 청소합니다.

우리들의 아지 묘는 전형적인 '귀갑묘龜甲墓' 형태를 취하고 있어, 멀리서 보면 임부姙婦가 양 다리를 벌리고 위를 향해 누웠을 때의 하반신 모양을 하고 있습니다. 마치 임

중심으로 여러 사건 및 사상(事象)이 수록되어 있다. 『유로설전』은 김용의 역(전남대학교출판부, 2010)으로 국내에 소개되어 있다.

16_ 1739~1794. 류큐국 제2쇼씨 왕조의 제14대 왕이며, 재위 기간은 1752년부터 1794년까지이다. 그의 치세인 1786년에 류큐왕국 최초의 형률전(刑律典)인 류큐카리쓰(琉球科律)가 편찬되었다. 또 이 시기에는 포상제도를 정비하여 모범이 되는 자에게 물품이나 역직(役職)을 수여하였다.

17_ 고대 류큐 시대에 아지는 지역의 정치적 지배자를 의미하는 말이었지만, 근세 류큐 시대에는 왕자 다음으로 높은 위계를 가리키게 되었다. 아지는 각지에서 구스쿠(グスク)라는 성채에 의해 백성을 지배하였다.

18_ 옛 시마지리 군(島尻郡)에 속해있던 촌(村)으로, 현재의 이토만 시(絲滿市) 중부에 위치한다. 1908년의 도서정촌제(島嶼町村制) 시행으로 다카미네 마기리(高嶺間切)에서 다카미네 촌(高嶺村)으로 바뀌었으며, 1961년에는 북쪽에 인접한 구 이토만 정(絲滿町)·가네구스쿠 촌(兼城村)과 남쪽으로 인접한 미와 촌(三和村)과 합병하여 신 이토만 정이 되면서 소멸하였다.

19_ '구획을 나눈다'는 뜻의 '마기리(間切)'는 오키나와의 옛 행정구역을 나타내는 용어이다. 근현대 시정촌(市町村)의 모체이다. 류큐는 사농(士農)이 엄밀하게 구별되었던 신분제 사회였으며, 중앙의 마치카타(町方)와 지방인 마기리·'시마(島)'가 엄연히 구별되었다. 문화적·지역적인 덩어리를 갖는 십 수 곳의 마을을 구획하여 구별 짓는 행정단위를 마기리, 구획 지을 수 없는 작은 섬 등을 시마라고 불렀다.

신한 하복부가 부풀어 오른 듯한 부분이 거북의 등딱지와 비슷하여 '귀갑묘'라고 부릅니다. 그러므로 묘실로 들어가는 입구는 임부의 음부에 해당합니다. 원래는 중국에서 전해져 온 형태이지만, 나이 든 어른들은 "인간은 죽은 후에 자신이 태어난 어머니의 뱃속으로 돌아가기 때문에 이런 모양이 되었다."라고 설명하였습니다.

이 아지 묘에는 역대의 다카미네 아지(구 다카미네 마기리의 영주)와 그 가족의 유골이 수습되어 있습니다. 또 류큐왕국의 마지막 국왕인 쇼타이왕尚泰王[20]의 제 5왕자 쇼슈尚秀와 그 비妃 유키코雪子의 유골도 납골되어 있습니다. 때문에 이 묘는 규모도 커 300평이 넘을 것입니다. 70명 이상의 사람들이 한 시간 이상 걸려서 겨우 청소를 끝냅니다. 돌담 위에서는 흰 복숭아 꽃 같은 봉오리에서 이른 산닌月桃 꽃이 피어나고 있습니다.

정오 무렵에 청소가 끝나면 찬합의 음식을 조상들께 올리고 일문의 기원이 시작됩니다. 먼저 조상들이 일 년 간 가호해 준 데에 대한 감사부터 드립니다. 무엇보다도 건강하고 무사하게 일 년을 보내고 청명제에 다시 모일 수 있게 된 사실에 감사를 드립니다.

조령신에 대한 기도가 끝나면 묘 주위에서 공양물을 서로 나누어 먹습니다. 부모 세대까지는 대낮부터 술도 마셨습니다. 이 가미우시미 때는 나하 시那覇市와 나고 시名護市,[21] 오키나와 시沖縄市,[22] 다마구스쿠 촌玉城村 등 오키나와에 흩어져 있는 사족 문추門中의 자손들이 일 년에 한 번 모이는 것입니다.

이에 비해 일주일 후의 일요일에 행해지는 무라우시미 때는 같은 마을 출신의 문추나 다른 집안으로 시집갔던 누이들과 그 가족도 성묘하러 옵니다. 마을에 있는 묘도 오전 중에 청소를 끝냅니다.

오후가 되면 먼저 남계男系 일문이 모여서 무라우시미를 시작합니다. 같은 마을에 살

20_ 1843~1901. 류큐 제2 쇼씨 왕통 19대로서 류큐의 마지막 국왕이다. 1848년부터 6월 8일부터 1872년 10월 16일까지 재위하였다. 이후부터 일본의 화족 신분으로 1879년 4월 4일까지 류큐번왕(琉球藩王)을 지냈다.

21_ 오키나와본도 북부지역의 중심도시이다. 시로서는 오키나와 현에서 가장 북쪽에 위치한다. 2000년에 이루어진 G8(주요국 수뇌회의)의 개최지로서 주목 받았다.

22_ 오키나와본도 중부에 위치한 오키나와 현 제2의 도시이다. 오키나와 현에서는 나하 시 다음으로 인구가 많은 시이며, 또 철도가 없는 시로서 일본에서 가장 인구가 많은 시이기도 하다. 가데나 기지(嘉手納基地) 등의 미군기지가 많은 이유도 있어서 국제적 색채가 짙으며, 예능도 활발하여 많은 음악가를 배출하였다.

며 같은 묘에 들어가는 일문을 '지초데血兄弟'라고 부르고 있습니다. 우리들의 지초데는 12세대로 약 50명에 가까우며, 아이부터 노인까지 포함합니다.

어른들은 묘 주위에서 맥주나 아와모리泡盛[23]를 마시기도 합니다. 이 묘 앞에는 50명 정도가 빙 둘러앉을 수가 있습니다. 아이들은 찬합의 음식을 먹거나, 나팔나리꽃[24]을 꺾으며 놀았습니다. 그리고 저녁이 되면 외가 쪽 성묘를 하러 이동합니다.

청명제의 찬합 음식은 떡과 돼지고기, 어묵, 두부튀김, 다시마말이가 주요 품목입니다. 조상공양에 돼지고기가 빠지지 않는 것은 중국문화의 영향일지도 모르겠습니다. 최근에는 이 찬합요리에 과일이나 과자를 첨가하고 있습니다. 가정에 따라서는 전채 요리를 올리는 곳도 있습니다.

밤에는 '도토메尊尊前'를 모시고 있는 형님 집으로 모입니다. 도토메는 부모나 조상의 위패를 말합니다. 시집을 갔던 누이들과 그 가족도 참가하여 청명제를 축하합니다. 각자의 집에서 만들어 온 음식을 나눠 먹고 술도 마시며 환담을 나눕니다.

청명제

학생운동을 하던 무렵의 나는 이 혈연공동체와 조상숭배로부터 벗어나는 것만을 생각하였습니다. 자신의 사상과 행동의 자유가 혈연공동체의 틀 안에서 속박당하는 것이 아주 싫었습니다. 현재도 신흥종교 활동에 가입하여 이 조상숭배에서 벗어나고자 하는 친척도 있습니다.

그러나 내가 관찰한 바로는 자본주의나 상품경제, 소비사회의 힘이 압도적으로 강해서 혈연공동체와 조상숭배 신앙을 파괴하고 있었습니다. 나의 사상 및 행동과 혈연공

23_ 주로 장립종(長粒種)인 인디카 쌀(indica米)을 원료로 하여 흑국균(黑麴菌)으로 발효시켜서 만드는 류큐산 증류주이다. 15세기부터 19세기까지 중국과 일본의 권력자에게 봉납품으로 헌상되었다.
24_ 오키나와가 원산지이며, 학명은 'Lilium longiflorum THUNB.'이다. 꽃은 5, 6월에 피며 원줄기 끝에서 2, 3개가 옆을 향해 벌어진다. 빛깔은 선백색인데, 목부는 다소 녹색을 띤다. 향기가 강하여 꽃꽂이용으로 많이 이용된다.

동체와의 충돌은 계속되고 있습니다. 그렇지만 지금은 자신의 힘으로 사회의 변혁을 꾀하는 한편, 이 조상숭배 신앙 역시 소중히 여기고 싶습니다.

야에야마八重山

나는 야에야마제도에 몇 번을 갔는지 더 이상 셀 수도 없을 정도입니다. 주지하는 바와 같이 야에야마제도는 이시가키지마石垣島,[25] 이리오모테지마西表島[26]를 비롯하여 유인도인 다케토미지마竹富島,[27] 고하마지마小浜島,[28] 하토마지마鳩間島,[29] 구로시마黑島, 아라구스쿠지마新城島,[30] 하테루마지마波照間島,[31] 요나구니지마與那國島[32] 등으로 이루

25_ 오키나와 현 이시가키 시(石垣市)에 속하는 섬이다. 면적은 약 222.6km²로, 오키나와 현 내에서는 오키나와본도와 이리오모테지마(西表島)에 이어 3번째로 큰 섬이다.

26_ 오키나와 현 야에야마 군(八重山郡) 다케토미 정(竹富町)에 속하는 섬이며, 야에야마제도에서는 가장 큰 섬이다. 면적은 289.30km²로, 오키나와 현 내에서는 오키나와본도에 이어 두 번째로 넓지만, 산이 많고 평지가 적어 2005년 현재 인구는 2,347명이다. 말라리아 발생지였던 탓에 정주가 어려워 예로부터의 마을은 극히 적다. 류큐왕조(琉球王朝) 시대부터 여러 차례의 강제이주가 이루어졌지만, 대부분 실패하였다. 제2차 세계대전 말기에는 이시가키지마와 하테루마지마(波照間島) 등으로부터 강제로 소개(疏開)된 주민들 중 많은 수가 말라리아에 걸려 사망하였다. 이를 '전쟁말라리아'라고 부른다.

27_ 야에야마 군 다케토미 정에 속하는 섬이다. 야에야마의 중심인 이시가키지마에서 약 6km의 거리에 있다. 2014년 10월 31일 현재 인구는 365명이며, 가구 수는 164호이다. '竹富'는 근대에 들어서의 표기이며, 메이지(明治) 중반까지는 '武富'로 표기되는 경우가 많았고, 옛날에는 '다키둔(タキドゥン)'이라고 불렸다. 빨간 벽돌 및 목조로 된 민가와 흰 모래가 깔린 길 등으로 유명하다.

28_ 야에야마제도에 있는 섬이다. 행정구분으로서는 야에야마 군 다케토미 정에 속한다. 섬 면적의 약 5분의 1을 '야마하리조트(ヤマハリゾート)' 및 '호시노리조트(星野リゾート)'의 리조트 시설이 차지한다. 2001년도 상반기에 방송된 NHK의 연속TV소설 『추라 상(ちゅらさん)』의 무대가 되면서 전국적으로 알려지게 되었다.

29_ 이리오모테지마의 북쪽 5.4km에 위치한 야에야마제도의 섬이다. 행정구역은 오키나와 현 야에야마 군 다케토미 정 하토마에 속하며, 면적은 0.96km², 2013년 1월 31일 현재 인구는 67명이다. 섬 중앙부에 '하토마나카무이(鳩間中森)'라 부르는 구릉이 있으며, 등대가 서 있다. 구릉 북쪽이 농지로 개간되어 남쪽에 마을이 있다.

30_ 야에야마 군 다케토미 정에 있는 섬으로, 가미지지마(上地島) 및 시모지지마(下地島)로 이루어져 있다. 떨어져 있는 두 섬으로 이루어진다고 해서 현지 방언으로는 '이별(離れ)'을 뜻하는 '파나리(パナリ)' 또는 '파나리지마(パナリ島)'라고도 부른다.

31_ 야에야마제도(八重山諸島)에 있는 일본 최남단의 유인도이다. 인구는 2009년 3월 31일 현재 542명이다. 야에야마방언으로는 '우리들의 섬'을 의미하는 '베스마(ベスマ)'라고 부르며, 현지에서도 이 호칭을 쓰는 경우가 있다. '波照間'라는 표기는 '끝'을 뜻하는 '하테(果て)'와 류큐(琉球) 또는 산호초를 뜻하는 '우루마(うるま)'를 합한 '하테노우루마(果てのうるま)'에서 유래한다는 설이 일반적이다.

어져 있습니다. 일본열도 최남단의 유인도가 하테루마지마, 최서단에 있는 섬이 요나구니지마입니다. 그 중에서도 특히 이시가키지마는 형제와 친척이 살고 있어서 친근감을 느끼고 있습니다.

야에야마 군郡이라고 하면 아무래도 요시ㅋㅅ 누이를 잊을 수가 없습니다. 요시 누이는 우리 남매 중 차녀인데, 71세 때에 이시가키지마에서 영면하였습니다. 지금 쯤 서서히 이시가키지마의 흙이 되어가고 있을 것입니다.

나카지 무네요시仲地宗良・요시 누이 부부는 오키나와본도 다마구스쿠 촌에서 야에야마 군 오하마 정大浜町[33] 아카이시 구明石區로 개척민으로서 이주하였습니다. 내가 여섯 살 때인 1955년의 일이었습니다. 함께 갔던 할아버지 나카지 산라仲地三良는 당시 65세로 최고령자였습니다. 할아버지는 91세까지 이주지에서 열심히 일하다 돌아가셨습니다.

전후 류큐 정부의 이민계획에 의해 오키나와와 미야코 각지에서 야에야마제도에 개척민으로 이주한 사람들은 약 4천명 남짓입니다. 그 역사는 긴조 아사오金城朝夫[34]가 『다큐멘트 야에야마 개척이주민ドキュメント八重山開拓移民』(あーまん企劃, 1988)[35]으로 정리하여 출판하였습니다. 또 요시 누이 등 이시가키 시石垣市[36] 아카이시 구의 사람들은 이주30주년기념사업기성회 편 『흙과 함께土と共に』(1985)를 발간하였습니다.

오키나와는 전전, 전후에 이주민이 많았던 현縣으로 알려져 있습니다. 해외이민이 많

32_ 야에야마제도 서쪽 끝에 있는 섬이다. 일본 최서단에 위치하며, 섬 하나로 요나구니 정(町)을 이룬다. 면적은 약 30km²이다.

33_ 야에야마 군에 있었던 이시가키지마 동부의 정(町)이다. 1964년에 당시 이 섬의 서부를 차지하고 있던 이시가키 시(石垣市)로 편입・합병되며 소멸하였다.

34_ 1938~2007. 저널리스트로, 본명은 도모요세 에이쇼(友寄英正)이다. 도요대학(東洋大學) 재학 중에는 도쿄 오키나와학생회 사무국장 등을 맡았으며, 농민조합 서기장, RBC 기자, 이시가키(石垣) 케이블 TV 기자, NHK의 농림수산통신원 등을 지냈다. 저서로 『다큐멘트 야에야마 개척이주민(ドキュメント八重山開拓移民)』, 『오키나와에서 류큐로-미군군정 혼란기의 정치사건사(沖繩から琉球へ―美軍軍政混亂期の政治事件史)』가 있다.

35_ 근세 인두세(人頭稅) 시대부터 요세바쿠쇼(寄百姓) 제도에 의해 햐쿠쇼(百姓)들은 야에야마로 강제이주를 당하였다. 전후는 오키나와본도와 미야코(宮古島)로부터 많은 사람들이 개척민으로서 야에야마에 이주했으며, 『다큐멘트 야에야마 개척이주민』은 그 개척이주민의 기록이다.

36_ 야에야마제도의 정치・경제・산업・교통의 중심지로 되어 있는 시이다. 야에야마사무소 소재지이며, 수많은 섬들로 이루어진 자치체 다케토미정사무소도 시내에 있다. 최근에는 낙도(離島) 붐과 다이빙 등의 해양 레저를 목적으로 외부로부터의 이주자가 증가하는 현상을 보이고 있다.

은 현이라고 하면 히로시마 현廣島縣,[37] 와카야마 현和歌山縣,[38] 오키나와 현이 세 손가락 안에 들어갈 것입니다. 오키나와 현의 근대사는 이민의 역사를 빼고서는 이야기할 수 없습니다. 그리고 전후에는 야에야마 개척이주민이라는 독특한 현내 이주의 역사가 존재합니다.

요시 누이는 그 야에야마 개척이주민으로 일생을 마쳤습니다. 나의 형님은 장례식의 고별 인사말에서 "요시 누님의 생애는 잡초 같은 것이었습니다."라고 표현하였습니다. 요시 누이는 전쟁 중 하루ハル 누이 등과 함께 구마모토 현熊本縣으로 소개疏開를 하여 살아남았으며, 제대한 해군병사 나카지 무네요시와 결혼한 후에는 야에야마 개척이주민으로서 정글을 개척하며 2남 5녀의 자식들을 키웠습니다. 1960년 전후의 야에야마 군은 아직 '말라리아의 섬'이라고 부르며 두려워하던 곳이었습니다. 실제로 아카이시 구에서는 1955년에 말라리아로 인한 희생자가 두 명 나왔습니다.

요시 누이 일가도 말라리아와 태풍 및 가뭄으로 고생하였습니다. 누이 일가의 아이들 일곱을 위해 거의 매년 우리들이 낡은 옷을 부쳐 주었던 일을 기억합니다. 특히 1963년 9월 9일의 글로리아 태풍으로 인해 아카이시 구는 가옥 18호가 전파全破되었고, 가축우리의 대부분이 피해를 입었습니다. 그 무렵의 호수戶數는 63호, 인구는 422명이었습니다.

또 1972년 일본복귀 전후의 가뭄 피해도 혹독하였습니다. 방목하던 소들이 먹을 풀도 전부 말라버려 소는 야위어갔고, 마을 남자들은 반 년 이상이나 돈을 벌러 일본 본토로 나가야 하였습니다. 무네요시 매형도 일 년 가까이 오사카 부大阪府의 조선소로 일하러 갔습니다.

그런 어려움을 이겨내고 아카이시 구는 1985년에 이주30주년기념사업을 성공시켰던 것입니다. 우리들의 응원에 대한 요시 누이 일가의 답례는 주로 집에서 만든 농작물이

37_ 히로시마 현은 일본의 역사가 시작된 이래 무역과 문화의 중심지였으며, 에도(江戸) 시대에는 히로시마 번(藩)이라 하여 다이묘(大名) 아사노 씨(淺野氏)가 지배하였다. 1945년 8월 6일, 히로시마 시에 미국에 의해 원자 폭탄이 투하되었다

38_ 일본 긴키(近畿) 지방 남부에 있는 현이며, 현청 소재지는 와카야마 시이다. 이토 군(伊都郡)에 있는 고야산(高野山)은 일본 불교의 분파인 진언종의 본거지이다. 최초의 일본식 불교 사원 중 하나와 순례지 유적이 있어 참배객이 많은 곳이다. 1585년에 와카야마 성이 축조되며 지역명이 와카야마로 되었다.

었습니다. 땅콩 볶을 때는 흑설탕을 뿌린 땅콩을, 마늘 볶을 때는 마늘장아찌를 보내 주었습니다. 그리고 생활에 여유가 생긴 후부터는 설과 오본お盆 때에 야에야마의 특산물인 어묵을 부쳐주었습니다.

내가 젊었을 때는 요시 누이와 곧잘 말싸움을 하였습니다. 요시 누이 부부는 굳이 말하자면 보수정당의 지지자였습니다. 나는 가난한 누이 부부가 보수정당을 지지하는 불합리함에 화를 냈습니다. 내가 신 이시가키 공항건설문제로 '시라호白保의 바다와 자연을 지키는 운동'[39]을 지원하기 위해서 야에야마를 갔더니 "너 같은 사람들이 오니까 야에야마에는 새 비행장도 만들 수가 없다."라며 불평을 하였습니다. 그래도 나는 야에야마 출장 때마다 개척이주민촌의 누이 일가를 방문하는 것을 잊지 않았습니다. 그 과정에서 나의 시 '히라쿠보 곶平久保岬'이 탄생하였습니다.

요시 누이의 마지막은 훌륭하였습니다. 나는 때마침 야에야마 출장 중이라 임종 장소로 달려갈 수 있었습니다. 산소 호흡기를 달고서도 나와 모두에게 "고맙다, 고마워." 라는 말을 남기고 죽었습니다. 자신의 죽음에 대한 고통을 하소연하는 것이 아니라 모두에게 고마워하면서 떠나갔습니다. 나는 그렇게 장엄한 임종을 본 적이 없습니다. 2000년 2월, 현립縣立 야에야마병원에서의 일입니다.

누이의 장남과 장녀도 야에야마에서 결혼하여 이시가키지마에서 살고 있습니다. 손자들 세대부터는 완전한 야에야마 출신자로서 섬의 미래를 개척해 나갈 것입니다. 한때는 과소화過疎化가 극심하여 개척촌이 폐촌 되지는 않을까 하며 위태롭게 여기기도 했지만, 지금은 아카이시 구도 평온을 되찾은 듯합니다. 이제 야에야마제도의 역사는 개척이주민의 역사를 빼고서는 거론할 수 없게 되었습니다.

아니, 오히려 근세 이후 야에야마의 역사는 '시마와케島分け'[40]라고 불렸던 분촌分村 과 강제이주의 반복이었다고 말할 수 있을지도 모르겠습니다. 그 사례는 아라카와 아

39_ 이시가키 시 시라호의 바다에는 북반구에서 최대·최고(最古)라고 하는 산호초의 대군락이 있다. 이 바다에 공항을 건설하려는 계획은 내외로 확산된 반대운동에 의해 철회되었지만, 공항건설계획이 다시 수립되어 현재 가라다케(カラ岳) 기슭에서 공사가 이미 진행되고 있다.

40_ 슈리 왕부(首里王府)는 공납물 증산을 위해 야에야마의 섬들로부터 농지를 만들 수 있는 이리오모테지마와 이시가키지마로 도민들을 이주시켜 토지를 개척하게 하였다. 그 때문에 가족이나 연인과 헤어지게 된 슬픔과 한을 표현한 노래가 많이 남아 있으며, 이시가키지마의 '노소코마페(野底マーペー)' 등은 잘 알려져 있다.

키라新川明[41]의 명저 『신 남도풍토기新南島風土記』(大和書房, 1978)[42]-에 나와 있습니다. 하테루마지마와 구로시마에서 이시가키지마 또는 이리오모테지마로 옮겨가며 행해졌던 '시마와케'의 비극과 '새로운 마을'을 개척하는 고통을 노래한 민요와 전승이 많습니다. 그 중의 하나로 내가 좋아하는 '사키야마부시崎山節'[43]-라는 민요를 들을 때마다 강제이주 당한 민중의 비통한 절규와 기도가 상기됩니다.

찬푸루チャンプルー

류큐・오키나와 문화의 특징을 손쉽게 표현하는 방법으로 '찬푸루 문화'라는 말이 있습니다. 나는 우스갯소리로 '만차힌차マンチャーヒンチャー(짬뽕) 문화'라고 표현하기도 합니다.

찬푸루는 원래 요리 문화에서 사용하던 용어입니다. '고야ゴーヤー[44]- 찬푸루'는 완전히 전국적으로 유명한 요리가 되었습니다. '소면 찬푸루', '두부 찬푸루', '후ㄱ- 찬푸루' 등 찬푸루 요리의 레퍼토리도 많습니다.

소면을 사용한 소면 찬푸루는 나도 가끔 직접 만듭니다. 이것을 요리라고 부를 수 있을까라고 생각될 정도로 매우 간단한 찬푸루입니다. 먼저 소면을 삶습니다. 소금을 넣어 삶는 것이 약간의 요령입니다. 물을 뺀 후에 기름으로 볶으면 기본적으로 완성되었다고 할 수 있습니다. 거기에 부추나 파를 넣으면 더 맛있습니다.

41_ 1931~ . 오키나와 현 출생으로 류큐대학 문리학부 국문과를 중퇴한 후 오키나와타임즈사(沖縄タイムス社)에 입사하여 편집장과 사장, 회장을 역임하고 1995년에 퇴임하였다. 류큐민족독립종합연구학회의 발기인 중 한 사람이다. 『류큐처분 이후(琉球處分以後)』,『반국가의 흉구(反國家の兇區)』 등의 저서가 있으며, 1978년에는 『신 남도풍토기』로 '마이니치출판문화상(毎日出版文化賞)'을 수상하였다.

42_ 도쿄(東京)가 올림픽으로 들끓던 1964년, 미군지배하의 오키나와에서 신문사에 근무하던 저자는 오키나와 안에서도 맨 끝이라는 야에야마로부터 압정으로 인한 비화(悲話), 그것을 거부하는 가요, 풍부한 민속예능 등 섬들의 생활을 역사적 풍토 속에서 다시 파악한 보고서를 계속 발신하였다.

43_ 1755년, 하테루마지마 등으로부터 합계 459명이 강제로 이주 당하여 이리오모테지마 사키야마 촌(崎山村)의 개척에 종사했는데, 그들의 비탄을 노래한 민요이다.

44_ 일본에서 표준 명칭은 '니가우리(=ガウリ)' 또는 '쓰루레이시(蔓荔枝)'이다. 오키나와본도에서는 니가우리를 일반적으로 고야라고 부르는데, 일본 본토의 오키나와 요리 붐의 영향도 작용하여 전국적으로도 고야라는 명칭을 사용하는 경우가 많아졌다. 우리나라에서는 일반적으로 여주라고 부른다.

그러나 그것만으로는 '볶음소면'이라든가 '소면 풋틀ㄱ>ㅏㄸ>ㅜㄹㅜ-'[45]-이라고 부를 수는 있어도 실제로는 아직 소면 찬푸루라고 할 수 없습니다. 튀김국수 계열밖에 되지 않습니다. 찬푸루라고 부르려면 다른 재료를 더 많이 섞어서 볶아야만 합니다.

내 취향은 참치통조림이나 돼지고기통조림을 섞은 소면 찬푸루입니다. 그러나 최근 향토음식점이나 술집 등에 가면 실로 다양한 소면 찬푸루 메뉴가 고안되어 있습니다. 오징어먹물을 사용하거나 명태 알을 섞은 소면 찬푸루도 있습니다.

집이 가난했을 때, 소면 찬푸루와 소면국은 가난한 사람들의 주식 중 하나였습니다. 나의 동기생 중에는 소면국만 먹어서 야맹증에 걸린 사람도 있었습니다. 그러나 현재 소면 찬푸루는 술집에서 중요하고도 인기 많은 안주로 되어 있습니다.

이외에도 두부와 양상추, 양파 등을 함께 볶은 두부 찬푸루. 오키나와의 독특한 밀기울과 야채 등을 볶아 만드는 후 찬푸루. 그리고 콩나물과 돼지고기, 두부 등을 섞어 볶은 마미나ﾏｰ ﾐ ﾅ 찬푸루 등의 요리를 추천합니다. 고야 찬푸루 또한 말할 필요도 없습니다.

덧붙여 이 찬푸루라는 말의 어원을 찾아보았더니 인도네시아어의 'champur(섞다)'와 공통되었습니다. 나는 찬푸루의 어원에 대한 질문을 받고 여러 방면으로 조사해 보았지만, 알 수가 없었습니다. 그런데 인도네시아를 대표하는 작가 모흐타르 루비스Mochtar Lubis[46]- 선생님께서 오키나와에 오셨을 때 고야 찬푸루와 두부 찬푸루를 대접했더니 매우 기뻐하시며 "이런 요리는 인도네시아에도 있다."라고 말씀해주셨습니다. "뭐라고 하는 요리입니까?"라고 물어봤더니 "찬푸루"라고 대답해주셨습니다. 인도네시아에서도 여러 가지 재료를 섞어서 볶는 요리를 '찬푸루'라고 부른다는 것입니다.

소면 찬푸루보다 더 유명해진 면 요리는 오키나와 소바沖繩そば일 것입니다. 관광객에게 권유해도 호평이며, 인스턴트 소바도 판매되고 있습니다. 나도 일주일에 한 번은 오키나와 소바를 먹고 본토의 친구들에게 선물하기도 합니다.

45_ 소면 풋틀은 '소면 다시야(ﾀｼﾔｰ)'라고도 하며, 소면을 볶은 것이다. 엄밀하게 말하면 두부와 함께 볶은 것을 찬푸루라고 하며, 두부를 넣지 않고 볶은 것은 풋틀이다.

46_ 1922년 태생의 인도네시아의 소설가·언론인이다. 1945년 안타라 통신사를 창설했으며, 『인도네시아 라야』지를 창간하여 주필로 활약하였다. 해외특파원으로서 한국을 비롯한 많은 나라를 여행하여 『한국전쟁보고서』, 『미국여행잡기』 등을 저술하였다.

그러나 1972년의 일본복귀 전후까지 오키나와 소바는 식당에서밖에 먹을 수 없던 사치품이었습니다. 공무원의 첫 월급이 약 30달러였던 시절, 생선초밥 일인분은 25센트였습니다. 그러나 오키나와 소바도 5센트나 했던 것입니다. 일본복귀 무렵에는 10센트까지 가격이 뛰었습니다. 그래서 보통 가정에서는 오키나와 소바를 요리하는 일이 거의 없고 소면국이 일반적이었습니다. 오키나와 소바는 밀가루가 주성분이지만, 가정집에서 수타 소바를 직접 만들지는 않았습니다.

현재 가정집에서 소바 요리를 할 때, 면은 구입해서 사용합니다. 소바 국물은 돼지 뼈나 닭 뼈와 가다랭이 포로 만들면 맛있습니다. 삼겹살과 어묵은 반드시 넣는 재료입니다. 거기에 파와 생강을 양념으로 넣습니다. 최근에는 조미료로 쑥을 내놓는 식당도 늘었습니다. 현재 인기 있는 '소키 소바ソーキそば'는 돼지의 갈비뼈 고기를 뜻하는 '소키ソーキ'를 얹은 것으로, 일본복귀 전후에 개발된 상품입니다.

이 오키나와 소바의 역사는 그리 오래되지 않은 것 같습니다. 메이지明治 시대에 중국에서 전해졌다는 설도 있습니다. 우리 부모 세대는 전전戰前까지 '중국 소바'라고 불렀습니다. 우리들은 간단히 '소바' 또는 '스바すば'라고 부르고 있습니다.

오키나와에서 일본 소바의 원료가 되는 식물인 메밀은 재배가 안 됩니다. 밀가루 쪽도 마찬가지여서, 면 만드는 데에 사용될 정도의 큰 밀밭이 없습니다. 따라서 원료의 수입과 함께 전해져 온 요리 중 하나일 것입니다. 오키나와 소바도 점차 진화하여 변화하였습니다. 현재는 돼지족발을 얹은 '돼지족발 소바'나 야채볶음을 얹은 '야채 소바' 등도 기존메뉴에 추가되었습니다.

전후의 찬푸루 요리를 크게 변화시킨 식품 중 하나로 돼지고기 런천미트Luncheon Meat 통조림이 있습니다. 이 통조림은 미군 점령이 가져온 식재료입니다. 돼지고기통조림은 현재 돼지고기 대신에 소면 찬푸루나 오키나와 소바의 재료 등으로 사용하고 있습니다. 덴마크에서 온 수입품이 많을 것입니다. 이와 같이 요리뿐 아니라 오키나와민요의 연주에 일렉트릭 기타electric guitar[47]-를 넣는 등 각종 분야에서 외국으로부터 들어온 좋은 수입품을 전통적인 문화에 도입하여 새로운 혼합문화로 만드는 것을 우리들은 '찬

---

[47]_ 일렉 기타, 스틸(steel) 기타라고도 한다. 스틸 현을 사용하며, 자기유도(磁氣誘導)에 의한 수법으로 진동을 전기적 진동으로 바꾼다. 사이드 형과 하와이안 형의 두 가지가 있다.

푸루 문화'라고 부릅니다.

오키나와연극

5월 둘째 주 일요일에는 '어머니의 날' 행사가 있습니다. 오키나와에서는 전후에 성행한 것으로 생각되는 '어머니의 날'도 이제는 연중행사로 완전히 정착한 듯합니다. 매년 어머니의 날에 '오키나와연극'을 보러 가는 것은 내게 큰 즐거움입니다.

나의 어머니가 건재했을 무렵에는 누이들도 함께 오키나와연극을 보러갔습니다. 나하 시민회관 등에서 오후부터 상연하는 연극을 보고, 저녁에는 어머니를 중심으로 한 식사모임을 가지곤 하였습니다. 누이들은 다투어 어머니에게 새로 만든 옷을 선물하였습니다. 나는 기껏해야 빨간 카네이션 꽃을 선물할 뿐이었습니다.

어머니가 돌아가신 후에는 장모나 할머니와 함께 오키나와연극을 보러갔습니다. 그러나 할머니가 95세를 넘기고 나서부터는 나 혼자서 가는 일이 많아졌습니다. 장모와 할머니는 나이가 들고부터는 나카타 사치코仲田幸子[48]-와 극단 데이고자でぃご座에서 공연하는 희극을 더 좋아하게 되었습니다.

오키나와연극이란 말 그대로 오키나와에 거주하는 배우가 '오키나와어'로 된 대사를 읊어가며 연기하는 연극입니다. 이 오키나와연극의 역사는 류큐왕국 시대에 창작된 '구미우두이組踊'에 큰 원류가 있습니다.

류큐왕국 시대, 궁정예능을 연출한 것은 사족士族이었습니다. 책봉사冊封使 환대 때에는 '오도리부교踊奉行'로 임명되는 등 이들은 일종의 국가공무원이었습니다. 그러나 1879년의 류큐처분琉球處分[49]-에 의해 왕국이 멸망한 후에는 궁정예능인들도 녹祿을 받

48_ 1933~ . 극단 '데이고자(でぃご座)'의 단장으로, '오키나와 희극계의 여왕'이라고 불리는 인물이다. 2011년에 공개된 〈할머니는 희극의 여왕 나카다 사치코 오키나와연극에 살다(オバアは喜劇の女王 仲田幸子 沖繩芝居に生きる)〉라는 영화에도 출연하였다. 연극을 좋아했던 부친의 영향으로 15세 때 미나카제마이극단(南月舞劇團)에 입단하여 같은 극단 소속의 배우 겸 각본가 나카다 류타로(仲田龍太郎)와 결혼하였다. 이후 여러 극단을 거쳐 1956년에는 '나카다 류타로 일행(仲田龍太郎一行)'을 발족시켰으며, 이 명칭은 1965년에 '극단 데이고=나카타 사치코 일행'으로 바뀌었다. 현재도 홈그라운드인 나카다사치코예능관에서 매일 두 차례의 무대를 소화하고 있다.

지 못해 생활이 어려워졌습니다. 그래서 이들이 생계를 위해 상업연극을 시작하였습니다.

이윽고 근대적인 극단 활동이 시작되며 그 과정에서 오키나와어로 된 대사극과 가극을 창작하게 된 것입니다. 대사극은 슈리 및 나하의 방언을 토대로 하고 구미우두이 등의 고전적 표현도 도입하여 독특한 양식미를 가진 '연극 조'로 공연하게 되었습니다.

전전에는 극단 간의 경쟁으로 인해 많은 작품이 창작되었습니다. 대사극으로는 야마자토 에키치山里永吉[50] 작의 〈슈리성 이양首里城明渡し〉[51]과 〈우후아라구스쿠 충용전大新城忠勇傳〉[52]이 성공을 거두었습니다. 또 가극에서는 후에 3대 비극이라고 부르는 이라하 인키치伊良波尹吉[53] 작의 〈깊은 산의 모란奧山の牡丹〉,[54] 가네코 야에이我如古彌榮[55] 작

49_ 에도 시대 초기인 1609년, 일본의 전국(戰國) 시대가 끝난 후에 지역정권인 사쓰마 번(薩摩藩)은 류큐를 침공하여 류큐는 사쓰마 번과 중국 양쪽에 조공을 하게 되었다. 1879년, 메이지 유신(明治維新)을 성공적으로 이끈 사쓰마 번은 일본의 이름으로 류큐를 강제 합병하고 오키나와 현(縣) 설치를 강행하였다. 이로써 450년간 이어온 류큐왕국이 막을 내렸으며, 이를 류큐처분이라 한다.

50_ 1902~1989. 나하에서 태어난 화가이며 극작가이다. 일본미술학교를 중퇴하고 미술결사 '마보(マヴォ)'의 동인으로 활약하였다. 1930년 오키나와연극 〈슈리성 이양(首里城明け渡し)〉의 각본이 대 히트를 하였다. 전후에는 류큐정부립박물관장 등을 역임했으며, 유명한 저서로 『오키나와 역사이야기(沖繩歷史物語)』가 있다.

51_ 1879년, 오키나와에도 폐번치현(廢藩置縣)이 포고되고, 다방면에 걸쳤던 왕부(王府)의 저항은 허무하게 끝나 류큐왕조는 안타깝게도 메이지 정부에 슈리성을 이양하게 된다는 줄거리이다. 종막 중, 마지막 류큐왕 쇼타이(尚泰)가 나하항에서 도쿄로 출발할 때 배웅하러 온 사람들에게 말하는 대사가 "전쟁은 끝났다."이며, 이후에 산야마부시(散山節)의 절창으로 막을 내리는 것이 현재 상연되고 있는 〈슈리성 이양〉이다.

52_ 쇼엔왕(尚元王) 즉위의 고사와 관련된 대표적 류큐사극으로, 1904년 오키나와자(沖繩座)에서 초연하였다. 도카시키 슈료(渡嘉敷守良) 작품이며, 전 5막이다. 초연 당시는 〈류큐고사(琉球故事)〉였지만, 1907년에 〈우후아라구스쿠 충용이야기(大新城忠勇噺)〉라는 제목으로 성황을 이루었다. 쇼세이왕(尚淸王)에게는 후계자인 장남, 그리고 쓰가루우후카타(津堅親方)의 누이인 후궁과의 사이에서 얻은 차남이 있었다. 왕은 우후아라구스쿠에게 장남을 부탁하고 세상을 떠났다. 그러나 장남은 어렸을 때부터 병약하고 말도 잘 듣지 않는 상황이라 쓰가루우후카타는 차남을 즉위시키려는 계획을 도모한다. 이를 알게 된 우후아라구스쿠는 쇼세이왕의 유언을 지키고자 죽음을 각오하고 장남 옹립을 위해 맞선다는 내용이다.

53_ 1886~1951. 오키나와 현 요나바루(與那原)에서 출생, 14세 때에 '슨가시바이(寒水川芝居)'에 입단하여 전후까지 활약한 미남 스타이다. 가극작가・무용가・극단경영자로서도 그 재능을 높이 평가받고 있다. 작품으로는 〈깊은 산의 모란(奧山の牡丹)〉, 〈약사당(藥師堂)〉 등의 가극과, 〈하토마부시(鳩間節)〉, 〈가나요 아마카(加那ヨ一天川)〉 등의 무용이 있다. 전전에는 '이라하이치자(伊良波一座)'라는 극단으로 남양제도까지 순회공연을 다녔고, 또 야마자토 에키치(山里永吉)를 각본가로 기용하여 다수의 류큐사극을 다이쇼극장(大正劇場)에서 공연하였다. 전후에는 오키나와민정부의 직영극단 '우메(梅)'의 단장을 역임하였다.

54_ 1914년에 초연된 장편 류큐사극이다. 부친의 방탕으로 인해 시골에서 살게 된 아들이 지라(チラー)라는

〈도마리 아카泊阿嘉〉,[56]- 마지키나 유코眞境名由康[57]- 작 〈이에지마 한도과伊江島ハンドー小〉[58]가 탄생하였습니다.

　전전戰前은 물론 전후戰後에도 오키나와연극을 지탱해 온 관객은 압도적으로 여성들이었습니다. 남성, 특히 지식계급은 일본공통어 사용을 장려하며 오키나와연극을 비판하고, 경멸하고, 억압하였습니다. 그러나 여성들은 3월 3일의 하마오리나 청명제의 귀가 길에 오키나와연극을 보는 일이 일 년 중 최고의 오락이었다고 합니다. 그 전통이 전후에 '어머니의 날' 오락으로 변용된 것입니다.

　불행히도 1931년의 만주사변 이래, 일본이 15년 전쟁에 돌입함으로써 오키나와에서는 방언을 박멸하고 표준어를 장려하는 동화·황민화 정책이 강화되었습니다. 1940년에는 오키나와 현 당국과 야나기 무네요시柳宗悅[59]- 등의 민예운동가 사이에서 유명한

처녀와의 사이에 사내아이를 두게 된다는 설정이다. 자식의 입신출세를 바란 지라는 자신의 신분 때문에 몸을 숨긴다. 나중에 성장한 아들은 어머니를 만나기 위해 얀바루(山原)의 심산을 찾아가지만, 어머니 지라는 투신하여 죽는다. 이라하 인키치가 실제로 만났던 가난한 미소녀에게서 힌트를 얻은 작품으로, 오키나와의 계급차별을 이해하는 데에도 중요한 작품이다.

55_　1881~1943. 오키나와 현 나하 시 슈리(首里)에서 태어난 배우이다. 1911년에 '오키나와자(沖繩座)'에서 오키나와 3대 가극 중 하나라고 칭해지는 〈도마리 아카(泊阿嘉)〉를 만들었다. 이후 현대가극 〈동정녀와 효자(貞女と孝子)〉, 〈밤 마실(夜半參)〉 등 명가극을 남겼다.

56_　메이지 말기부터 다이쇼(大正) 초기에 구미우두이, 류큐가극 등의 형식으로 유력 극단에서 공연하여 대히트를 한 작품이다. 아카(阿嘉)에 사는 다루카니(樽金)가 도마리 촌(泊村)에 사는 지루(鶴)에게 한눈에 반하여 그 연심을 노래하지만, 지루는 연서를 태워버린다. 그러나 사실은 지루도 다루카니를 좋아하고 있었으며, 연서의 일부를 태웠을 뿐이었다. 두 사람의 마음은 서로 통했지만, 다루카니는 부친의 명에 따라 이헤야지마(伊平屋島)로 떠나야 했다. 다루카니를 만날 수 없게 된 지루는 결국 죽고, 임무를 끝낸 다루카니가 도마리무라에 돌아왔을 때는 지루의 장례가 이미 끝나있었다는 줄거리이다.

57_　1880~1982. 오키나와 슈리(首里) 출생으로, 6세 때 '나카모시바이(仲毛芝居)'에 아역으로 입단하였다. 전전, 전후를 통하여 오키나와 예능의 세계에서 살았다. 특히 전후 오키나와 예능부흥의 중핵적인 역할을 하며 구미우두이 등 무용의 계승 발전에 큰 공적을 남겼다. 작품으로는 구미우두이 〈제설(雪払い)〉, 가극 〈이에지마 한도과(伊江島ハンドー小)〉, 무용 〈와탄자(わたんじゃー)〉 및 〈이토만 처녀(絲滿乙女)〉 등이 있다.

58_　1924년에 초연을 하여 크게 히트한 류큐가극이다. 애초에는 〈구니가미의 슬픈 이야기 헨토나 한도과(國頭哀話 邊土名ハンドー小)〉로 상연되었지만, 인기를 얻는 동안에 〈이에지마 한도과〉라는 제목으로 낙착을 보았다고 한다. 이야기는 오키나와본도 북부의 어항 헨토나에 살았던 한도과가 조난을 당한 이에지마의 사내 가나(加那)를 구하여 서로 사랑하게 되지만, 사실 가나에게는 고향에 아내가 있었다는 설정이다. 한도과는 사내를 따라 이에지마까지 가게 되지만, 결국에는 섬의 영산(靈山)인 이에지마탓추(伊江島タッチュー)에서 죽음을 선택한다. 이후 가나 일가는 한도과의 원령 때문에 멸망한다.

59_　1889~1961. 일본에서 민예운동을 일으킨 사상가이자 연구가이며, 미술평론가이다. 한국의 전통 미술 및 공예품에 많은 관심을 갖고 그에 대한 평론 및 수집을 하였다. 특히 민예학에 조예가 깊었으며, 그 대표적인 성과가 1936년 도쿄에서의 민예관 설립이다. 일제 강점기, 광화문 철거 당시에 철거를 강력하게 반대하

'방언 논쟁'[60]-이 일어났습니다. 그리하여 당시 일본 본토출신자가 지배하고 있던 경찰서 중 나하 서那覇署는 1942년에 오키나와의 극단에 대해 "1. 연극의 모든 내용을 표준어로 할 것(당분간 1일 1제題), 2. 가극 전폐全廢를 조건으로 재흥행 허가"라는 탄압을 행하였습니다.

이와 같은 오키나와 방언을 적대시하는 정책은 오키나와지상전 당시에 일본군이 "오키나와 방언을 사용하는 자는 스파이로 간주하여 사살해도 좋다."라는 명령을 내리기까지 단계적으로 확대되어 갔습니다. 그리고 실제로 오키나와 방언을 사용한 탓에 일본군에게 스파이로 몰려 죽은 주민도 나왔습니다.

오키나와지상전은 전전에 존재했던 극장을 파괴했을 뿐 아니라, 명배우 다마구스쿠 세이주玉城盛重[61]-를 비롯하여 많은 예능인의 목숨을 앗아갔습니다. 그런데 오키나와를 점령한 미군정부는 "민심의 안정을 도모하기 위해 오키나와 예능을 부흥"하는 문화정책을 취하였습니다. 그리하여 1946년에 오키나와 민정民政이 발족되자, 문화부 산하에 마쓰松, 다케竹, 우메梅라는 세 관영오키나와연극극단을 창립하였습니다.[62]- 오키나와연극에서 심사를 통해 선출된 배우는 재차 정부공무원이 되었습니다.

전후 오키나와연극의 전성기는 1960년 무렵이었을 것입니다. 관영극단은 폐지되고 많은 극단이 새로이 결성되어 자유경쟁을 하였습니다. 1965년경에 TV가 보급될 때까지 오키나와연극은 민중의 최대 오락이었습니다. 일본복귀가 이루어진 1972년까지는 '오에이沖映劇場'[63]-를 비롯하여 오키나와연극을 위한 상설극장도 남아있었습니다.

여 타국의 문화유산에 대한 가치와 존중을 표한 사람으로 평가받고 있다. 1984년 9월에 대한민국 정부로부터 '보관문화훈장'을 받았다.

60_ 야나기 무네요시를 비롯한 민예 동인들은 당시 오키나와에서 일본의 표준어를 장려하고 방언을 금지하는 '오키나와 방언 금지령'에 맞서 1940년에서 1942년에 걸쳐 신문·잡지와 공청회 등을 통해 오키나와 현 학무부 행정당국자를 상대로 금지령 해제를 위한 논쟁과 운동을 벌였다.

61_ 1868~1945. 슈리(首里)의 아카히라 정(赤平町)에서 출생하였다. 17세에 연극계에 입문하여 후에 명배우가 되었다. 류큐왕국 시대의 궁정무용인 우칸신 무용(御冠船踊り)을 했던 스승들로부터 구미우두이(組踊)와 무용을 배워 고전의 정통적 계승자임과 동시에 잡무 창작에 많은 공적을 남겼다. 작품으로는 〈꽃바람(花風)〉, 〈문주루(むんじゅる)〉, 〈가나요(加那ヨー)〉, 〈아야구(あやぐ)〉, 〈송죽매(松竹梅)〉 등이 있다.

62_ 1945년의 오키나와지상전에 의해 오키나와 주민들은 각 지구의 수용소생활을 하게 되었다. 이 와중에 주민을 대표하는 오키나와 민정부(民政府)가 조직되고 그 산하에 문화부가 설치되었다. 문화부에서는 수용된 예능인·음악가 등 약 200명을 모아 마쓰·다케·우메라는 세 극단을 조직하여 각 수용소의 위문공연을 행하였다.

최근은 5월 어머니의 날과 9월의 경로일이 연극흥행이 잘되는 날일 것입니다. 나는 최근 수년간 이라하 사에코伊良波冴子의 공연을 주목하고 있습니다. 나도 편집위원 중 한 명이었던 신자토 겐신新里堅進[64]의 극화 『깊은 산의 모란－오키나와 가극의 거성・이라하 인키치 이야기奧山の牡丹－沖繩歌劇の巨星・伊良波尹吉物語』(奥那原町教育委員會, 2000) 출판 때부터의 인연입니다. 이라하 인키치는 가극 〈깊은 산의 모란〉, 〈약사당藥師堂〉[65]을 비롯하여 류큐무용 〈하토마부시鳩間節〉[66]와 〈난요 하마치도리南洋浜千鳥〉,[67] 〈가나요 아마카かなーよー天川〉, 〈바잔가馬山川〉[68] 등의 창작자이며, 이라하 사에코는 그의 딸입니다. 이라하 일가는 장남 아키라晃의 딸들까지 삼대에 걸쳐 오키나와연극을 지켜왔습니다.

전전, 전후의 오키나와연극계를 직접 경험하고 리드해 온 명배우 중 한 사람으로 마키시 고추眞喜志康忠가 있습니다. 1923년 출생으로, 극단 '도키와자ときわ座'의 단장입니다. 내 아내는 마키시 고추 선생의 지도로 가극 〈이에지마 한도과〉에 출연하기도 했습니다. 류큐가극은 1989년부터 오키나와 현 지정무형문화재로 보호・계승되고 있습니다.

63_ 나하 시 출신의 미야기 시키치(宮城嗣吉)가 1952년에 나하 시 마키시에 '오에이 본관(沖映本館)'을 설립하여 영화의 배급 및 흥행에 나섰으며, 나중에는 '오에이극장(沖映劇場)'에서 오키나와연극의 흥행을 하였다.

64_ 1946~ . 나하 시 쓰보야(壺屋) 출신의 만화가이다. 오키나와현립나하상업고등학교에 재학 중 『서브마린 707(サブマリン707)』과 『시덴카이의 매(紫電改のタカ)』 등을 읽고 만화가에 뜻을 두게 되었다. 졸업 후, 택시기사 등 다양한 직종을 경험하면서 독학으로 만화를 그리다가 1973년에 오키나와지상전을 소재로 한 『오키나와 결전(沖繩決戰)』으로 데뷔하였다. 이후 오키나와를 테마로 하여 수많은 작품을 발표하고 있다. 1982년에 『반시뱀 잡기(ハブ捕り)』로 제11회 '일본만화가협회상' 우수상에 입선하였다.

65_ 음력 3월 3일의 하마오리 때 친구들과 약사당 바닷가를 찾은 하쿠로(白露)는 아름다운 처녀 쓰루(鶴)를 만나 한 눈에 반하여 연인이 된다. 둘의 사이를 알게 된 쓰루의 부친은 딸과 의절을 하고, 쓰루는 유모와 함께 몸을 숨긴다. 하쿠로는 쓰루가 있는 곳을 찾아가 만나기를 청하지만, 유모는 쓰루가 죽었다고 전하며 유언장을 보여 준다. 하쿠로가 성공한 후, 사실 쓰루는 죽지 않았다는 것이 밝혀지면서 두 사람이 다시 맺어진다는 내용이다.

66_ 야에야마의 노래를 원류로 하는 무용이다. 오키나와본도에 전해진 원래의 곡 '바투마나카무리(鳩間中森)'를 이라하 인키치가 템포를 빨리 하고 일본무용 등을 도입하여 하토마지마(鳩間島)의 아름다움과 오곡풍요를 예축하는 춤으로 만들어 마을 사람들의 기쁨을 경쾌하게 표현하였다.

67_ '하마치도리부시(浜千鳥節)'라는 친숙한 류큐 고전음악에 안무를 더한 잡무로, 이라하 인키치가 남양(南洋)에서의 공연 중에 완성한 작품이다. 일견 류큐무용으로는 보이지 않는 독특한 발동작, 커다란 손놀림, 상반신을 젖히는 대담한 동작 등이 서양풍 의상과 잘 어울리는 무용이다.

68_ 우물을 중심으로 펼쳐지는 젊은 남녀의 양상을 표현하며, 야에야마 민요를 도입하여 코믹하게 전개된다. 젊은 남녀로는 미남・미녀 두 명과 추남・추녀 두 명이 등장한다.

복귀와 독립

2002년 5월 15일에 오키나와는 일본복귀 30주년을 맞이하였습니다. 1972년 2월, 나는 유학 중이던 시즈오카대학靜岡大學을 휴학하고 오키나와로 돌아왔습니다. 오키나와 반환=오키나와 병합이라는 전후 최대의 역사적 전환점을 오키나와 현지에서 고향사람들과 함께 맞이하고 싶었기 때문입니다. 대학에서 공부만 하고 있을 수 있는 상황이 도저히 아닌, '안보·오키나와·학원투쟁'이라고 불렀던 학생운동이 한창이던 시기였습니다.

1972년 5월 15일은 비가 엄청 내렸습니다. "오키나와 사람들과 하늘이 울고 있다."라고들 하였습니다. 나도 오키나와의 일본복귀 따위는 축하할 기분이 들지 않아 나하 시에 있는 요기與儀공원에서 열린 오키나와현조국복귀협의회 주최의 '오키나와처분규탄 현민대회'에 비를 흠뻑 맞으면서 참가하였습니다. 대회장인 공원은 논처럼 진창이 되었고, 그 옆에 위치한 나하 시민회관에서는 일본정부 주최의 '기념식'이 개최되고 있었습니다.

분노와 원통함으로 울고 싶은 마음을 참으면서 고쿠사이도리國際通り[69]를 데모 행진하였습니다. 도로 옆에 세워져 있던 '축 일본복귀'라고 적힌 플래카드와 간판은 죄다 부서져 있었는데, 그것은 매우 인상적인 장면이었습니다.

일본복귀 후의 오키나와 상황은 혹독하였습니다. 취직할 곳을 찾으면서 아르바이트로 연명하며 투쟁할 수밖에 없었습니다. 기세가 꺾일 것 같은 때에는 동료들끼리 의지하거나 시를 쓰며 자신을 독려하였습니다.

오키나와가 일본에 복귀한 것이 정말 잘 된 일일까요. 2002년 5월 12일에 오키나와타임즈지Okinawa Times誌[70]에서 공표한 '타임즈·아사히朝日 복귀30년 여론조사'에 따르면 오키나와 현내에서 '복귀의 시시비비'에 대해 〈잘된 일이다〉가 87%, 〈아니다〉가

69_ 나하 시의 현청(縣廳) 북쪽 교차점에서 아사토산사로(安里三叉路)에 이르는 약 1.6km의 거리 명칭이다. 전후 불타버린 허허벌판에서 현격한 발전을 이룬 점, 길이가 약 1마일이라는 점 등에서 '기적의 1마일(奇跡の1マイル)'이라고 부른다. 오키나와 현에서 가장 복잡한 곳이며, 나하 시 최대의 번화가이다.

70_ 오키나와 현에서 발행되고 있는 신문이다. 주식회사 오키나와타임즈사에서 발행하며, 1948년 7월 1일에 창간되었다.

4%, 〈기타·무응답〉이 9%로 조사되었습니다. 이 수치를 어떻게 받아들이면 좋을까요.

그리고 일본 공공방송협회NHK[71]는 1973년 4월부터 '오키나와 주민의식조사'를 행하고 있습니다. 그 중 '본토복귀에 대한 감상'이라는 항목의 변화를 살펴보겠습니다. 일본복귀 직후인 1973년에는 〈잘된 일이다〉가 38%, 〈아니다〉가 53%로 되어 있습니다. 1977년 3월에는 〈잘된 일이다〉 40%, 〈아니다〉 55%입니다. 1982년 2월에는 〈잘된 일이다〉가 63%, 〈아니다〉가 32%로, 처음으로 〈잘된 일이다〉가 많아지는 역전현상이 일어났습니다. 1987년 2월에는 〈잘된 일이다〉가 76%, 〈아니다〉가 18%입니다.

이 수치의 흐름으로 보면, 일본복귀 30년째에 〈잘된 일이다〉가 87%이므로 일본복귀에 대해 긍정적인 사람들이 다수파로 정착했다고도 할 수 있습니다. 그러나 나는 〈아니다〉와 〈기타·무응답〉의 합계가 아직 13%나 남아있다는 점에 주목하고 싶습니다. 복귀 후 30년이 지나도 여전히 일본복귀를 받아들일 수 없는 사람들이 13%나 있는 것입니다.

한편, 오키나와타임즈지에 의하면 미군기지의 향후에 대해서는 〈단계적으로 축소한다〉의 69%와 〈즉시 전면 철수한다〉의 18%를 합하면 87%나 되어, 〈현재 상태로 좋다〉는 12%를 크게 웃돌고 있습니다. 그렇다면 오키나와 사람들의 대다수는 일본복귀를 〈잘된 일이다〉라고 생각하면서도 기지문제에 대해서는 큰 불만을 갖고 있다는 사실을 알 수 있습니다. 따라서 미국·일본정부가 오키나와의 기지문제를 개선하지 못하면 일본복귀에 대한 평가도 크게 변동될 가능성을 내재하고 있다고 말할 수 있을 것입니다.

생각해보면 오키나와의 '조국복귀'에 대한 사람들의 바람은 '미군지배로부터의 탈각脫却'과 '평화헌법 하로 돌아간다'는 것이었습니다. 그런데 일본에서는 유사법제가 입법화되어 헌법 9조[72]를 파기하고 개악改惡하는 논의가 이루어지고 있습니다. 이래서야

71_ 일본 방송법에 준거하여 설립된 특수법인으로, 총무성 소관이다. 일본방송협회(nihon housou kyoukai)로부터 'NHK'로 약칭·표기한다. 공공방송으로서 사업규모는 영국방송협회(BBC) 등과 나란히 하며, 국내에 NHK엔터프라이즈, NHK글로벌미디어서비스, NHK출판 등 13개의 자회사를 갖고 있다.

72_ 흔히 '평화헌법'으로 불리는 일본 헌법 9조는 2차 세계대전 후 승전국인 미국의 주도로 만들어진 것으로 1946년 11월에 공포되었다. 일본의 전력(戰力) 보유 금지와 국가 교전권 불인정을 주요 내용으로 하였지만, 한국전쟁을 계기로 일본은 1950년에 미 점령군의 명령에 의해 국내 치안유지를 목적으로 하는 경찰예비대를 창설하였다. 경찰예비대는 1952년 보안대로 개편되었으며, 보안대를 바탕으로 1954년 사실상 군대인 자위대가 발족되었다.

가데나 기지嘉手納基地

오키나와는 무엇을 위해 일본에 복귀했다고 할 수 있을까요.

나는 1972년의 오키나와 반환을 '오키나와 재병합' 또는 '오키나와 처분'으로 파악하고 일본복귀에 반대하며 자치·자립·독립운동에 참가해 왔습니다. 나의 사상은 1968년경부터 나타난 아라카와 아키라新川明, 가와미쓰 신이치川滿信一,[73] 오카모토 게이토쿠岡本惠德 등의 '반反복귀론'으로부터 큰 영향을 받았습니다. 그리고 오키나와 주민들도 1971년 5월 19일에 '오키나와반환협정분쇄 전현 총동맹파업', 11월 10일에 '오키나와반환협정비준반대 총동맹파업' 등 총동맹파업을 두 차례나 결행하였습니다. 미국·일본정부의 반환협정에 의한 일본복귀에는 반대한 것입니다. 우리들은 다시 한 번 그 원점을 점검할 필요가 있다고 생각합니다. 우리들이 평화헌법을 개악하고, 미국을 추종하며 '전쟁국가'의 길을 가는 일본의 일부분인 채로 머물러 있어도 괜찮은지 대대적으로 토의하고 싶습니다.

나는 2000년 7월부터 사상동인 '21세기 동인회'의 일원으로서 류큐호琉球弧의 자립·독립논쟁지 『우루마네시아うるまネシア』를 편집·발간하고 있습니다. 우리들은 류큐호의 귀속문제가 아직 해결되지 않았으며, 자립·독립 논의는 역사적으로 끊임없이 반복된다고 생각합니다.

류큐호의 자립·독립의 문제는, 근본적으로는 세계적으로 인권으로서 인정되고 있는 '민족자결권' 문제입니다. 류큐호·오키나와는 1609년의 사쓰마薩摩 침략 이래 식민지 상태에 놓여있습니다. 그로부터 현재까지 류큐호·오키나와 주민은 '스스로 자신의 운명을 결정'하는 자치·자립권을 빼앗긴 상태입니다. 1972년의 일본복귀도 미국·일

73_ 1932~ . 오키나와 현 미야코지마(宮古島) 출신의 시인·사상가이다. 류큐대학을 졸업하고 1956년, 오키나와타임즈사에 기자로 입사하여 『신 오키나와문학(新沖繩文學)』의 편집장 및 문화사업국국장 등을 역임하였다. 60년대 후반에서 70년대 초에 걸친 오키나와의 격동기에 반 복귀론을 전개했으며, 류큐독립당(琉球獨立党)보다 앞서 '류큐공화국헌법'을 세상에 내놓았다. 현재는 미군기지재편문제 등에 관심을 갖고 "문제의 근원은 본토 사람들에게 있다."라고 주장하고 있다. 『가와미쓰 신이치 시집(川滿信一詩集)』, 『오키나와·자립과 공생의 사상(沖繩·自立と共生の思想)』, 『미야코 역사이야기(宮古歷史物語)』 등의 저작이 있다.

본의 안보가 우선인 공동식민지화에 지나지 않는다고 할 수 있습니다. 따라서 이 자결권 행사와 귀속 문제는 끊임없이 반복하여 제기되는 것입니다. 더구나 류큐호의 자립·독립 문제는 일본 국가의 도주제道州制[74]라는 지역체계 논의 속에서 결국 현실적 문제로 나타날 것입니다.

국제교류

오키나와는 국제교류가 활발한 지역으로 알려져 있습니다. 2001년, 나는 태어나서 처음으로 적도를 넘어 인도네시아에 다녀왔습니다. '자카르타Jakarta 국제시인회의'에 일본대표로 초빙 받았던 것입니다. 그래서 1997년부터 동인지 『가나KANA』에서 활동을 함께 하고 있는 마쿠타 다다시眞久田正,[75] 오시로 겐おおしろ建, 이렇게 세 명이서 참가하였습니다.

유명한 인도네시아의 문화운동 비정부기구NGO인 커뮤니터스communitus 우탄 카유Utan Kayu에서 주최한 까닭에 우리들은 국제교류기금國際交流基金[76]으로부터 여비와 체재비 지원을 받아 참가할 수 있었습니다. 인도네시아에서는 최초로 개최되는 이 국제시인회의에 현지는 물론, 네덜란드, 이탈리아, 남아프리카를 비롯한 10개국에서 시인 21명이 참석하였습니다.

3일간의 회의는 저녁부터 행해졌으며, 전반과 후반의 2부 구성으로 되어 있었습니

74_ 행정구획으로서 도(道)와 주(州)를 설치하는 지방행정제도이다. 여기에서 말하는 도 또는 주는 현재의 도도부현(都道府縣)보다 광역의 행정구분으로서 신설하는 것이다. 단순히 광역자치체의 명칭과 규모를 바꾸는 것에 그치는 것이 아니라, 주 내의 경제규모를 EU의 작은 국가 정도로 하여 행정의 효율화 등을 지향한다.

75_ 1949~2013. 오키나와 현 이시카키지마(石垣島) 출신의 시인·작가이다. 제4회 '해양문학대상' 동화부문을 수상한 작품 『백상어(白いサメ)』는 오키나와의 고어인 오모로어(おもろ語)로 바다와 배의 세계를 표현한 작품이다. 저서로 시집 『환상의 오키나와 대륙(幻の沖縄大陸)』, 『남도 요트 풍토기(南島ヨット風土記)』 등이 있다.

76_ 일본 외무성이 소관하는 독립행정법인의 하나이다. 국제교류기금법 제3조를 보면, 국제교류기금은 "국제문화교류사업을 종합적, 효율적으로 행하기 위하여 일본에 대한 외국의 이해를 깊게 하고, 국제 상호 이해 증진, 문화 그 이외의 분야에서 세계에 공헌하고, 또한 양호한 국제 환경의 정비 및 일본의 조화 있는 대외관계의 유지, 발전에 기여하는 것을 목적으로 한다."라고 되어 있다.

다. 2부 모두 처음에 음악연주가 있고, 그 다음에 시 낭독과 퍼포먼스, 그리고 토의와 질의응답이라는 프로그램으로 진행되었습니다. 입장료는 무료였으며, 매일 밤 200명 이상이 참가하였습니다.

일본대표로서의 우리들은 마지막 날 전반부에 출연하였습니다. 먼저 마쿠타 다다시가 야에야마어八重山語로 '풍년제ぷ―る'와 '우리 큰형ばんちゃぬふっちゃー' 등의 자작시를 낭독하였습니다. 마쿠타 다다시의 낭독과 퍼포먼스가 인도네시아 관객에게 가장 반응이 좋았다고 생각합니다. 이어서 오시로 겐이 "보름달이랑 푸른 숲은 지구의 귀가 된다네 滿月や森は地球の耳となる."를 비롯하여 30여 수의 하이쿠俳句[77]-를 낭독하였습니다. 오시로 겐은 낭독하면서 벽에 붙인 벽지에 하이쿠俳句를 직접 서예로 써보여서 크게 주목을 받았습니다.

나는 산신三線을 켜며 '아하부시安波節'[78]-를 노래하여 오키나와 문화를 소개한 후, 오키나와어로 '기얀 곶喜屋武岬'과 '노목의 소란老樹の騒亂' 등의 시를 낭독하였습니다. 그후 토의와 질의응답 시간으로 옮겨갔습니다. 우리들에게 부과된 토의 주제는 '시와 문화적 균일성에 대한 의문'이라는 내용이었습니다. 주최자 측이 사전에 할당한 주제에 대해서는 영어로 "일본은 지금까지 문화적 아이덴티티가 명확한 나라라고 생각되어 왔지만, 그렇지 않음이 재발견되고 있다. 과거 일본의 균질화는 그 나름의 비용을 수반하였다. 그러므로 일본의 동화정책으로 문화적 뿌리를 소외당했던 오키나와 시인들의 발언이 매우 중요하다. 인도네시아 청중들에게 있어서 이 점은 특히 흥미로운 화제이다."(저자 역)라고 설명되어 있었습니다.

고맙게도 이 인용문 속에 류큐의 역사와 문화에 대한 주최 측의 깊은 이해와 함께 오키나와의 시인들이 '일본대표'로 초빙된 이유가 모두 드러나 있다고 생각하였습니다. 이 '자카르타 국제시인회의'에 참가하여 남방전래문화의 근원 중 하나인 인도네시아와

77_ 5・7・5의 3구 17음으로 된 일본 고유의 단시(短詩)이다. 하이쿠를 창작할 때는 두 가지 원칙이 적용된다. 17자 안에 반드시 하나 이상의 계어(季語)를 사용해야 하며, 또 기레지(切字)를 갖추어야 한다는 것이다. 계어는 계절을 나타내는 시어이고, 기레지는 읽을 때에 여운이나 감탄을 나타내는 어미를 사용하는 것을 말한다.

78_ 산신으로 켜는 멜로디와 노래의 멜로디가 거의 일치하기 때문에 비교적 단순하여 산신을 배우기 시작한 사람들 대부분이 가장 먼저 접하는 곡이다. 원래는 오키나와본도의 북부 산지에 위치한 아하(安波) 마을에서 제례 때에 부르던 노래이다.

도 네트워크가 연결되기 시작했다는 사실을 마침내 실감하였습니다. 이로써 나의 개인적인 교우관계에서 타이완, 필리핀, 인도네시아 친구들의 얼굴과 활동이 구체적으로 드러나게 되었습니다.

나는 1998년에 러시아 사할린Sakhalin을 방문할 수 있었습니다. 아이누 문화진흥·연구추진기구의 초대를 받아 '마이너리티 포럼 '98 in 사할린'에 오키나와대표단 세 명 중의 한 명으로 참가하였습니다. 일찍이 '가라후토樺太'로 불리며 일본의 식민지였던 사할린. 그러나 사할린은 홋카이도北海道나 쿠릴열도Kuril Islands[79]와 마찬가지로 원래는 '아이누 모시리アイヌモシリ(인간이 사는 조용한 대지)'라고 불렸던, 아이누 민족을 비롯한 선주민족의 고향입니다.

마이너리티 포럼에서는 사할린에서 자란 작가 이회성李恢成[80]과 아이누족인 지캇푸 미에코チカップ美惠子 등과 토론하였습니다. 나는 '일본의 마이너리티'에 대한 포럼에서 '류큐 민족의 경우琉球民族の場合'라는 제목으로 주로 역사와 언어, 현재의 오키나와 문제를 보고하였습니다.

또 나는 1997년부터 서승徐勝과 우라사키 시게코浦崎成子[81]를 비롯하여 많은 사람들과 타이완, 한국, 오키나와, 일본의 4개 국가·지역에서 '동아시아·평화와 인권 심포지엄'을 6회에 걸쳐 개최하였습니다. 이 심포지엄은 타이완의 타이페이(1997), 제주도(1998), 오키나와(1999), 광주(2000), 여수(2002), 일본 교토京都(2002)에서 개최되어 다대한 성과를 올렸습니다. 이 4개 국가·지역의 학자 및 활동가를 중심으로 한 네트워크는 현

79_ 태평양 북서부 캄차카(Kamchatka) 반도와 일본의 홋카이도 사이 1,300km에 걸쳐 있는 열도로서 56개의 섬들이 줄지어 분포하며, 태평양과 오호츠크해(Okhotsk海)를 나누는 경계를 이룬다. 러시아 동부 사할린 주(州)에 속하며 일본에서는 지시마열도(千島列島)라고 부른다. 일본 정부는 이 열도 남부의 4개 도서군을 소위 북방 영토라고 부르며 영유권을 주장하고 있다.

80_ 1935~ . 재일교포 소설가이다. 1947년에 태어난 사할린으로부터 철거당하고, 규슈(九州) 오무라(大村) 수용소에 수감되었다가 삿포로 시(札幌市)에 정착하였다. 1955년부터 도쿄에서 고학을 하면서 1961년에 와세다대학 노문과(露文科)를 졸업하였다. 조선신보사에 근무하면서 『여름학교』 등 한국어로 소설 창작을 시도하여 1969년 『또 다시의 길(またふたたびの道)』로 제12회 '군조신인문학상(群像新人文學賞)'을 수상함으로써 일본 문단에 알려졌다. 그 후 발표한 다수의 작품 중 『다듬이질 하는 여인』으로 한국인으로는 최초로 제66회 '아쿠타가와상'을 수상하였다.

81_ 1948~ . 오키나와에 거주하는 여성사연구가이다. 『오키나와 위안소 지도(沖繩慰安所マップ)』를 공동으로 조사·작성하였다. 이로써 오키나와에 위안소가 140개소 이상 있었다는 사실이 확인되었다. 현재 도서관 건설과 관련된 사람들, 평화문제에 관심있는 사람들로 결성된 '니시하라 정(西原町)·도서관을 생각하는 모임'의 공동대표이다.

재도 지속적으로 활동을 하고 있습니다.

또 나는 오키나와·필리핀협회와 오키나와·인도네시아우호협회, 류큐·아일랜드 우호협회에 가입하여 교류활동을 지속하고 있습니다. 오키나와 현내에는 이 외에도 네팔협회와 브라질협회 등 여러 국가와의 우호협회가 많습니다. 아마도 하나의 현 안에 국가 수준의 우호협회가 이렇게 많은 곳은 오키나와뿐일 것입니다.

뒤에서도 언급하겠지만, 해외이민 등으로 세계 각지에 이주한 우치난추沖繩人(오키나와인)가 고향에 돌아와서 국제교류를 행하는 '세계 우치난추대회'[82]도 성대한 대회입니다.

이와 같이 오키나와에서 국제교류가 활발한 것은 오랜 역사적 전통이 있기 때문이라고 분석되고 있습니다. 주지하는 바와 같이 류큐왕국은 중국, 조선, 일본을 비롯하여 동남아시아 각국과의 외교·무역으로 발전하였습니다. 또 근대에는 많은 사람들이 해외이민으로 외국생활을 체험하였습니다. 전후에는 미군지배에 의해 어쩔 수 없이 이문화異文化와 접촉을 하였습니다. 이와 같은 이문화교류의 전통이 국제교류가 활발한 오키나와인의 현민성縣民性으로 연결되었다고 평가받습니다.

오키나와이미沖繩忌

6월의 오키나와에서는 장맛비를 맞으면서 오키나와지상전을 상기하는 나날이 계속됩니다. 60여 년 전의 오키나와지상전에서 부모와 형제자매들은 어떻게 비와 포탄을 피하고, 싸우고, 살아남았을까요.

오키나와에서 창작되는 하이쿠俳句에는 오키나와만의 독특한 계절시어가 있습니다. 그 계절시어들은 이미 오구마 가즌도小熊一人[83]가 『오키나와하이쿠세시기沖繩俳句歲時

82_ 현재 중남미를 중심으로 세계 각지에 40여만 명의 오키나와 교민들이 거주하고 있다. '세계 우치난추대회'는 이들이 5년마다 한 번씩 고향 오키나와에 모이는 행사이다. 1990년에 창설된 이 대회의 기본 목적과 중점은 오키나와 교민들의 세계적인 네트워크 구축에 있다.

83_ 1928~1987. 지바 현(千葉縣) 출신의 하이진(俳人)이다. 1954년 도쿄전기대학(東京電氣大學) 공학부를 졸업하고 중앙기상대에서 기상관으로 근무하는 한편, 후카가와 쇼이치로(深川正一郎) 문하에서 하이쿠를

記』(琉球新報社, 1979)로 정리하여 출판되었습니다.

그 중에 '오키나와이미'라는 계절시어가 있습니다. 오키나와위령일인 6월 23일 전후를 표현하는 계절시어입니다. 『오키나와하이쿠세시기』에는 '오키나와이미'가 들어간 하이쿠가 9수 수록되어 있습니다. 그 중 인상적인 하이쿠로 다음의 2수를 들 수 있습니다.

오키나와이미 접시에 고구마 둘 셋

沖縄忌皿に唐いも二つ三つ　　　　　　　야마시로 세이쇼山城青尚

오키나와이미 하이비스커스[84]는 왜 붉을까

沖縄忌ハイビスカスの赤何ぞ　　　　오구마 가즌도小熊一人

이 '오키나와이미'라는 계절시어에는 오키나와 전체가 근신하고 삼가는 감성이 담겨 있어서 저절로 수긍이 갑니다.

오키나와 현에서는 6월 23일의 위령일이 공휴일로 되어 있습니다. 이는 일본복귀 이전의 류큐정부 시대부터 이어지고 있는 공휴일로, 일본복귀 후에도 특별한 사례로서 존속하고 있습니다. 6월 23일은 오키나와지상전에서 일본군 사령관이었던 우시지마 미쓰루牛島満[85] 중장과 조 이사무長勇[86] 참모장이 자결한 날이라고 알려져 왔지만, 최근에

처음 배웠다. 하이쿠 단체 수 곳을 편력한 후에는 1946년에 창간된 '하마(濱)'에 입회하여 오노 린카(大野林火)의 지도를 받았다. 1975년 오키나와 기상대로 전근을 온 후, 구집(句集)『해표림(海漂林)』을 출판하여 1977년 제23회 '가도카와하이쿠상(角川俳句賞)'을 수상하였다. 불과 3년간의 오키나와 근무였지만, 그 동안 오키나와의 문인들과 친교를 맺고 본토로 돌아간 후에도 '류큐하이단'의 심사를 오랜 기간 맡으며 오키나와와 본토의 가교 역할에 정열을 쏟다가 59세에 사망하였다. 하이쿠집으로 『산호초(珊瑚礁)』 등이 있다.

84_ hibiscus. 화려한 색의 큰 꽃이 피는 아욱과 열대성 식물이다. 남국 정서를 느낄 수 있는 빨간색 꽃이 유명하며, 다양한 원예품종이 있다.

85_ 1887~1945. 육군군인으로 최종계급은 육군대장이다. 가고시마 현(鹿兒島縣) 가고시마 시 출신이다. 오키나와지상전에서 제32군을 지휘하고 자결하였다. 온후한 성격으로 알려졌으며 교직을 역임했지만, 지휘관으로서도 오키나와전 이전에 보병 제36여단장으로서 우한 시(武漢市), 난징 시(南京市) 공격에 참가하여 무공을 올렸다.

86_ 1895~1945. 후쿠오카 현(福岡縣) 가쓰야 군(糟屋郡) 출신의 육군군인으로, 최종계급은 육군중장이다. 오

는 자결한 날이 22일이라는 설 쪽이 유력해졌습니다.

오키나와수비군이었던 제32군의 조직적인 항전은 6월 23일에 끝났습니다. 그러나 미군의 작전종료가 선언된 것은 7월 2일이었습니다. 그리고 공식적으로 항복조인식이 이루어진 것은 9월 7일의 일입니다.

이 오키나와지상전의 전몰자 총수는 약 20여 만 명이라고 합니다. 그 중 미군 전몰자는 약 1만 2천여 명입니다. 다른 지역 출신의 일본군 전몰자는 약 6만 6천 명입니다. 나머지 약 12만 2천여 명이 오키나와 현 출신의 전몰자 총수입니다. 당시 오키나와 현의 인구는 약 45만 명이었으므로 대략 네 명 중 한 명 이상 꼴로 전몰자가 나온 셈입니다.

우리 가족 중에서는 둘째 형이 전시체제 하에서 병사하였습니다. 그리고 큰형은 21세에 현지소집병으로서 위생병이 되었습니다. 큰형은 하에바루南風原[87]- 육군병원에서 '히메유리부대ひめゆり部隊'[88]-와 함께 남부로 피했다가 제1외과 방공호가 있던 이토만 시 이하라伊原 주변에서 전사하였습니다. 살아남은 히메유리 학도의 증언으로는 큰형이 6월 22일 밤에 "쳐들어가겠다!"라며 방공호를 뛰쳐나간 채 돌아오지 않았다고 합니다. 전사한 장소를 알 수 없어서 유골도 찾지 못하였습니다. 전후가 되어 부모님은 방공호 근처에서 산호석회암 돌멩이를 세 개 주워 큰형의 유골 대신에 항아리에 수습하여 묘에 넣었다고 합니다.

아버지도 관청직원으로서 방위대에 소집되었습니다. 그리고 함포사격을 받고 포탄이 왼쪽 어깨에 명중하여 중상을 입었습니다. 위생병인 형이 근무했던 오키나와육군병원 이토가즈絲數 분원으로 실려와 목숨을 구했지만, 왼쪽 어깨의 쇄골이 부서지고 왼쪽 귀의 청력을 잃었습니다.

키나와지상전 때 미군에게 쫓겨 1945년 6월 23일(22일이라는 설도 있다), 마부니(摩文仁) 언덕의 동굴 안에 있던 사령부에서 사령관 우시지마 미쓰루와 함께 할복 자결하였다.

87_ 오키나와본도 남부에 위치하는 정(町)이다. 나하 시를 포함하여 6개의 시와 정에 둘러싸여 있으며, 오키나와 현에서는 유일하게 바다에 면하지 않는 자치체이다.

88_ 히메유리학도대(ひめゆり學徒隊)는 1944년 12월에 오키나와 현에서 일본군이 중심이 되어 행했던 간호훈련에 의해 창설된 여자학도대 중, 오키나와사범학교(沖繩師範學校) 여자부와 오키나와현립제일고등여학교(沖繩縣立第一高等女學校)의 교사 및 학생으로 구성된 학도대의 명칭이다. 통칭 히메유리부대로 부르기도 하지만, 히메유리학도대 외에도 8개의 학도대가 있었다.

구마모토 현으로 소개疏開를 하지 않았던 어머니와 누이 한 명, 형 한 명은 오키나와 지상전 동안 친척들과 다마구스쿠 촌玉城村 내의 자연방공호를 전전하면서 살아남았습니다. 어머니는 '아부치라가마ㄱㄱ라ㄱ'ᄀㄱ'89-라고 불렸던 이토가즈 방공호까지 오가며 중상을 입은 아버지의 간호를 했다고 합니다.

우리들은 초등학생 때부터 부모님에게 이끌려 6월 23일의 오키나와위령제에 참가하였습니다. 부모님이 건강했던 무렵에는 일본유족회 오키나와현지부 주최의 '평화행진'에도 참가하였습니다. 이토만 남초등학교의 운동장에서 마부니摩文仁 언덕90-까지 4킬로미터 남짓한 길을 행진했던 것입니다.

그러나 나는 1984년부터 마부니 언덕에서 열리는 국가와 현 주최의 위령제에 참가하는 것을 관두었습니다. 그 대신 우리들은 '말하자 전쟁하던 세상, 만들자 평화로운 세상語らなや戰ぬ世創らなや平和ぬ世'을 슬로건으로 한 '6·23국제반전오키나와집회'를 이토만 시의 혼백탑魂魄の塔91- 앞에서 개최하게 되었습니다. 세계 각국에서 참가하는 이 집회는 그로부터 20여 년이나 지속되고 있습니다.

이 6월 23일을 중심으로 오키나와 현의 초중고등학교에서는 '평화교육' 행사를 집중적으로 실시합니다. 고등학교에서는 일반적으로 학생회가 중심이 된 리더 연수회가 먼저 개최되며, 학교 주변의 전적지에서 필드 워크를 합니다. 각 학급 대표 두 명씩이라고 해도 총 참가자가 백 명 가까이 됩니다.

이어서 각 학급의 문화위원을 중심으로 하여 '교내학급신문 콩쿠르'가 열립니다. 리

89_ 오키나와본도 남부의 난조 시(南城市) 다마구스쿠 아자(字) 이토가즈에 있는 자연동굴이다. 오키나와지상전 때, 원래 이토가즈 마을의 피난지정방공호였던 곳이 일본군의 진지호(陣地壕) 및 창고로 사용되다가 전장(戰場)이 남하함에 따라 하에바루 육군병원의 분원으로 되었다. 군의, 간호부, 히메유리학도대가 배속되어 전장 270m의 동굴 안은 600명 이상의 부상병으로 들끓었다. 1945년 5월 25일의 철수명령에 따라 병원이 철수한 뒤에는 이토가즈의 주민과 살아남은 부상병, 일본병사의 잡거상태로 되었다. 주민과 부상병은 그 후 미군의 공격에도 버티다가 8월 22일 미군의 투항 권고에 따라 동굴을 나왔다.

90_ 이토만 시(絲滿市)에 소재한 현영(縣營) 평화기념공원 안에 위치한다. 표고 800m이며, 뒤쪽은 해안절벽이다. 전몰자위령탑과 위령비가 세워져 있다. 이전 마부니는 시마지리 군(島尻郡)에 속하는 촌(村)이었다. 오키나와지상전 때 마부니는 최후의 격전지가 되어 약 1,200명 가까운 촌민 희생자가 나왔으며, 이는 전체 촌민 수의 반이나 되었다.

91_ 혼백탑은 오키나와에서 최초로 건립된 위령비이다. 전쟁의 참화를 겪고 난 직후인 1946년에 주민과 군인, 적과 아군을 구별하지 않고 미군을 포함하는 희생자 전부를 기렸다는 점에서 오키나와 사람들의 관대함과 평화를 중시하는 정신을 엿볼 수 있다. 이 정신은 1995년에 마부니 언덕에 세워진 '평화의 초석(平和の礎)'에도 계승되고 있다.

더 연수에서 조사, 학습해 온 성과는 여기에서 발휘됩니다. 콩쿠르에서는 각 학급에서 한 장씩의 커다란 벽보가 제출되므로 30점 전후의 작품이 모입니다. 국어과의 협력을 얻어 작품들을 심사한 후에 학교 강당에 전시하여 전교생이 볼 수 있습니다.

한편, 도서관에서는 반전평화를 위한 '사진·자료전'이 시작됩니다. 자료의 선택과 해설 및 전시 작업은 각 학급의 도서위원을 중심으로 진행합니다. 이러한 전시회는 일주일 이상 계속됩니다.

그리고 6월 23일의 위령일 전에 '평화교육을 위한 특별수업'과 전교집회 등이 열립니다. 전교집회에서는 학교에 따라 강연회나 영화감상, 연극 및 창작무용에 의한 발표가 이루어집니다.

오키나와에서는 이와 같은 평화교육이 전후 60여 년이 지난 현재까지 지속되고 있습니다. 신문이나 매스컴 중에는 이와 같은 평화교육을 위해 지도한 노력을 "매너리즘에 빠졌다."라든가 "무너진 '특별수업'"이라는 제목으로 비판하는 기사도 있지만, 나는 우선 반세기 이상이나 이어지고 있는 '지속력'을 높이 평가하고 싶습니다.

기지

오키나와에 살면서 가장 싫은 점은 매일 군사기지문제를 생각하고, 신경 쓰며, 행동해야만 하는 일입니다. 오키나와의 신문과 TV 등에서 기지문제가 보도되지 않는 날은 없다고 해도 좋을 것입니다. 이와 같은 일상을 도쿄東京나 본토에서는 생각조차 못할 것입니다. 특히 오키나와본도 중·북부의 상황은 나하 시나 남부지구, 기타 낙도離島 등에서는 상상할 수 없을 만큼 심각합니다.

믿기지 않는 이야기이지만, 1944년 3월에 오키나와수비군 제32군이 창설될 때까지 근대 오키나와에는 일본의 정규군도 군사기지도 없었다고 합니다. 2차 대전 전의 오키나와는 일본의 식민지였던 타이완으로 가는 도중에 있는 섬들에 지나지 않았으며, 전략상 크게 중요한 곳이 아니었습니다.

그러나 아시아·태평양전쟁 말기에 필리핀과 마리아나 제도에서 일본군이 패배하는 과정에서 서둘러 오키나와에 군사기지가 건설되기 시작하였습니다. 1945년 3월, 미군은 인구 약 45만 명의 오키나와 현을 함선 1천5백 척과 연 54만 명의 군대로 포위하고 공격을 개시하였습니다. 그리하여 90여 일의 격전 끝에 오키나와를 함락하여 점령하였습니다. 오키나와지상전은 미군 전몰자도 약 1만2천여 명이 나와 태평양전쟁에서 가장 혹독한 전투였다고 합니다. 미군은 이와 같은 희생을 치르고 점령한 땅이라는 점도 있어서 현재까지 광대한 군사기지에서 손을 떼려 하지 않습니다.

미군은 오키나와를 '태평양의 요석'이라고 부르며 전략상 중요시 해왔습니다. 그리고 오키나와의 미군기지는 한국 전쟁, 베트남 전쟁, 걸프 전쟁,[92] 아프가니스탄 전쟁,[93] 이라크 전쟁[94] 등 전후 아시아에서 미국에 의한 침략전쟁의 전진기지가 되어 왔습니다. 이 미국의 끊임없는 전쟁으로 오키나와 주민인 우리들은 미군기지로 인한 피해자일 뿐 아니라 아시아인에 대한 가해자 입장에 서게 되었습니다.

일본복귀 후에는 미일안보조약[95]을 근거로 미군기지(전용시설)의 약 75% 이상이 오키나와에 집중되었으며, 현재도 개선되지 않고 있습니다. 오키나와 현 전체 면적의 약 11%, 오키나와본도의 약 20%를 미군용지가 차지하고 있습니다. 게다가 오키나와의 미군기지는 지주나 지역주민과의 합의 없이 폭력적인 '총검과 불도저'로 건설된 것입니다.

이 미군기지와 미군에 의한 사건·사고 피해가 끊임없이 발생하고 있습니다. 1955년에는 이시카와 시石川市[96]에서 어린 소녀가 유괴되어 폭행·살해당하는 '유미코由美

92_ 이라크의 쿠웨이트 침탈이 계기가 되어 1991년 1월 17일부터 2월 28일까지 미국·영국·프랑스 등 34개 다국적군이 이라크를 상대로 이라크·쿠웨이트에서 전개한 전쟁이다.

93_ 아프가니스탄 전쟁 혹은 아프간 전쟁은 1838~1842년, 1878~1880년, 1919년에 아프가니스탄 지역에서 영국과 아프가니스탄이 3회에 걸쳐 벌인 전쟁이다.

94_ 2003년 3월 20일부터 4월 14일까지 미국과 영국 등 연합군이 이라크를 상대로 벌인 전쟁이다.

95_ 미국과 일본과의 군사동맹을 규정한 조약으로, 1951년 9월 8일 체결된 '미합중국과 일본의 안전보장조약'과 1960년 6월 20일 개정된 '미합중국과 일본의 상호협력 및 안전보장조약'이 있다. 1951년에 체결된 구 조약은 미군의 주둔을 규정하고 일본 내의 기지를 제3국에 대여할 경우, 미국의 동의권을 필요로 한다는 것을 비롯하여 일본에 대규모 내란이나 소요(騷擾)가 발생하여 일본정부의 요청이 있거나 일본에 대한 외부로부터의 공격이 있을 때 미군이 출동할 수 있도록 되어 있어 사실상 불평등조약이었다. 그러나 1960년의 신 조약에서는 일본 국내의 정치적 소요에 대한 미군의 개입가능성과, 일본이 제3국에 기지를 대여할 경우에 미국의 동의권을 필요로 한다는 조항이 삭제되었다. 이 조약의 유효기간은 10년이었으나 1971년 자동연장조약을 원용함으로써 현재까지도 유효하며, 폐기의사를 통고하여 1년 후에 폐기되기 전에는 반영구적으로 그 효력을 지니게 되었다.

96_ 오키나와 현에 존재했던 시이다. 2005년 4월 1일에 구시카와 시(具志川市), 나카가미 군(中頭郡)의 가쓰렌

子 양 사건'이 일어났습니다. 1959년에는 같은 이시카와 시 미야모리초등학교宮森小學校에 미군 제트기가 추락하여 사망자 17명, 부상자 121명이 나왔습니다. 사상자는 주로 아이들이었습니다. 더구나 조종사는 낙하산으로 탈출하여 무사했던 것입니다. 같은 해에 긴 촌金武村[97]-에서는 미해병대원이 농가의 주부를 멧돼지로 착각하여 사살하였습니다.

1961년에는 고자 시コザ市[98]-에서 미군의 뺑소니로 소녀 4명이 죽거나 다쳤습니다. 1963년에는 나하 시에서 훈련을 끝내고 돌아가던 미군트럭이 횡단보도를 건너는 중학생을 치어 죽였습니다. 그러나 가해자인 미군병사는 미군사법정에서 '무죄'가 되었습니다. 1965년에는 요미탄 촌讀谷村에서 미군기가 낙하산으로 물자를 투하하는 훈련을 한창 하던 중, 소형 트레일러가 민간지역에 떨어져서 하교 길의 초등학교 5학년 여학생을 압사시켰습니다.

오키나와 현의 역사연표에 기재되어 있는 주된 사건만도 이렇게 많습니다. 그리고 1995년에는 오키나와본도 북부에서 미군병사 3명이 소녀폭행사건을 일으켰습니다. 2004년에는 미군 헬리콥터가 오키나와국제대학沖繩國際大學[99]-의 본관에 추락하여 폭발, 불탔습니다. 이와 같이 미군에 의한 사건·사고 피해자의 압도적 대다수는 아이들이며 여성들입니다. 만약 "현재의 일본은 미일안보조약과 재일미군기지 덕분에 번영하고 있다."라고 말하는 사람이 있다면, 그 사람은 오키나와의 여성과 아이들을 미군에게 산 제물로 바쳐온 역사적 사실을 직시해야만 합니다.

약간 심하게 말했는지도 모르겠지만, 오키나와 주민들은 미군기지의 철거·축소에 대해 다양한 형태로 부단히 투쟁해 왔습니다. 그리고 현재 보수와 혁신을 불문하고 오

정(勝連町) 및 요나시로 정(與那城町)과 합병하여 우루마 시(うるま市)가 되면서 소멸하였다.

97_ 오키나와본도의 중앙에 위치한다. 기노자 촌(宜野座村)과 온나 촌(恩納村)에 접해 있고 남동쪽은 태평양과 면해있다. 1908년의 도서정촌제(島嶼町村制) 시행으로 긴 촌이 되었으며, 1980년의 정제(町制) 시행으로 긴 정(金武町)이 되었다.

98_ 오키나와본도 중부에 있었던 시이다. 일본에서 유일하게 가타카나(カタカナ)로 된 시명(市名)이었다. 또한 오키나와 현 내에서 유일하게 바다와 면하지 않는 자치체였다. 원래는 고에쿠 촌(越來村)이라는 지명이었는데, 1956년 6월에 고자 촌(コザ村)으로 개칭, 다음 해 7월에 시로 승격한 이후 오키나와본도 중부의 중심도시로 발전하였다. 1974년 미사토 촌(美里村)과 합병하여 오키나와 시가 되었다.

99_ 오키나와 현 기노완 시(宜野灣市)에 본부를 둔 사립대학으로, 1972년에 설립되었다. 대학의 약칭은 '오키코쿠다이(沖國大)' 혹은 '오키코쿠(おきこく)'이다.

키나와 현민의 압도적 다수가 '미군기지의 정리·축소'라는 일치된 요구를 하고 있다고 말할 수 있습니다.

최근의 여론조사에서는 후텐마普天間 기지[100]-의 폐쇄 및 이전移轉에 주민의 100퍼센트가 찬성하고 있습니다. 그리고 긴 정金武町에 있는 캠프 한센Camp Hansen[101]-에서의 도시형전투훈련시설 건설에도 100퍼센트가 반대하고 있습니다. 또 미야코 군宮古郡[102]- 이라부 정伊良部町[103]-의 시모지지마下地島[104]- 공항을 군사공항화 하는 움직임에도 100퍼센트가 반대합니다. 한편, 후텐마 기지의 이전 장소로 나고 시名護市 헤노코邊野古 앞바다에 해상군사공항을 건설하려는 계획에 대해서도 80퍼센트 이상이 반대 또는 재검토를 요구하고 있습니다.

이와 같이 오키나와 주민은 현재까지 미군기지 건설에 합의한 적이 전혀 없습니다. 오키나와 주민 중 압도적 다수의 의사임에도 불구하고 미군기지의 철거·축소가 진척되지 않는 것은 일본정부의 책임입니다. 또 일본정부를 지지하고 있는 국민과 여론의 책임이기도 합니다. 이래서야 '오키나와 차별정책'의 발현이라고 비판받아도 어쩔 수 없습니다.

100_ 아시아·태평양전쟁 중이던 1945년 초, 미군이 오키나와를 점령한 이후 설립한 비행장이다. 오키나와본도 기노완 시에 위치하고 있으며, 오키나와 현청 소재지인 나하 시로부터 북쪽으로 10km 정도 떨어져 있다. 비행장 면적은 총 4.8km² 정도로 기노완 시 전체 면적 19.5km²의 약 25%에 달한다. 미군은 전쟁 종료 후인 1953년에 활주로를 2,400m에서 2,700m로 연장했고, 나이키 미사일을 배치하는 등 후텐마 기지를 동북아의 전략적 기지로 활용해 왔다. 1972년 오키나와가 일본에 반환된 이후에도 비행장은 계속 운영되었는데, 후텐마 기지가 위치한 토지의 약 90%가 사유지이다. 후텐마 기지 이전 문제는 미합중국 해병대 소속 후텐마 비행장의 폐지와 더불어 기지 이전을 둘러싸고 1995년부터 2012년까지 발생한 일련의 사건들을 말한다.

101_ 오키나와본도 중부에 있는 미국 해병대 기지이다. 캠프 안에 4군 합동 교도소가 있다. 오키나와본도에 소재한 주요 군사시설로서는 북쪽으로부터 2번째에 있으며, 기지 북쪽에는 캠프 슈와브(Camp Schwab)가 있다.

102_ 다라마지마(多良間島), 민나지마(水納島)에 설치된 군(郡)으로, 다라마 촌(多良間村)을 포함한다. 2014년 12월의 추계인구는 1,112명, 면적은 21.91km²이다. 2005년 10월에 구스쿠베 정(城辺町), 우에노 촌(上野村), 시모지 정(下地町), 이라부 정(伊良部町)의 4정촌이 히라라 시(平良市)와 합병하여 미야코지마 시(宮古島市)가 되었다.

103_ 미야코 군에 있었던 정이다. 2005년 10월에 미야코지마의 히라라 시·구스쿠베 정·우에노 촌·시모지 정과 합병하여 미야코지마 시가 되면서 소멸하였다.

104_ 미야코제도의 섬 중 하나이다. 행정구분으로는 미야코지마 시에 속한다. 2005년에 미야코지마의 주변 자치체와 합병하여 미야코지마 시가 되기 전에는 동쪽에 인접한 이라부지마와 함께 미야코 군 이라부 정을 형성하고 있었다.

나는 대학생이었던 형에게 이끌려 고등학교 1학년 때부터 미군에의 항의데모에 참가하게 되었습니다. 마침 사토 에이사쿠佐藤榮作[105] 수상이 전후 일본 수상으로서는 처음으로 오키나와를 방문한 1965년이었습니다. 우리들이 고등학생이었던 시기에는 각 학교의 학생회를 중심으로 하여 2, 3백 명 단위로 집회와 데모에 참가하였습니다. 그 이후 현재까지 기지와의 투쟁은 40년 이상 지속되고 있습니다. 나는 1982년, 한평반전지주회一坪反戰地主會[106] 결성에 관여하였습니다. 이 조직은 한 사람이 만 엔圓씩 갹출해서 가데나嘉手納 기지[107]나 후텐마 기지에 있는 군용지를 구매, 공유화하는 운동을 진행하고 있습니다. 그리하여 그 공유지를 군용지로 이용하는 계약을 거부하고 있습니다. 동시에 이 운동에는 지속적으로 군용지 계약거부를 하고 있는 반전지주회를 지원하는 목적도 있습니다.

하리ハーリー

양력 5월의 즐거움은 뭐니 뭐니 해도 골든위크일 것입니다. 나도 아이들이 어렸을 때는 골든위크를 이용하여 동물원 등 각종 유원지에 갔습니다. 그러나 최근에는 5월 3일의 '헌법기념일 강연회'(오키나와현헌법보급협의회 주최)와 관련하며 연휴를 보내고 있습니다.

105_ 1901~1975. 야마구치 현(山口縣) 다부세(田布施) 출신 정치가이다. 제2차 세계대전 후, 일본이 세계열강으로 재등장한 시기에 내각 총리대신(1964~72)을 역임하였다. 재임 기간 동안 핵무기확산금지조약을 체결하는 등 핵무기 정책에 대한 공로를 인정받아 1974년 숀 맥브라이드와 함께 노벨 평화상을 받았다.

106_ 1971년 12월에 계약을 거부하는 3천 명이 중심이 되어 '권리와 재산을 지키는 군용지주회(반전지주회)'가 결성되었다. 이에 대해 일본정부는 갖은 수단으로 와해를 꾀하여 반전지주는 5년 후에 약 5백 명, 10년 후에는 2백 명이 되었다. 1982년, 반전지주를 지원하기 위해 반전지주의 토지 일부를 양도받아 한 사람이 1만 엔을 내고 등기를 하는 한평반전지주운동이 시작되었다. 미군용지특조법이 개시된 같은 해 12월, 833명의 한평반전지주가 결집하여 설립총회가 개최되었다. 2000년 시점에서 한평반전지주를 제외한 반전지주는 약 1백 명이다.

107_ 가데나는 오키나와본도 중부, 동중국해에 면한 해안선을 따라 나하 시에서 북으로 약 23km의 지점에 위치한 정(町)이다. 지형은 대체로 평탄하며 남북으로 가늘고 긴 역 L자형이다. 가데나 정에는 미군의 가장 큰 군용 비행장이 있으며, 18비행단이 주둔해 있다. 정 면적의 83%가 군용지이고 그 나머지가 주민 지역이다.

이 강연회는 일본복귀 이전인 1965년 경, 오키나와에 일본국 헌법이 미처 적용되지 않던 시기부터 개최되기 시작하여 이미 40회를 넘겼습니다. 십 수 년간 중고등학생부터 어른들까지 1천 명에서 1천5백 명 전후가 참가하여 대회장인 나하 시민회관은 대성황을 이룹니다. 헌법기념일 행사로서는 아마도 일본에서 가장 큰 집회가 아닐까 합니다.

그런 나에게 있어서 연휴의 유일한 즐거움은 고향 바다에 낚시하러 가는 일입니다. 매년 5월 4일은 조카나 친구들과 손으로 젓는 보트를 타고 암초 안쪽에 가서 낚시를 하였습니다. 나는 낚시를 별로 잘 하지는 못하지만, 그래도 3명이 4시간 정도 하다보면 30마리 이상은 낚습니다.

나하 하리ハーリー

낚은 것들을 친구 집에서 요리하며 저녁에는 파티를 합니다. 볼락[108]과 쥐치,[109] 모래보리멸[110]을 주로 낚습니다. 볼락으로는 생선탕을 만들고, 쥐치와 모래보리멸은 회로 먹습니다. 생선요리는 내 몫입니다.

나는 생선탕에 두부와 장명초長命草[111]를 넣습니다. 양념은 생선에서 우러나온 국물에 소금과 된장을 넣는 것만으로도 충분합니다. 활어라는 뜻의 '이마이유イマイユ'로밖에 맛볼 수 없는 바다 내음은 최고입니다. 생선요리를 그릇에 담을 때, 쑥을 곁들이는 것도 좋습니다.

생선을 머리부터 통째로 탕으로 만드는 것은 류큐호 지역의 특징적인 요리법이 아닐까 싶습니다. 나는 일본 본토에서 '통째로 요리하는' 생선탕을 먹어본 경험이 없습니

108_ 쑤뱅이목 양볼락과의 바닷물고기로, 야행성이다. 암컷의 배 속에서 알을 부화시킨 후에 새끼를 낳는다. 작은 것이 맛이 좋으며, 통회나 뼈회, 소금구이, 매운탕 등으로 먹는다.
109_ 복어목 쥐치과의 바닷물고기이다. 뼈가 연하여 통째로 썰어서 회로 먹으며, 포를 떠서 말린 것이 쥐포이다.
110_ 농어목 보리멸과의 바닷물고기이다. 따뜻한 바다의 모래 바닥에 살며, 겨울에는 깊은 곳으로 이동한다. 주로 회로 먹는다.
111_ 오키나와본도 등에서는 '사쿠나サクナ', '조미구사チョーミーグサ'라고도 한다. 미나리과의 다년초 식물이다. 특히 일본 최남단의 요나구니지마(與那國島)에서 많이 볼 수 있으며, 열악한 환경에서도 연중 피어있다.

다. 직접 잡은 물고기를 자신들이 좋아하는 방식으로 요리하여 먹는 것만큼 사치스러운 음식은 없을 것 같습니다. 맥주나 아와모리泡盛도 훨씬 더 많이 마시게 됩니다.

오키나와에서는 골든위크가 끝날 무렵, 이른 장마철로 들어섭니다. 그리고 전통적으로 "하리 종이 울리면 장마가 끝난다."라고 말합니다. 바다 축제 하리(하류센爬龍船 시합)는 음력 5월 4일에 행해졌기 때문에 '윳카누히四日の日'라고도 합니다. 이 하리를 '하레ハーレー'라고 부르고 있는 이토만이나 미나토가와港川[112]를 비롯하여 오키나와 각지의 어항에서는 해상안전과 풍어를 기원하는 해신제를 거행하고 있습니다.

어렸을 때에 윳카누히는 가장 고대하던 행사였습니다. 오키나와에는 본토처럼 5월 5일의 단오절端午の節句[113]을 축하하는 풍습이 없고, 이 윳카누히가 사내아이의 명절이었습니다. 나는 어머니의 친척이 있던 옆 마을 오우지마奧武島[114]의 하리에 가면 달고 차가운 얼음풍선과자 '아이스 봉봉'이나 함석으로 만든 장난감권총을 샀습니다. 부모님을 졸라 장난감을 살 수 있는 이런 기회는 일 년에 한 번 밖에 없었습니다. 그 그리운 종이화약 냄새는 지금도 기억하고 있습니다.

하류센 시합은 나가사키 현長崎縣[115]의 페론ペーロン[116]이나 중국, 동남아시아의 민속

112_ 시마지리 군 구시카미 촌(具志頭村)에 속해 있던 지명이다. 구시카미 촌은 2006년 1월에 고친다 정(東風平町)과 합병하여 야에세 정(八重瀨町)이 되면서 소멸하였다. 1968년 구시카미 촌 미나토가와의 채석장에서 약 1만 7천~8천 년 전의 고대인이 발견되어 지명을 따 미나토가와진(港川人)이라고 명명하였다.

113_ 단오절은 중국에서 시작된 것으로, 이날에는 창포 또는 쑥을 문에 달거나 술을 빚어 마심으로써 사악한 기운을 물리쳤다. 이 풍습이 일본에 전해진 것이며, 일본에서 단오절은 원래 여자아이의 액막이축제였다. 헤이안 시대(平安時代 794~1185)에 궁중에서는 말 위에서 활을 쏘거나 말달리기 등의 용맹을 겨루는 행사를 실시하게 되었는데, 창포가 무예를 존중하는 '상무(尙武)'나 '승부(勝負)'와 발음상 통하기 때문에 남자아이가 창포를 몸에 달거나 창포로 만든 투구를 갖고 놀게 되어 이 시기 무렵부터 여자아이의 축제였던 것이 남자아이를 축복하는 행사로 바뀌었다. 또한 잉어가 용이 되었다는 중국 고사의 영향으로 자식의 출세를 빌기 위해서 '고이노보리(鯉のぼり)'를 세우게 되었다.

114_ 오키나와 현에는 오우지마라 부르는 섬이 여러 곳 있다. 오키나와본도 북부에 있으며 나고 시(名護市)에 속하는 무인도, 오키나와본도 남부에 위치하며 난조 시(南城市) 다마구스쿠(玉城)에 속하는 섬, 구메지마 정(久米島町)에 속하는 섬, 자마미 촌(座間味村)에 속하는 게라마제도(慶良間諸島)의 작은 무인군도를 각각 오우지마라고 부르며, 모두 사자(死者)의 명복을 비는 장소였다고 전해진다. 고대 오키나와에서는 사람이 죽으면 유체를 배에 태워 해안에서 가까운 작은 섬의 동굴로 옮겨 안치하는 장송풍습이 있었다. 여기에서는 난조 시 다마구스쿠의 오우지마를 가리킨다.

115_ 일본 규슈(九州) 지방 서쪽 끝에 있는 현이다. 고토 열도(五島列島), 쓰시마 섬(對馬島), 이키 섬(壹岐島)을 포함한다. 동쪽으로 사가 현(佐賀縣)과 접하고 있으며, 그 외는 모두 바다로 둘러싸여 있다. 크고 작은 섬들의 수는 전국 도도부현(都道府縣) 가운데 가장 많으며, 971개의 도서부 면적은 전 면적의 40% 가량이 된다.

행사와 유사합니다. 5월 4일에 중국의 미뤄汨羅[117]-에 투신했던 시인이며 정치가인 굴원屈原[118]-의 혼령을 위로하기 위해 배젓기 경주를 시작한 것이 그 기원이라고도 합니다. 오키나와에서는 '사바니サバニ'라고 부르는 십 수 명이 탈 수 있는 어선을 사용하여 시합합니다. 어촌을 동서로 나눈 두 팀 또는 동, 중, 서로 나눈 세 팀이 서로 겨룹니다. 사바니의 선두에는 징을 치는 담당이 1명, 중간 정도에는 '에쿠エーク'라고 부르는 노 젓기가 8명 내지는 10명 정도, 그리고 후미에는 키잡이가 1명 탑니다. 페인트로 아름답게 단장한 사바니를 '하리부니ハーリーブニ(하류센)'라고 부릅니다.

하리 날은 배젓기 시합을 하기 전에 마을의 신관神官과 선수들이 우타키御嶽 등의 성지에서 기도를 올립니다. 그 후 항구로 가서 처음에는 '우간바리御願バーリー(기원올리기 하리)'라는 시합을 합니다. 그 다음이 본격적으로 승부를 겨루는 '혼바리本バーリー'입니다. 시합의 압권은 앞바다의 반환점에서 돌아올 때에 일부러 배를 뒤집어서 전원이 바다에 빠진 후, 다시 배에 올라타고 바닷물을 헤치면서 빠른 속도로 노를 저어오는 광경입니다. 이는 '후니케라세舟返らし'라는 뒤집기 기술을 겨루는 것입니다. 사바니 배는 바닷물이 가득 들어차도 가라앉지 않도록 설계되어 있습니다.

선수는 남성어부들입니다. 혼바리가 끝나면 직장대항 시합도 이루어집니다. 중고등학생 팀의 대항시합도 있으며, 여성 팀끼리의 시합도 있습니다. 또 여흥으로 일부러 집오리를 풀어주고 자유롭게 잡아들이는 '오리잡기 시합'도 있습니다. 그러나 집오리가 헤엄을 잘 쳐서 웬만해서는 쉽게 잡지를 못합니다. 북을 두드리며 춤을 추는 여성들의 응원시합도 즐겁습니다.

116_ 나가사키 페론선수권대회는 나가사키의 여름 전통 행사로, 350여 년의 역사를 갖고 있다. 길이 약 14m의 페론 배에 배를 젓는 사람 26명이 승선하여 북과 징 소리의 박자에 맞춰 왕복 1,150m의 거리를 경주한다. 개최기간 중인 이틀 동안 관람선 무료운항과 페론 무료체험도 실시한다.

117_ 중국 후난성(湖南省)의 북동부를 흐르는 미뤄 강(汨羅江)을 말한다. 전장 6,300km인 창장(長江)의 지류이며, 길이는 250km이다. 주대(周代)의 제후국 중 하나인 라국(羅國)의 유민들이 살던 곳이라고 해서 이런 명칭이 붙었다.

118_ B.C.343?~B.C.278?. 중국 전국시대의 정치가이자 시인이다. 호북성(湖北省) 자귀현(秭歸縣) 굴원진에서 출생하였다. '원'은 자이며, 본명은 평(平)이다. 젊어서부터 학식이 뛰어나 초나라 회왕(懷王)의 신임을 받았고 26세에 좌도(左徒)의 중책을 맡아 내정 · 외교에서 활약하였다. 정적들의 중상모략으로 국왕 곁에서 멀어지게 되어 그 분함을 시로 표현한 것이 대표작 『이소(離騷)』라고 한다. 그의 작품은 한부(漢賦)에 영향을 주었으며, 문학사에서 뿐만 아니라 오늘날에도 높이 평가된다. 주요 작품으로 『어부사(漁父辭)』 등이 있다.

나는 성인이 되고나서 주로 이토만 시의 하레나 지넨 촌知念村 우미노 구海野區의 하리를 구경하고 있습니다. 다만 평일에 학교 다니는 우리 아이들과 함께 해신제를 즐기는 일은 거의 없어졌습니다. 이토만 시 등에서는 하레 날에 초등학교와 중학교가 휴교하여 아이들을 지역의 전통행사에 참가시키고 있습니다. 하리를 알리는 종이 울리면 장마가 그치고, 오키나와는 본격적인 여름으로 들어섭니다.

제3장

여름 : 파초포 흔들리며

여름은 가장 오키나와다운 계절입니다. 오키나와의 여름은 질릴 정도로 덥고 길게 이어집니다. 그래도 초여름은 산뜻하게 시작됩니다.

> 초여름 되니 마음도 들떠 맑은 샘에서 머리 감세나
> 若夏になれば 心浮かされて 玉水におりて かしらあらは
>
> 다마구스쿠 조쿤玉城朝薫

류큐琉球왕국의 '국극國劇'이라고 불렀던 '구미우두이組踊' 의 창작자인 다마구스쿠 조쿤도 초여름이 되어 마음이 두근 거리는 기쁨을 류카琉歌로 읊고 있습니다.

내가 중학생이던 무렵까지 마을에는 수도가 없었습니다. 따라서 생활용수는 샘이나 우물에 의존하였습니다. 여름 동안은 목욕 대신 바다에서 헤엄치고 '가ヵ—'라고 부르는 공동우물에서 몸을 씻을 뿐이었습니다. 물론 '머리'도 이 우물 물로 감았습니다.

모토부 반도本部半島를 바라보다 온나 촌恩納村

파초포가 살랑	芭蕉布の サラッ
초여름 바람에 살랑	若夏の風に サラッ
언덕배기	切り通しの

적토길 시끌거리면	赫土の道 きらめけば
머리 위 소쿠리 가득	頭上のザルいっぱい
고구마를 이고	イモを乗せて
어머니가 돌아오네	母が帰る
하나즈미花染[1]-여	花染(はなずみ)よー

'하나즈미여花染ょ-' 다카라 벤

여름 더위를 이기기 위해 어머니는 파초포로 만들어 시원한 옷을 입었습니다. 나는 바다에서 수영을 하거나 줄다리기에 몰두하며 더위를 날렸습니다. 더위를 타지 않으려면 고야 찬푸루ゴーヤーチャンブルー(고야볶음)와 동과冬瓜[2]-조림, 독가시치[3]- 젓갈, 랏교[4]-나 마늘장아찌로 식욕이 떨어지지 않도록 하는 것이 한 가지 방법이었습니다.

8월, 9월이 되면 매년 찾아오는 태풍과 싸워야 합니다. 그저 바람이 약하고 비가 많은 태풍이 접근하기를 기원할 뿐입니다. 태풍이 또 적당하게 오지 않으면 마을에 가뭄이 들기 때문에 곤란합니다.

마을사람들이 가뭄 밤에 목청껏 구이차クィチャー[5]-를 노래하며 춤 추는구나

島人は声のかぎりをふりしぼりクィチャーを踊るひでりつく夜を

다이라 고지平良好兒[6]-

1_ 꽃, 특히 달개비라고도 부르는 닭의장풀 꽃 즙으로 물들이는 일, 또 그 색이나 물들인 것을 말한다. 변색하기 쉽다는 점에서 사람의 마음 등이 변화하기 쉽다는 것을 비유하기도 한다.

2_ 동과(Benincasa hispida)는 일본 또는 인도네시아가 원산일 것으로 여겨지고 있다. 동과는 길쭉한 수박처럼 보이기도 하며, 그 색깔은 연녹색에서 진녹색까지 다양하고 속살은 하얗다. 무게가 45킬로그램까지 나가는 것도 있으며, 자르지만 않으면 몇 달이고 보관해 둘 수 있다.

3_ 농어목 독가시치과의 바닷물고기이다. 지느러미에 독이 있는 가시가 있다. 맛이 좋아 상업적으로 유용하다.

4_ 염교를 말한다. 외떡잎식물 백합목 백합과의 여러해살이풀이다. 영문명의 락교(Rakkyo)는 일본 명칭을 그대로 사용한 것이다. 씹는 맛이 좋기 때문에 소금과 식초로 절여서 식용하며, 열대에서는 카레용으로 이용하기도 한다.

5_ 미야코지마(宮古島)에 전하는 민요 및 무용을 말한다. 악기를 사용하지 않고 사람들이 원을 만들어 손발을 흔들며 춤추면서 합창을 한다. 어원에 관해서는 여러 가지 설이 있어서 명확하지 않지만, '목소리(구이)를 합하다(차)'라는 뜻으로 간주된다.

6_ 1911~1996. 미야코(宮古)의 종합문예지를 발간하는 등 미야코 문학계를 리드해온 가인이다. 다이라 고지

뿌리식물에 싹을 틔우는 젊은이 유리그릇에 맑은 물 펄펄 끓는 한여름

球根花芽吹く若もの硝子器に眞水ふつふつたぎりつつ朱夏

신조 사다오新城貞夫[7]

불티 뒤집어쓰며 우리는 검은 해바라기 씨를 내뱉는다

火の粉浴びわれら向日葵の黑種吐く

노자라시 노부오野ざらし延男[8]

음력 7월 15일이 되면 일 년 중의 2대 행사인 오본お盆이 찾아옵니다.

스리 동쪽을 향해 날고 있는 아름다운 나비여

스리 사사 스랏사 하이야

スーリ東 打ち向かてぃ 飛ぶる綾蝶

スーリ サーサー スラッサ ハーイヤ

'스리아가리부시すーり東節'[9]

북소리도 요란한 에이사ェィサー[10] 춤을 즐기는 동안에 이윽고 더운 여름이 물러갑니다.

가 사망한 다음 해인 1997년에 그의 유지를 계승하여 '현창회'가 '다이라고지상'을 창설, 미야코의 문학 활동으로 현저한 실적을 올린 인물에게 표창을 하고 있다.

7_ 1938~ . 사이판에서 출생하여 류큐대학 법문학부를 졸업하였다. 1961년에 오키나와청년가인집단에 참가하여 『노지아이(野試合)』 및 『도리(鳥)』에 작품을 발표한 후, 1965년에 개인지 『가리(狩)』를 창간하였다. 『여름(朱夏)』, 『벚꽃 만개(花明り)』, 『신조 사다오 가집(新城貞夫歌集)』 등의 저작이 있다.

8_ 1941~ . 소설가・하이진(俳人)・하이쿠 교육자이다. 1998년에 동인지 『텐코(天荒)』를 창간하고 그 대표・편집을 맡아서 현재에 이르고 있다. 오키나와타임즈(沖繩タイムス)의 '타임즈 하이단(タイムス俳壇)' 심사위원을 역임했고, 『오키나와 하이쿠총집(沖繩俳句総集)』으로 '오키나와타임즈출판문화상'을 수상하였다. '일본시가문학관' 장려상을 수상한 학생과 교사의 합동 하이쿠집 『맥(脈)』을 비롯하여 『심현(心弦)』, 『하이쿠의 무지개(俳句の虹)』, 『훈풍은 불었는가(薰風は吹いたか)』 등 다수의 저서가 있다.

9_ 장단을 맞추는 말 '스리(すーり)'와 가사의 첫머리에 오는 '아가리(東)'를 합하여 제목이 되었다. '스리'를 '소레(それ)'로 표기한 고전도 있다. 유사한 어휘 중 '스리(スリー)'는 '모임', '스리(スーリー)'에는 '중간 크기의 접시'라는 의미가 있지만, 이것으로는 의미가 통하지 않는 까닭에 '스리'에 대한 명확한 해석은 아직 이루어지지 않은 상태이다. '나비'는 예로부터 죽은 사람의 혼 또는 저승과 이승을 연결해 준다는 믿음이 있었다. 한편으로는 자신을 나비, 상대 여성을 꽃으로 표현한 사랑의 비유로도 볼 수 있다.

10_ 오키나와제도의 전통적인 무용이다. 원래 마을의 젊은이들이 정토종계(浄土宗系)의 염불가(念佛歌)에 맞춰 춤을 추면서 각 집을 돌던 오본 행사에서의 춤이 에이사의 전신이라고 전해진다. 그 어원에 대해서는

스쿠^{スク} 소식

음력 6월 1일이 되면 고향 다마구스쿠 촌玉城村의 나오ナヲ 누이에게서 "첫 스쿠가 왔어."라는 전화 연락이 옵니다. 이상하게도 스쿠(독가시치의 치어) 떼는 음력 6월 1일과 7월 1일에 밀물이 가장 높은 때를 타고 바깥 바다에서 초호礁湖나 해안 가까이로 옵니다. 수십, 수백 년 동안 어김없이 계속되고 있다고 합니다. 이전에는 스쿠가 매년 풍어였지만, 최근에는 격년으로 풍어가 듭니다. 이 현상도 자연환경의 악화 때문일까요.

나의 출신지인 미이바루新原 해안에서는 스쿠 물고기가 일종의 여름 보너스 같은 기능을 하고 있습니다. 음력 6월 1일이나 7월 1일이 되면 보너스를 지급받지 못하는 직업에 종사하는 사람들은 회사 일을 쉬고 바닷가에서 스쿠 떼가 밀려오는 것을 기다립니다. 그 즈음은 '스쿠아레スク荒れ'라고 하여 대기가 불안정하고 바다도 거친 날이 많습니다. 스쿠 떼도 가능한 한 인간이 바다에 나오지 못할 듯한 궂은 날씨를 골라 찾아오는 것 같습니다.

스쿠는 너댓 명이 배 한 척에 타고 잡습니다. 두 명이나 네 명이서 '사리 サリ'라고 부르는 스쿠 그물을 조종합니다. 선장은 사바니サバニ라고 부르는 통나무배의 뱃머리에 서서 배를 조종하는 동시에 전체를 지휘합니다. 나머지는 배를 젓거나 스쿠를 그물로 몰아넣는 일을 합니다. 나도 초등학교 4, 5학년 때부터 이 '몰아넣는 역할'을 거든 적이 있습니다.

사바니 배 가득히 스쿠가 잡히면 서둘러 해변으로 돌아와야 합니다. 그곳에는 여자들이 기다리고 있다가 스쿠를 배에서 대야로 옮깁니다. 배를 비우면 다시 출발합니다. 스쿠가 풍어일 때는 이 작업을 하루 온종일 반복합니다.

스쿠를 사바니 배 가득 잡으면 작업에 참가한 사람들은 가족이 일 년 동안 먹을 양을 서로 나눈 후에 판매도 할 수 있습니다. 일 킬로그램에 천 엔圓 이상은 할 것입니다. 우리 집은 누이 부부가 보내주는 '스쿠젓갈'과 직접 산 것 약간이면 일 년 먹을 분량으

오키나와 최고서(最古書)인 『오모로소시(おもろそうし)』의 권14에 수록된 '이로이로노에사오모로(いろいろのゑさおもろ)' 중의 '에사(ゑさ)'라는 설과, '에이사, 에이사, 히야루가에이사(エイサー、エイサー、ヒヤルガエイサー)'와 같은 장단에서 왔다는 설 등이 있다.

로 충분합니다.

스쿠젓갈은 뭐니 뭐니 해도 두부에 얹어서 맥주나 아와모리泡盛의 안주로 먹는 것이 맛있습니다. 이것은 '스쿠젓갈 두부'라고 해서 술집 메뉴에도 있습니다. 그리고 소금에 절이기 전에 초간장을 섞은 회로 무쳐서 플랫레몬flat lemon즙을 뿌려 먹으면 최고의 안주가 됩니다.

현재는 냉장고가 보급되어 있어서 나는 소금에 절이는 것보다 스쿠를 날것 그대로 냉동시키고 있습니다. 한 웅큼 정도씩 비닐봉지에 넣어 냉동해 두면 일 년 내내 맛있는 스쿠 회를 먹을 수 있습니다. 스쿠 중에 '구이마쿠グイマク'라고 부르는 치어가 성장하면 독가시치가 됩니다.

스쿠는 새끼손가락보다 작고 연한 핑크색을 띠고 있는데, 일단 산호가 뒤덮인 바다에서 자라는 해조류를 먹으면 몸의 색이 녹갈색으로 변해서 '구사하마グサハマー(풀을 뜯어먹은 자)'라는 이름으로 부릅니다. 구사하마는 써서 회로 먹을 수 없습니다. 그래도 이전에는 산호초의 바닷물이 고인 곳에 숨어있는 구사하마를 잡아 내장을 꺼낸 후에 튀김옷을 입히지 않고 그대로 튀겨서 먹기도 하였습니다.

매년 스쿠젓갈을 보내주는 나오 누이 부부는 해산물뿐만이 아니라 밭작물도 보내줍니다. 나오 누이는 우리 남매 중 셋째 누이로, 평소는 집안일과 농사를 짓고 있습니다. 남편인 야비쿠 모키치屋比久孟吉 매형은 관광객을 상대로 유리 보트의 운전을 하면서 농사도 겸하고 있습니다. 나오 누이는 우리 남매 중에서 고생을 많이 한 편이었습니다. 오키나와지상전 때는 어머니와 함께 오키나와에 남아 당시 두 살 된 형을 업고서 도망다녔습니다. 결혼한 후에는 장녀를 병으로, 장남을 사고로 잃었습니다. 그러나 지금은 자식 셋과 손주들에게 둘러싸여 주로 밭일을 하며 노후를 보내고 있습니다.

나오 누이 부부는 수확한 채소를 매번 보내주고 있는데, 특히 여름에 보내주는 마늘과 동과, 겨울에 보내주는 양배추와 완두콩 등은 매우 유용하게 쓰고 있습니다. 마늘은 수확하면 곧바로 흑설탕과 아와모리, 식초를 섞어서 장아찌를 만듭니다. 이 마늘장아찌는 일 년 내내 언제든지 먹을 수 있는 스테미너 음식입니다.

여름에는 푸성귀가 귀해 비싸집니다. 아마도 태풍이나 병충해로 인해 푸성귀 수확이 줄기 때문일 것입니다. 그런 때에 누이들이 보내주는 '동과'는 쓸모가 많습니다.

지금처럼 냉장고나 슈퍼가 없던 시절에 우리들의 주된 여름 채소는 고야ゴーヤー, 오

이, 동과에 호박과 참외 종류였습니다. 동과는 여름 무 같은 것으로, 그늘에 두면 며칠이고 보존이 가능한 소중한 채소입니다.

동과요리는 먼저 '우부사御蒸さ'라고 부르는 조림이 일반적입니다. 동과와 참치통조림, 부추만으로도 맛있는 조림이 됩니다. 또 돼지고기나 닭고기와 당근을 넣은 '동과국'도 영양 많고 맛있습니다. 특히 이 동과국은 축하할 때나 장례식 등에서 큰 냄비로 끓여서 많은 사람들에게 대접하는 중요한 요리입니다.

한편, 손쉽고 재미있는 동과요리법으로 회가 있습니다. 먼저 큰 동과를 세로로 쪼갭니다. 그리고 스푼으로 씨를 꺼냅니다. 그 후에 참치통조림을 넣고 간장을 치면 완성입니다. 이 동과회는 해변에서의 파티나 캠프 등에서 맥주 안주로 최고입니다. 우리 집 부엌에서는 여름 내내 동과가 제 차례를 기다리고 있습니다.

바쿠貘 씨

매년 7월이 되면 오키나와의 시단은 '야마노구치바쿠상山之口貘賞'이 화젯거리로 주목받습니다. 그리고 바쿠가 서거한 7월 19일 경에 수상식을 거행합니다.

오키나와 출신인 야마노구치 바쿠는 일본을 대표하는 시인 중 한 사람이 되었습니다. 주지하는 대로 야마노구치 바쿠의 첫 시집 『사변의 뜰思辨の苑』[11]의 '서문'에서 "일본의 진정한 시는 야마노구치 바쿠 군과 같은 사람들로부터 시작된다."라고 예언한 사람은 가네코 미쓰하루金子光晴[12]입니다. 그 예언이 멋지게 적중했다고 생각합니다.

11_ 전쟁과 충돌을 반복하는 대국의 불합리함을 표현한 시집으로, 1938년 8월에 출판되었다. 당시 도쿄(東京) 진보 정(神保町)에 소재한 무라사키출판부(むらさき出版部)라는 곳에서 『무라사키(むらさき)』라는 잡지를 발행하고 있었다. 야마구치노 바쿠는 이 잡지에 종종 시를 발표하고 있었는데, 편집장의 권유로 사토 하루오(佐藤春夫)의 서시(序詩)와 가네코 미쓰하루(金子光晴)의 글을 덧붙여 『사변의 뜰』을 간행하게 되었다. 1940년 12월에는 센가보(山雅房)에서 『사변의 뜰』에 신작시 12편을 더하여 『야마구치노 바쿠 시집(山之口貘詩集)』을 간행하였다.

12_ 1895~1975. 아이치 현(愛知縣) 출신의 시인이다. 『낙하산(落下傘)』, 『풍뎅이(こがね蟲)』, 『상어(鮫)』 등의 시집과 『말레이 동인도 기행(マレー蘭印紀行)』, 『해골 잔(どくろ杯)』, 『잘 자 파리(ねむれ巴里)』 등의 자전이 있다. 일반에게는 반골문화인으로 알려져 있으며, 전쟁 중에도 반전입장을 취하였다. 자신의 아들을 일부러 병에 걸리게 해서 병역을 피하게 만들어 국가에 대한 불복종을 표현하기도 하였다. 전후에는

야마노구치 바쿠는 생전에 '바쿠 씨'라며 친숙하게 불렸으며, 흔히 '민중파 시인', '가난뱅이 시인', '풍자 시인', '유머 시인'으로도 불렸습니다. 또 사후에는 '지구의 시인', '정신적 귀족', '우주 시인' 등으로 평가되고 있습니다.

2003년은 그 바쿠 씨의 탄생 100년째, 서거 40년째 되는 해였습니다. 오키나와 현縣을 비롯하여 전국에서 각종 기념사업이 행해졌습니다. 이 수십 년 동안에 점점 더 많은 사람들이 야마노구치 바쿠의 시를 읽고, 연구하며, 작곡하고, 노래방에서 노래하게 되었습니다. 프랑스어와 영어, 한국어로도 번역되어 해외에서도 그의 시를 읽고 연구하고 있습니다.

또 1969년에 초등학교 6학년용 국어교과서에 그의 '하늘天'이라는 시가 게재된 것을 비롯하여 1984년경에는 고등학교 교과서 『현대문』에 '포탄을 뒤집어 쓴 섬彈を浴びた島'[13]-이 수록되었습니다. 한편, 오키나와 현의 중고등학교용 부독본 『향토 문학郷土の文學』과 『오키나와 문학沖繩の文學』 등에도 바쿠 씨의 작품이 많이 수록되었습니다. 현재 야마노구치 바쿠의 시는 학교 수업을 통하여 학생들이 배우고 있습니다.

야마노구치 바쿠는 1903년 9월 11일, 오키나와 현 나하 구那覇區 히가시 정東町 우후조大門前에서 부친 야마노구치 주친山口重珍과 모친 가마토ヵマト의 3남으로 태어났습니다. 본명은 야마노구치 주사부로山口重三朗라고 합니다. 전쟁 전의 현립일중縣立一中을 중퇴한 후, 화가를 목표로 1922년 19세 때에 처음으로 상경하였습니다. 그리고 다음 해에 간토대지진[14]-이 일어나 귀향하였습니다. 그러나 이시가키지마石垣島에 이주해 있던 일가는 부친의 사업 실패로 파산하여 가족이 흩어지게 되었습니다. 야마노구치 바쿠는 1925년에 재차 상경하여 방랑생활을 하면서 시를 계속 발표하였습니다.

결혼 후에도 가난한 생활은 계속되어 쉽게 귀향을 할 수 없었습니다. 이바라키 현

메이지유신(明治維新) 이후의 근대화노선에 대한 비판을 하였다.

13_ 34년 만에 돌아온 고향에서 류큐어(琉球語)가 소실된 모습과 직면한 곤혹감에 대해 야마노구치 바쿠는 '포탄을 뒤집어 쓴 섬'에서 난해한 어휘를 가능한 한 피하고 평이한 말로 묘사하였다.

14_ 1923년 9월 1일에 일본의 간토(關東)·시즈오카(靜岡)·야마나시(山梨) 지방에서 발생했던 대지진이다. 사망자와 행방불명자도 총 40만 명에 달했다. 다음날 출범한 제2차 야마모토(山本) 내각은 계엄령을 선포하고 사태수습에 나섰으나 혼란이 더욱 심해져가자, 국민의 불만을 다른 데로 돌리기 위해 한국인과 사회주의자들이 폭동을 일으키려 한다는 소문을 조직적으로 퍼뜨렸다. 이에 격분한 일본인들은 자경단(自警團)을 조직, 관헌들과 함께 조선인을 무조건 체포·구타·학살했다.

茨城縣[15]-에 있는 부인의 친정으로 소개疏開를 하여 패전을 맞이했기 때문에 전전에는 오키나와에 돌아갈 수 없었습니다. 제2회 '다카무라고타로상高村光太郎賞'[16]-을 수상하고 친구들에게 여비를 지원 받아 겨우 귀향할 수 있게 된 것은 전후인 1958년이었으며, 34년 만의 일이었습니다. 그러나 그 5년 후에 위암으로 사망하였습니다. 향년 59세였습니다.

내가 야마노구치 바쿠라는 이름을 처음 들은 것은 중학교 2학년 때였습니다. 1963년은 바로 야마노구치 바쿠가 영면한 해로, 라디오에서 고별특집 프로그램을 내보내고 있었습니다. 그 때 야마노구치 바쿠가 작사한 '마부니의 언덕摩文仁の丘'이라는 노래를 가데나 기요미嘉手納清美가 "얏치, 얏치, 눈물의 얏치ヤッチー, ヤッチー, 涙のヤッチー"라며 노래하던 것이 인상에 강하게 남았습니다.

그리고 고등학교 1학년 때, 갓 출판된 유고시집 『참치와 정어리鮪に鰯』[17]-(1954)를 같은 반 친구에게서 빌려 처음으로 읽었습니다. 나는 그 시집 중 '포탄을 뒤집어 쓴 섬'을 읽고 '오키나와어로도 시를 쓸 수 있다'는 것을 알고 경이감과 동시에 불손하게도 '이런 시라면 나도 쓸 수 있겠다.'고 생각하여 모교 지넨고등학교知念高等學校의 문예지 『아단あだん』에 시를 투고하게 되었습니다. 물론 시는 그렇게 쉽게 쓸 수 있는 것이 아니었습니다.

시즈오카대학靜岡大學에 유학 중일 때는 야마노구치 바쿠의 '누이에게 보내는 편지妹へ送る手紙'라는 시를 큰 모조지에 써서 벽에 붙여놓고, 몇 번이고 풀이 죽어가는 자신을

15_ 일본 간토 지방 북동부에 있는 현이다. 도치기 현(栃木縣)과 태평양 사이에 뻗어있고 북쪽으로 후쿠시마 현(福島縣), 남쪽으로 지바 현(千葉縣)과 접한다. 현청 소재지는 미토 시(水戶市)이며, 일본을 대표하는 학술 연구와 첨단 산업의 거점인 쓰쿠바 시(筑波市)가 소재한다.

16_ 다카무라 고타로(1883~1956)는 도쿄 출신의 시인 · 조각가이다. 유명한 불사(佛師)이며 조각가인 다카무라 고운(高村光雲)의 아들이다. 22살 때인 1905년에 로댕의 '생각하는 사람' 사진을 보고 충격을 받아 다음 해에 구미로 유학을 갔다. 귀국 후, 시와 미술 양쪽에 걸친 활동을 개시하고 첫 시집 『도정(道程)』을 간행하였다. 태평양전쟁 시기에는 전쟁협력시 · 애국시를 썼다. 전후 그 책임의식에서 이와테 현(岩手縣) 하나마키 시(花巻市) 교외의 오타 촌(太田村)에서 홀로 생활하며 자기 단죄를 행하였다. 조각의 대표작으로는 '손(手)', '노인의 머리(老人の首)', '나부상(裸婦像)' 등이 있다.

17_ 이 시집은 평생 200점 정도밖에 시를 남기지 않았던 야마노구치 바쿠의 작품 126편을 수록하고 있다. 시 '참치와 정어리'는 비키니 환초에서의 핵 실험을 소재로 한다. 서태평양 미크로네시아의 마셜제도 북부에 있는 비키니에서는 1946년부터 1958년까지 미국의 핵무기 실험이 이루어졌다. 합계 23개의 핵무기가 사용되었으며, 1954년에 행해진 수소폭탄 실험들에서는 섬 3개가 사라졌다. 비키니 핵실험은 인근에 살고 있던 섬 주민들과 근처에서 작업 중이던 어선 선원들이 피폭되는 결과를 가져왔고, 이 때문에 세계적인 비난의 대상이 되었다.

격려하였습니다.

> 이 오빠는
> 출세를 해야 하나 어쩌나, 결혼이라도 했으면 한다
> この兄さんは
> 成功しようかどうしようか結婚でもしたいと思ふのです

　　그 무렵 『일본의 시가日本の詩歌』 제20권(中央公論社, 1969)에도 수록된 오키나와 출신의 시인 야마노구치 바쿠의 존재가 내게 얼마나 자부심과 용기를 주었는지 모릅니다. 1972년의 일본복귀 전 이야기로, 아직 다음의 시 '회화會話'에 묘사된 것처럼 무지와 차별과 편견이 만연하던 시기였습니다.

> 　　바로 나처럼, 일본어가 통하는 일본인이, 곧 아열대에 태어난 우리들이라고 나는 생각하
> 지만, 세상 사람들은 추장이니, 토인이니, 가라테(唐手)니, 아와모리(泡盛) 등과 동의어라도
> 되는 것처럼, 저기 내 고향을 편견에 사로잡혀 바라보는구나!
> 　　この僕のやうに, 日本語の通じる日本人が, 即ち亜熱帯に生れた僕らなんだと僕はおもふんだ
> が, 酋長だの土人だの空手だの泡盛だのの同義語でも眺めるかのやうに, 世間の偏見達が眺める
> あの僕の国か!

　　나는 야마노구치 바쿠의 시·문학에서 가장 뛰어난 점은 '쉬운 시어로 표현한 점과 깊은 사상'에 있다고 생각합니다. 나는 '지구의 시인', '우주 시인'이라고 부르는 야마노구치 바쿠의 우주적이며 복안적인 시적 감성을 높이 평가합니다. 또 나는 야마노구치 바쿠가 일본의 구어체 자유시를 확립하여 현대시의 표현방법을 회화체로까지 확장시키는 커다란 실적을 남겼다고 생각합니다. 나는 이상 언급한 것과 같은 바쿠 문학의 매력과 평가를 『나는 문명을 슬퍼했다－오키나와 시인 야마노구치 바쿠의 세계僕は文明をかなしんだ－沖縄詩人 山之口貘の世界』(彌生書房, 1997)라는 평전으로 정리하여 게재하였습니다. 지구와 인간 문명의 미래가 위험하다는 현대야말로 바쿠 씨의 시·문학을 더 많은 사람들이 읽기를 바랍니다.

할머니와 바다

류큐제도琉球諸島는 18세기 무렵부터 '우루마 섬ɔるま島'이라고도 불렀습니다. '우루마'의 어원에 대해서는 '자갈 섬' 등 여러 가지 설이 있지만, 나는 다음과 같이 생각합니다. '우루'란 산호초가 부서져 생긴 돌멩이나 모래를 말합니다. 미야코지마宮古島에서는 '스나가와砂川'라는 지명을 '우루카'로 발음하고 있습니다. 그렇다면 '우루마'란 '산호초 사이' 또는 '산호초 섬'이라는 의미로도 해석할 수 있습니다. 우루마 섬이란 이와 같이 아름다운 이미지를 가진 미칭입니다. 오키나와 현 중부지구에서는 구 이시카와 시石川市와 구시카와 시具志川市[18] 등이 합병된 '우루마 시'도 탄생하였습니다.

이처럼 융기산호초로 이루어진 류큐제도에서는 바다와 산호초를 제외한 생활을 상상할 수 없습니다. 대부분의 시정촌市町村에는 반드시 바다에 면한 마을이 존재합니다. 나도 바다 덕분에 지금까지 성장해 왔습니다.

오키나와의 해안은 하얀 산호초 모래사장이 발달해 있습니다. 해변가는 바닷물이 드나드는 곳이라는 뜻의 '스구치潮口'라고 부릅니다. 이 해변가에서 먼 바다의 암초 사이에는 '이노ィノー'라고 부르는, 거리가 있고 물이 얕은 초호礁湖나 초지礁池로 이루어져 있습니다. 이 이노는 간조 때에 약 1미터에서 50센티미터 이하까지 바닥이 드러납니다. 이노에는 해조류의 군락과 산호초가 매우 발달해 있습니다. 먼 바다의 암초는 얕고 드러나 있는 여울이라는 뜻의 '히시干瀬'라고 부르며, 대양으로부터 밀려오는 큰 파도는 이곳에서 일단 부서집니다. 따라서 히시에는 늘 '스바나潮花'라고 하는 흰 파도 꽃이 피어 있습니다.

암초의 바깥쪽은 '후카투深渡'라고 하며, 더 깊은 곳은 '오도青渡'라고 합니다. 그보다 더 먼 바다는 '투케渡海'라고 합니다. 따라서 우리가 일상적으로 접하는 바다는 후카투까지입니다.

오키나와는 전쟁으로 전부 불타고 파괴되었습니다. 밭에는 불타버린 사탕수수와 캐

18_ 오키나와본도 중부에 위치한 시이다. 2005년 4월에 인접한 이시카와 시, 나카가미 군(中頭郡) 가쓰렌 정(勝連町)・요나시로 정(與那城町)과 합병하여 우루마 시(ɔるま市)가 되면서 소멸하였다. 현재 우루마 시의 중심부에 해당한다.

다만 작은 고구마 밖에 남아있지 않았습니다. 돼지도 타고, 산양도 탔습니다. 전후 오키나와 사람들의 생명을 구해준 것, 그것은 바다였습니다.

2월 말경부터는 바닥이 드러난 산호초 위에서 '아사ㄱ一サ(홀잎 풀)'라는 바다 김을 채취할 수 있습니다. 이것을 재료로 하여 '아사국'이라는 된장국을 만들어 먹었습니다. 또 '아사'는 건조시켜서 오래 보존하였습니다. 현재는 '아사'를 튀김으로 만들어 먹는 사람도 늘고 있습니다.

음력 3월 3일의 하마오리浜下り 행사 후부터는 본격적으로 바닷물 속에 들어가 조개나 큰실말[19]을 채취합니다. 나의 어머니는 일주일에 한 번씩 물이 얕은 이노의 멀리까지 가서 조개와 큰실말을 따왔습니다. 이노는 '바다의 밭'이라는 느낌이 강해서 모두에게 친숙하였습니다. 또 어머니는 간만의 차가 커져서 이노 주변이 매우 얕아지면 앞바다의 암초 있는 곳까지 걸어가서 호미로 산호초를 쪼개고 거거조개를 곧잘 잡아오셨습니다. 이노의 모래를 파면 대합 같은 커다란 쌍각류 조개를 잡을 수 있었습니다.

어머니는 나이가 든 후에도 바다에 나가는 것을 좋아했습니다. 천연 큰실말은 일 년 분을 채취하여 소금에 절여 보존하였습니다. 그래도 남는 것은 시집을 간 누이들과 친척들에게 나눠주었습니다. 그리고 가끔 꺼내서 초무침 등으로 만들어 먹었습니다. 이렇게 조개나 해조를 채취하는 것은 주로 어머니와 누이들의 일거리였습니다.

6월의 소만小滿,[20] 망종芒種[21] 시기가 되면 바다거북이 산란을 위해 모래톱으로 올라옵니다. 아버지는 가능한 한 아침 일찍 일어나 모래톱으로 가 바다거북의 알을 찾아서 캐왔습니다. 바다거북의 알은 탁구 공 정도의 크기이며, 구워서 먹었습니다. 달걀은 귀중한 것이어서 평소는 아버지만 먹을 권리를 가졌습니다. 아버지 이외에는 병에 걸렸을 때나 소풍 갈 때 등의 특별한 날밖에 먹을 수 없었습니다. 따라서 알을 구워서 먹을 수 있는 사치는 바다거북의 알을 찾았을 때뿐이었습니다. 초등학생 때는 담임선생님께

19_ 일본어로는 모즈쿠(モズク)라고 한다. 최근 일본에서 웰빙 식품으로 인기 있는 큰실말은 오키나와의 대표적인 해조류이다. 오키나와의 각지에서 큰실말의 양식이 활발하며 유통량의 90%가 오키나와산이다. 초간장과 함께 먹는 것이 일반적이지만, 튀김이나 된장국에 넣어서 먹기도 한다.

20_ 24절기의 하나이다. 입하(立夏)와 망종(芒種) 사이에 들며, 만물이 충만하여 초목의 줄기와 잎이 무성해지는 시기이다. 양력으로는 5월 21일경이다.

21_ 24절기의 하나이다. 소만(小滿)과 하지(夏至) 사이에 들며, 이맘때가 되면 보리는 익고 모를 심는다. 6월 5일~6일 무렵이다.

도 드렸습니다. 현재 바다거북은 천연기념물로 보호받기 때문에 함부로 그 알을 잡을 수 없습니다.

태풍 시즌이 지나고 가을에서 초겨울 무렵이 되면 어머니들은 '고기잡이'에 나섰습니다. 밤바다에서 석유램프의 고기잡이불에 의지하여 문어나 잔새우, 조개 등을 잡습니다. 나도 가끔 따라 갔습니다. 고기잡이불을 향해 튀어 오르면서 다가오는 잔새우를 삼각형 그물로 건져 올리는 것은 매우 즐거운 일이었습니다. 또 그 잔새우로 만든 튀김은 정말 맛있었습니다.

겨울 바다에서는 '디나자ティナジャー[22]'라고 부르는 조개를 많이 잡을 수 있었습니다. 어머니와 누이들은 '신메나비シンメーナービ'라고 부르는 큰 냄비를 가득 채울 정도로 이 조개를 대량 잡아왔습니다. 이러한 조개류는 바닷물을 넣어 끓였습니다. 그러면 조개류는 껍질에서 조금씩 살을 내민 상태로 삶아지므로 조갯살이 쉽게 빠집니다. 그래도 큰 냄비 가득한 조개의 살을 빼는 작업은 시간이 많이 걸리는 일이었습니다. 이 조개와 문어와 무즙을 섞은 초무침은 설의 주된 요리였습니다.

어머니는 두부를 잘 만들었습니다. 두부의 원료가 되는 콩은 우리 밭에서 수확하였습니다. 간수[23]로 넣는 바닷물을 떠오는 일은 형과 나의 역할이었습니다. 어머니는 그 두부를 팔아 우리들의 학용품을 사주었습니다.

오키나와의 해안 마을에서는 저녁이 되면 할머니들이 바닷가로 나와서 시원한 바람을 쐬며 바다를 바라보는 모습을 자주 볼 수 있습니다. 아마도 서로의 정보를 교환하면서 바다에서의 고기잡이나 해산물을 채취하는 상상을 즐기고 있는 것이겠지요.

전도全島 투쟁

전후 오키나와의 역사에서 '전도 투쟁'이라고 부르는 투쟁이 네 차례나 있었습니다.

22_ 고둥・소라・우렁이처럼 껍질이 나선형으로 둘둘 말린 조개를 말하며, 학명은 'Strombus luhuanus'이다.
23_ 소금을 석출할 때 남는 모액(母液)이다. 옛날부터 두부를 만들 때 응고제로 이용되었으며, 현재는 무기약품의 중요한 자원으로 이용하고 있다.

'전도 투쟁'이란 말 그대로 아이부터 어른까지 오키나와의 모든 사람들이 참가하는 투쟁이라는 의미입니다. 설령 사정이 있어서 직접은 참가할 수 없어도 온 섬사람들이 어떤 형태로든 참가하는 투쟁입니다.

『오키나와대백과사전沖縄大百科事典』(沖縄タイムス社, 1983)[24]-에서는 최초의 '전도 투쟁'을 "1956년 5월의 가격권고 발표를 계기로 오키나와 전역에 폭발적인 기세로 번졌던 대중운동"이라고 설명하고 있습니다. 직접적인 계기는 미군에 의한 군용지 접수문제였습니다.

오키나와 사람들은 미군정부 지배에 대해 군용지사용료의 '일괄지불 반대', 군용지의 '신규접수 반대'를 내세우며 군용지 소유자뿐 아니라 교육단체와 복지단체를 포함하는 광범위한 대중운동을 펼쳐나갔습니다.

이 섬 전체의 토지투쟁은 1958년에 타협을 보았지만, 오키나와 사람들은 절대적 권력을 갖고 있던 미군에 저항하여 그 정책을 변경시켰다는 큰 자신감과 자부심을 가질 수 있었습니다. 당시 초등학교 2, 3학년생이었던 나도 아버지와 형들과 함께 몇 차례 연설회를 들으러 갔던 일을 기억합니다.

두 번째의 섬 전체 투쟁은 1960년대부터 시작된 '조국복귀운동'이었습니다. 이 운동은 교직원회가 중심이 되어 '이민족지배 반대'와 '일본복귀'를 결집 축으로 한 대중운동이었습니다. 일본정부의 요인이 오면 초등·중학생들에게 작은 일장기를 만들어 연도에 늘어서서 환영하도록 하였습니다. 중학생의 이야기대회, 고등학생의 웅변대회에서는 '일본복귀를 주장한다'라는 연설 제목이 늘었습니다. 고등학생이 되자, 조국복귀운동에 대한 학급토론회 등도 열렸습니다. 또 나하 시那覇市에서 대중 집회나 데모가 있으면 각 고등학교의 학생회가 중심이 되어 2, 3백 명의 학생들이 교복 차림으로 참가하였습니다. 나도 고등학교 1학년 때부터 오키나와현조국복귀협의회(복귀협)에서 주최하는 집회와 데모에 참가하게 되었습니다.

세 번째 전도 투쟁은 1971년에 두 차례의 총파업으로 폭발하였습니다. 이러한 총파업은 복귀운동의 연장이라는 측면도 있지만, 일본 역사 속에서 두 차례나 총파업을 결

24_ 1983년에 오키나와타임즈사가 창간 35주년 기념으로 간행한 오키나와 최초의 대백과사전이다. 상·중·하 3권 및 별권 1권으로 이루어졌으며, 약 1만 7천 항목을 수록하였다.

행한 곳은 오키나와뿐이므로 특필할 만하다고 생각합니다.

첫 총파업은 5월 19일에 '미일공동성명(사토佐藤·닉슨 공동성명)[25]- 노선에 의한 오키나와 반환협정 분쇄, 완전복귀'를 요구하며 일어났습니다. 이 총파업에는 30개 노동조합에 속한 약 6만 8천 명이 파업에 들어가고, 복귀협 가맹단체의 약 10만 명이 참가했다고 합니다. 총파업이니만큼 노선버스는 운행을 멈추고, 초등학교 241개교, 중학교 155개교, 고등학교 38개교, 그리고 대학 5개교가 휴교하였습니다. 그날 저녁부터 나하 시에 있는 요기與儀 공원에서 열렸던 현민총결기중앙대회縣民總決起中央大會에서는 '반환협정 분쇄, 반反 기지·반 안보' 입장을 명확하게 밝혔습니다.

이어서 두 번째 총파업은 11월 10일에 행해졌습니다. 이 총파업에서도 '오키나와 반환협정 분쇄, 즉시 무조건 전면반환'을 요구하였습니다. 파업으로 결기한 노동자는 약 7만 명, 농어민이 3만 2천 명, 합계 10만 2천 명이 참가하였습니다. 이번에도 전 오키나와의 초·중·고교와 대학교가 휴교하였습니다. 버스와 택시도 운행을 쉬었고, 소매업인 횟집까지 휴업을 하며 참가했다고 합니다. 오후 2시부터 나하 시 요기공원에서 열린 '오키나와 반환협정 비준에 반대하고 완전복귀를 요구하는 현민대회'에는 6만 명이 결집하였습니다. 이 두 차례의 총파업을 체험함으로써 전도 투쟁의 경험이 점점 더 쌓여갔습니다. 오키나와 사람들은 아이부터 어른까지 연대하여 사회변혁을 위해 궐기해가는 방법을 배워갔던 것입니다.

그리고 네 번째 전도 투쟁이 1995년에 일어났습니다. 10월 21일에 기노완 시宜野灣市[26]-에서 열린 '미군병에 의한 소녀폭행사건을 규탄하고 미일 지위협정의 검토를 요구하는 오키나와현민 총결기대회'에는 보수·혁신 당파를 초월하여 8만 5천 명(주최자 발표)이 참가하였습니다. 이에 미야코 군宮古郡 대회와 야에야마 군八重山郡 대회를 더하면 약 9만 명이 참가한 셈입니다. 또 고맙게도 류큐호琉球弧에 속한 아마미제도奄美諸島에서

25_ 1969년 닉슨 미국 대통령은 '아시아는 아시아인 손으로'라는 유명한 '닉슨 독트린'을 발표하였다. 이어 닉슨과 사토 에이사쿠(佐藤榮作) 일본 총리는 한국의 안전이 일본 자체의 안전에 긴요하다는 '한국 조항'과 함께 오키나와의 일본반환을 협의하는 공동성명을 발표하였다.

26_ 오키나와본도 중남부의 중앙, 나하 시에서 북동쪽으로 약 10km의 거리에 위치한 시이다. 시의 캐치프레이즈는 '네타테의 도시 기노완(ねたての都市ぎのわん)'이며, 시 홍보지의 제목으로도 되어 있다. '네타테(ねたて)'란 『오모로소시(おもろさうし)』에도 나오는 말로, '사물의 근원', '공동체의 중심'을 의미한다.

는 천 명 이상이 모인 연대집회가 열렸습니다.

말할 것도 없이 이 현민대회는 전후 50년째인 9월 4일 밤, 오키나와본도沖繩本島 북부에서 초등학교 여학생이 미군 세 명에게 폭행당한 사건을 규탄하기 위해 개최된 것입니다. 신속하게 궐기한 쪽은 여성단체의 풀뿌리운동이었습니다.

이 현민대회에는 당시의 오타 마사히데大田昌秀[27]- 현지사와 가카즈치 겐嘉數知賢[28]- 현의회 의장이 앞장서 참가하였습니다. 당시 나는 현립후텐마고등학교縣立普天間高等學校의 교사였습니다. 교장은 직원조회에서 다음과 같이 말하였습니다.

"저는 평소 선생님들이 훌륭한 교육이념을 갖고 열심히 교육실천을 하고 있는 점을 존경하고 있습니다. 그러나 자신이 가르치는 아이의 신변이 위험에 처하며 인간으로서의 존엄성을 빼앗기려는 때에 제자들을 지키기 위해 우선적으로 궐기하지 않는 교사를 저는 신뢰하지 못하겠습니다." 이를 계기로 전교의 교사들이 분기하였습니다. 학생회는 "모두 함께 가자, 생각하자."라는 전단지를 만들어 전교생들에게 나눠주었습니다. 나는 고등학생 대표로 인사말을 하게 된 나카무라 스가코仲村清子 양의 지도를 지시받았습니다. 그리고 당일 후텐마고등학교는 교직원은 물론, 그 가족과 야구부 및 축구부 등 유니폼 차림의 학생들을 중심으로 수백 명이 현민대회에 참가했던 것입니다. 이와 같은 대응의 축적이 전도 투쟁입니다.

오키나와에서는 현재, 미군기지에 대한 전 현민적 투쟁이 펼쳐지고 있습니다. 그 투쟁은 다음에 전개될 전도 투쟁을 예감하게 만듭니다.

27_ 1925~ . 오키나와 시마지리 군(島尻郡) 출신의 정치가·사회학자이다. 와세다대학(早稻田大學)을 졸업했으며, 오키나와 현지사와 사회민주당참의원의원을 역임하였다. 현지사 역임 시에는 기지 축소를 주장했으며, 오키나와 전후사, 오키나와 사회 연구, 미군의 오키나와 통치관계 공문서 연구에 노력하였다. 현재 류큐대학 명예교수 및 특정비영리활동법인 오키나와국제평화연구소 이사장이다. 『오키나와의 정신(沖縄のこころ)』, 『근대 오키나와의 정치구조(近代沖縄の政治構造)』 등의 저작이 있다.

28_ 1941~ . 오키나와 현 나고 시(名護市) 출신의 정치가이다. 1966년에 와세다대학을 졸업하고 1980년, 오키나와 현의회 의원으로 당선되어 5기(期)를 역임하였다. 1994년에는 현의회의장으로 취임하였다. 1996년 자유민주당 소속으로 첫 당선되어 중의원 의원을 4회 지냈으며, 방위청장관정무관 및 내각부대신정무관을 역임하였다. 2005년에는 제3차 고이즈미(小泉) 개조내각의 내각부부대신으로 취임했지만, 2009년의 제45회 중의원의원총선거에서는 낙선하였다.

선거와 주민운동

계절에서 벗어난 화제가 이어집니다만, 오키나와의 정치와 주민운동에 대해서 좀 더 언급하고자 합니다. 연중행사를 좇아가는 것만으로는 '오키나와의 생활'을 전부 표현할 수 없기 때문입니다.

오키나와는 주민의 정치의식이 높고 의회선거에 대한 투표율도 높다는 점에서 주목받아 왔습니다. 이에는 오키나와의 독특한 역사적 배경이 있다고 생각합니다. 그것은 간단히 말하면 미국·일본 정부에 의한 식민지적 지배와 차별구조에 대항하여 자치, 참정권을 요구하는 오키나와 주민의 끈기 있고 오랜 투쟁의 산물이라는 것입니다.

주지하는 바와 같이 오키나와 현민에게는 1970년까지 본토 국민과 동등한 참정권이 없었습니다. 특히 오키나와의 여성들에게는 메이지明治 이후부터 1970년까지 일본 국정에의 참정권이 전혀 없었습니다.

메이지정부는 1879년의 류큐처분琉球處分 후에도 구관온존정책舊慣溫存政策[29]-을 취하며 오키나와 현민의 참정권을 인정하지 않았습니다. 초대 오키나와 현령縣令 나베시마 나오요시鍋島直彬[30]-를 비롯하여 오키나와지상전 때의 마지막 현지사縣知事 시마다 아키라島田叡[31]-까지 역대 지사는 모두 임명제였으며, 본토 출신의 다른 지역 사람들이 차지해왔습니다. 일본 제국의회日本帝國議會[32]-의 개설에 따라 1890년에 시행된 중의원衆議

29_ 일본이 1879년부터 1903년까지 오키나와 현에 대해 취했던 통치방침이다. 1879년 류큐처분에 의해 오키나와 현을 설치한 일본정부는 당초 1885년까지 본토와 같은 정령(政令) 시행을 계획했다고 한다. 그러나 류큐처분으로 특권을 빼앗긴 사족층의 불만은 커서 사족 주도의 반정부활동이 발발하였다. 이른바 류큐귀속문제에서는 1880년에 청국 측에 제안한 사키시마제도(先島諸島)의 분할안이 청으로의 망명자를 급증시켰다. 또 1881년의 정변으로 정권의 기반이 크게 흔들리게 되면서 현상유지로써 왕족·사족의 불만을 누르고자 류큐왕국 이래의 세제, 지방제도가 지속되었다.

30_ 1844~1915. 막부(幕府) 말기에서 다이쇼(大正) 시대에 걸친 다이묘(大名)·화족이다. 1848년, 현재의 사가 현(佐賀縣) 북부에 해당하는 히젠(肥前) 가시마 번(鹿島蕃)의 11대 번주가 되었으며, 1863년에는 교토에 가서 공무합체를 진언하였다. 메이지유신(明治維新) 후는 자작(子爵) 신분으로 초대 오키나와 현령 및 귀족원 의원을 역임했으며, 학교를 세워 육영사업에도 힘썼다.

31_ 1901~1945. 효고 현(兵庫縣)에서 출생하여 도쿄제국대학을 졸업하였다. 1925년 내무성에 들어가 경찰 관료로서 도쿠시마 현(德島縣)·나가사키 현(長崎縣) 등에 부임했으며, 1945년에 오키나와 현지사가 되었다. 미군 상륙에 맞춰 부녀자의 소개(疏開)와 식량 확보에 힘쓰다가 6월 오키나와본도의 마부니(摩文仁) 언덕 부근에서 45세로 전사하였다. 1951년, 현민들의 기부에 의해 이토만 시(絲滿市) 마부니 언덕에 시마다 아키라를 비롯하여 사망한 현 직원 453명의 위령비로서 '섬 수호탑(島守の塔)'이 세워졌다.

院[33]-의원선거법도 오키나와와 홋카이도北海道 및 오가사하라제도小笠原諸島[34]-에는 적용되지 않았습니다.

이에 대해 고친다 정東風平町[35]- 출신인 자하나 노보루謝花昇[36]-가 1898년경부터 자치권·참정권획득운동을 개시하였습니다. 자하나 노보루는 도야마 규조當山久三[37]- 등의 유지들과 함께 '오키나와클럽'을 결성하여 중의원 의원선거법을 오키나와 현에도 적용하도록 요구하는 운동을 전개하였습니다. 그러나 운동은 좀처럼 잘 진행되지 않았고, 자하나노보루는 결국 실의에 빠져 정신이상으로 죽었습니다. 자하나 노보루는 '오키나와자유민권운동의 지도자'로 평가받고 있습니다.

이윽고 오키나와 현에 중의원 의원선거법이 적용된 것은 1912년입니다. 그러나 그 내용은 정원 4, 5명이라는 원래 규정에 비해 2명뿐이고, 게다가 미야코宮古와 야에야마八重山는 제외한다는 차별적 시행이었습니다. 미야코와 야에야마에 참정권이 주어진 것은 그로부터 7년 후인 1919년의 일입니다. 그 때도 여성에게는 참정권이 없었습니다.

전후가 되자, 오키나와는 미군정부 지배인 채로 일본 본토와 분리되어 일본국헌법을

32_ 1889년에 발포한 일본제국헌법에 따라 설치한 일본의 국회이다. 1890년 11월 29일에 제1회 국회가 열린 뒤, 1947년 3월 31일의 제92회 국회까지 존속하였다.

33_ 일본의 국회를 구성하는 양원 중의 하나로 하원에 해당한다. 일본제국헌법이 시행되었을 때에는 귀족원과 함께 제국의회를 구성했으며, 일본국헌법이 시행되고부터는 참의원과 함께 국회를 구성하고 있다.

34_ 도쿄 도(東京都)의 남남동 약 1,000km의 태평양상에 있는 30여개의 섬들이다. 미나미토리시마(南鳥島), 오키노토리시마(沖ノ鳥島)를 제외하고 이즈(伊豆)·오가사와라·마리아마토코(マリアナ島弧)의 일부를 이룬다.

35_ 오키나와본도 남부에 있었던 정(町)이다. 오키나와 현에서는 드물게 바다에 면하지 않는 자치체였다. 하에바루 정(南風原町), 오자토 촌(大里村), 구시카미 촌(具志頭村)과의 합병을 기획하였지만, 의견 일치를 보지 못하여 합병협의회는 2004년 9월에 해산되었다. 2006년 1월에 구시카미 촌과 합병하여 야에세 정(八重瀬町)이 되었다.

36_ 1865~1908. 오키나와 고친다 마기리(東風平間切) 출신의 사회운동가이다. 1882년에 제1회 현비(縣費) 유학생으로 상경하여 도쿄제국대학 농과대학에서 공부하였다. 졸업 후에 기사로서 오키나와 현청에 들어가 오키나와의 농정개혁에 노력했으나, 지사로 부임한 나라하라 시게루(奈良原繁)와 대립하여 1898년에 퇴직하였다. 1899년부터 도야마 규조(當山久三) 등과 '오키나와클럽'을 결성하여 현정(縣政) 비판, 토지정리문제, 참정권획득의 세 가지를 중심으로 활동을 전개했지만, 농공은행의 임원 선거에서 패하고 좌절하였다. 1901년, 새 임지인 야마구치 현(山口縣)으로 향하던 도중 고베(神戸)역에서 발광하여 이후 회복되지 못하고 1908년에 43세로 사망하였다.

37_ 1868~1910. 오키나와 현 긴 정(金武町) 출신의 정치가·사회운동가·교육자이다. 오키나와 현에서 해외집단이민사업의 주도자로서 알려지며 '오키나와 이민의 아버지'라 칭해진다. 1909년, 오키나와 현에서 최초로 행해진 현의회의원의 선거에 구니가미 군(國頭郡)에서 입후보하여 톱으로 당선되었다. 그러나 이 무렵부터 병약해져 1910년, 기대되었던 정치수완을 발휘해보지 못하고 향년 43세로 사망하였다

비롯한 일본 법률이 적용되지 않았습니다. 류큐정부의 행정주석은 미군 고등변무관이 임명하였습니다. 그 역사적 과정에 대해서는 오타 마사히데가 저서『오키나와의 제왕 고등변무관沖繩の帝王 高等辨務官』(朝日文庫, 1996)을 통해 상세히 분석하고 있습니다.

오키나와 주민들은 1950년대 후반부터 류큐정부 주석공선요구운동을 전개하며 각종 참정권획득과 자치권확대투쟁에 임하였습니다. 그리고 1968년에 마침내 주석공선을 실현하여 역사상 처음으로 자신들의 수장을 직접선거로 선출하였습니다.

1970년에는 전후 첫 국정선거가 실시되었습니다. 그러나 나는 당시 이 국정참가선거에 대해 거부운동을 전개하고 있던 아라카와 아키라新川明와 가와미쓰 신이치川滿信一를 중심으로 한 '반 복귀파'의 운동에 공명하고 있었습니다. 나는 현재도 오키나와에서 선출한 의원을 일본의 국회로 내보내는 일에 큰 기대를 하지 않습니다. 일본 국회에 십수 명의 오키나와 대표를 보내도 현재의 제도 하에서는 다수결에 따라 오키나와 고유의 이익이 부결되기 때문입니다. 예를 들면 '미군용지특별조치법'[38]의 개악改惡이 어이없게도 국회의원의 90퍼센트 가까운 다수 찬성으로 가결되어버린 일도 있었습니다. 1996년의 일이며, 오키나와에만 미군기지를 강요하는 오키나와 차별의 전형적인 사례였습니다.

그래서 나는 일본복귀 후의 운동에서는 지역주민투쟁에 힘을 기울여 왔습니다. 무엇보다도 지역주민의 자치·자립능력을 높이는 일이 중요하다고 생각했기 때문입니다. 주요 운동으로는 1972년부터의 마쓰나가 마사루松永優 재판지원운동,[39] 1973년부터의

38_ 주류군용지특조법(駐留軍用地特措法)은 미일안보조약에 의거하여 재일미군기지에 토지를 제공하기 위해 제정한 특별조치법이다. 정식명칭은 '일본국과 미합중국 간의 상호협력 및 안전보장조약 제6조에 의거하는 시설 및 구역과 일본국에서의 합중국군대의 지위에 관한 협정 실시에 따른 토지 등의 사용 등에 관한 특별조치법'이다. 1996년이 되자, 미군기지의 토지 중 사용기한이 만료되어 불법점거가 된 토지가 나타났고 해당 지주들은 즉시반환을 요구하였다. 이에 일본 정부는 사용을 계속하기 위한 개정안을 내놓았다. 미군기지의 지주가 계약기간 만료 후의 갱신을 거부할 경우에도 수용위원회의 심리 중에는 보상을 함으로써 '잠정사용'을 계속할 수 있으며, 위원회가 사용을 각하해도 방위시설국장이 심사청구를 하는 동안은 계속 사용할 수 있게 하였다. 더구나 부칙으로 사용기한이 만료된 토지에 대해서도 개정안을 소급 적용하여 토지 양도를 하지 않아도 되도록 하였다. 또 새로운 토지를 사용하기 위한 규정을 만들어 수용위원회가 각하재결을 출원한 경우, 수상의 권한으로 사용할 수 있게 하였다. 이리하여 반전지주와 수용위원회를 무력화하고 토지를 영구히 빌릴 수 있도록 하는 것이었다. 이 개정안에 대해 오키나와 현에서는 격렬한 반대운동이 일어났지만, 본토에서의 관심은 미미하였다.

39_ 1971년 11월 10일에 미군 점령 하의 오키나와 우라소에 시(浦添市)에서 반환협정에 반대하는 시위행진 중에 경비를 하던 경찰관이 살해당하는 사건이 발생하였다. 이때 범인으로 지목된 마쓰나가 마사루의

긴 만金武灣을 지키는 반 CTS투쟁[40]-이 있습니다. 또 1980년에는 류큐호의 주민운동 교류합숙,[41]- 1982년부터 한평반전지주회一坪反戰地主會운동, 1987년부터는 야에야마 시라호白保의 바다와 생활을 지키는 운동에 참가하고 있습니다. 그리고 현재는 나고 시名護市 헤노코邊野古의 바다를 지키는 운동[42]-을 이어가고 있습니다. 나뿐 아니라 많은 사람들이 주변의 문제를 떠안고 주민운동에 관여하고 있습니다.

그러나 최근에는 선거를 싫어하는 나도 선거운동에 관여하지 않을 수 없게 되었습니다. 주위의 친구들과 동료들이 시정촌市町村 의원이나 지자체장, 나아가서는 현회의원 또는 국회의원으로 추천되어 입후보하는 예가 늘고 있기 때문입니다. 나는 류큐호의 자립·독립을 지향하고 있으므로 일본의 기성 정당 중에 지지하는 정당은 없으며, 기본적으로는 무소속, 무당파의 친구나 동료를 응원하고 있습니다.

오키나와의 각종 선거에서 무시할 수 없는 것은 '향우회'의 응원입니다. 향우회의 선거운동은 좋고 나쁘고를 떠나 보수도 혁신도 없습니다. 오로지 자신들의 마을이나 지역 출신자 후보를 응원합니다. 수많은 향우회 중에서도 미야코 지구 향우회와 구니가미國頭 지구[43]- 향우회의 결속력은 유명합니다.

또 일본 본토에는 없는 '전 야당 공동투쟁'의 성립도 오키나와 선거만의 특징일 것입니다. 이 선거 협력의 독자적인 역사적 전개는 전후 오키나와의 '혁신공투회의革新共鬪

무죄를 지원했던 운동이다.

40_ 긴 만은 오키나와본도 중북부의 태평양에 면한 110km² 면적의 만이다. 1970년대 오키나와 복귀 전후, 주변의 요카쓰반도(與勝半島)와 요카쓰제도를 연결하는 해중도로 및 긴 만 매립지에 원유저장기지(Central Transportation System)를 건설하는 일에 반대하며 '긴 만을 지키는 모임(金武灣を守る會)'이라는 시민조직이 결성되어 공해반대운동을 전개하였다.

41_ 1979~80년대, '긴 만을 지키는 모임' 운동 중에 시작된 '류큐호의 주민운동 교류합숙'은 '가로막는 바다를 연결하는 바다로(隔ての海を結びの海へ)'를 슬로건으로 내세우며 긴 만의 반 CTS투쟁을 비롯하여 각 섬·마을의 다양한 과제를 공유하였다.

42_ 오키나와본도 북부 동해안에 위치한 헤노코에는 미군 캠프 슈와브(Camp Schwab) 기지가 위치한다. 기노완 시에 있는 후텐마(普天間)비행장의 이전 후보지로도 알려져 있다. 자민당의 전폭적 지원을 받는 현직 나카이마 히로카즈(仲井眞弘多) 지사는 "시가지에 둘러싸인 후텐마보다 헤노코의 안전성이 훨씬 높다."라고 주장하며 헤노코로의 이전을 위한 부지 매립안을 2013년에 승인했지만 현재도 미해결인 상태로 이전 문제가 지속되고 있다.

43_ 오키나와본도 및 주변 낙도의 북동지역이다. 중심도시는 나고 시(名護市)이며, 본도에 비교적 가까이 있는 이에 촌(伊江村)·이헤야 촌(伊平屋村)·이제나 촌(伊是名村)을 포함한다. 오키나와본도는 전체적으로 구니가미·나카가미(中頭)·시마지리(島尻)로 삼분된다.

會議'[44]- 방식 전통에 뿌리내리고 있다고 생각합니다. 이 때, 일본에서 유일한 토착정당이라고 하는 오키나와사회대중당[45]-의 역할도 간과할 수 없을 것입니다.

선거운동은 몇 번을 해도 좋아지지가 않습니다. 그러나 주민운동 및 대중운동과 함께 투쟁하는 의원은 많을수록 좋을 것입니다. 그래서 의회 안에서의 투쟁과 의회 밖에서의 대중운동이 자동차의 양 바퀴처럼 연동하지 않으면 정치의 활성화나 사회 변혁은 없다고 생각합니다. 현재의 일본 정치가들은 이 원점을 잊고 있는 것이 아닐까요.

어느 사진작가

내 책상 앞 책장에 나카히라 다쿠마中平卓馬[46]-의 영상논집 『왜 식물도감인가なぜ、植物圖鑑か』[47]-가 있습니다. 이 도감에는 1973년 3월 1일 날짜로 저자의 증정 사인이 들어 있습니다. 그 해에 만난 우리들의 친교는 30여 년이 지난 현재까지 이어지고 있습니다.

나카히라 다쿠마는 1973년에 마쓰나가 마사루 재판 지원을 위해 처음으로 오키나와를 방문하였습니다. 마쓰나가 마사루 재판이란 1971년의 11·10 총파업에서 데모의 경비를 맡았던 류큐정부의 경찰관이 살해당한 후, 마쓰나가 마사루가 그 살인범으로 조작된 사건에 대한 재판이었습니다. 이 재판에서 유일하다고 할 만한 검찰 측 주요 증거가 『요미우리신문讀賣新聞』[48]-에 게재된 두 장의 사진이었습니다.

44_ 1968년의 3대 선거(주석 선거, 입법원 선거, 나하 시장 선거) 때에 결성된 혁신공투회의의 모체가 된 것은 오키나와 현 조국복귀협의회이다. 혁신공투체제는 복귀운동의 하나의 도달점임과 동시에 복귀운동이 복귀 후의 오키나와에 남긴 하나의 유산이었다고 할 수 있다.

45_ 1950년 10월 31일에 오키나와제도의 지사였던 다이라 다쓰오(平良辰雄)가 중심이 되어 결성한 오키나와 현의 지역 정당으로, 약칭은 사대당(社大党)이다. 전쟁 전에 일본에 존재했던 사회대중당과는 약칭이 같지만, 별개이다.

46_ 1938~ . 사진작가·사진평론가이다. 1970년에 발표한 사진집 『와야 할 언어를 위해(来たるべき言葉のために)』까지는 모리야마 다이도(森山大道)와 함께 '아레 부레 보케(アレ ブレ ボケ)' 작풍으로 알려졌지만, 1973년에 발표한 『왜 식물도감인가(なぜ、植物圖鑑か)』에서는 일전하여 '아레 부레 보케' 작풍을 부정하고 촬영인의 정서를 차단한 카탈로그 사진이나 도감사진 같은 사진을 지향하였다.

47_ 나카히라 다쿠마의 영상·사진평론집이다. 1973년에 쇼분샤(晶文社)에서 간행되었다. 1960년대 후반에서 1970년대 전반의 일본 사진평론을 말할 때에 빠트릴 수 없는 평론집이다.

검찰 측은 촬영 시간마저 다른 사진 두 장이 마쓰나가 마사루가 경찰관을 발로 차서 죽인 증거라고 주장하였습니다. 그러나 그 때 마쓰나가 마사루는 발로 불을 꺼서 경찰관을 도우려 했던 것입니다. 나카히라는 사진가로서 "한 장의 사진이 그것만으로 객관적 증거가 될 수 있는가?"라며 문제제기를 하고, 『미술수첩美術手帖』[49]과 『아사히저널朝日ジャーナル』[50] 등에서 논진을 펴며 검찰 측의 주장을 무력화 시켜갔습니다. 본토와 오키나와에서 지원운동이 확산되며, 마쓰나가 마사루는 무죄 판결을 받고 재판은 승리하였습니다.

나와 나카히라는 그 운동을 함께 하였습니다. 우리는 사상과 예술에 대해서 함께 토론했습니다. 당시의 나카히라는 내게 있어서 이론적인 지도자였습니다. 나카히라는 나에게 흑인 사상가 프란츠 파농Frantz Omar Fanon의 저서를 읽도록 권하며 자신이 갖고 있던 『검은 피부 하얀 가면』(みすず書房, 1968)[51]을 선물해 주었습니다. 그 책에는 나카히라가 써놓은 메모가 가득하였습니다.

한편, 이 30여 년 동안 나카히라 다쿠마가 사진작가로서 맞이한 전환점에는 류큐호의 풍토와 역사 및 문화가 큰 영향을 끼쳤다고 생각합니다. 나카히라는 오키나와에 첫 방문을 하기 전에 그 때까지 자신의 사진 방법이었던 아레 부레 보케アレ ブレ ボケ[52]방법을 부정하고 '식물도감과 같은 사진 찍기'를 선언하였습니다.

그리고 여러 차례의 오키나와 방문으로 '육안 리플렉스카메라肉眼 reflex camera[53]'라는

48_ 일본의 대표적인 신문 중 하나로, 1874년에 창간되었다. 일본ABC협회의 조사에 의하면 2014년 상반기의 판매부수는 조간이 약 956만부, 석간이 약 321만부로, 상업신문으로서는 세계 최대의 발행부수를 지니고 있다.

49_ 미술출판사(美術出版社)에서 간행되고 있는 월간 미술지이며, 애칭은 'BT'이다. 1948년에 창간되어 근현대미술을 중심으로 국내외의 미술동향을 소개해 왔다. 각 호마다의 특집 외에 해외뉴스, 전람회 안내 등도 게재하였다. 『BT연감 2006』 이후 휴간되었다.

50_ 1959년에 창간되어 1992년에 폐간된 주간지이다. 당시 발행처는 아사히신문사(朝日新聞社)였다. 2009년에 창간 50주년을 기념하여 아사히신문출판에서 『분노의 부활(怒りの復活)』이라는 제목으로 『주간 아사히(週刊朝日)』 긴급 증간호로서 복간되었으며, 발행부수는 5만부였다.

51_ 탈식민주의 논의의 출발점이자 인종주의 심리학의 전범이 된 책이다. '거대한 심리적·존재론적 열등감'의 노예로 전락한 아프리카와 서인도제도 흑인들의 모습을 예리하게 관찰하여 정체성 자각과 정신적 해방을 모색하였다.

52_ '아레 부레 보케'는 '거친 화면, 손의 떨림이나 피사체의 흔들림, 핀트가 벗어난' 이라는 뜻으로서 1960, 70년대의 사진 작품 중 하나이다. 일상 풍경 중에 있는 리얼리티야말로 사진의 본질적 자세라고 보며, 그 점을 가장 구체적이고 설득력 있는 표현으로 제시한 방법론이었다.

방법의식을 확립하였습니다. 그 선언서가 된 것이 1974년 9월 9일 호의『일본독서신문
日本讀書新聞』에 게재된 '나의 육안 리플렉스카메라 1974・오키나와・여름ゎが肉眼レフ
1974・沖繩・夏'이었습니다. 나카히라는 "1974년 여름, 나의 일안一眼 리플렉스카메라가
아닌 육안 리플렉스카메라는 과연 오키나와의 무엇을 포착했는가?"라며 자신을 향해
문제를 제기하였습니다.

　나카히라는 그 해 1월과 8월에 정력적으로 오키나와를 취재하여 그 성과를 급진적인
문장과 사진으로『아사히저널』의 '해체열도解體列島' 시리즈에 발표해 나갔습니다. 그
사진들은 이미지가 더욱 강렬해지고 사상은 첨예화되었습니다. 나는 그를 자가용으로
안내하면서 취재과정을 주시하였습니다. 나카히라는 끝까지 자신의 육안 리플렉스카
메라로 현실의 총체를 응시하고 수용하며 촬영하고자 노력했다고 생각합니다.

　나카히라는 1975년부터 취재범위를 아마미제도로 확대하였습니다. 시마오 도시오島
尾敏雄[54]의 '야포네시아론ヤポネシア論'[55] 및 구로다 기오黑田喜夫[56]에 의한 도호쿠東北 민

53_　촬영 렌즈가 파인더용 렌즈를 겸한 카메라를 리플렉스카메라라고 한다.

54_　1917~1986. 가나가와 현(神奈川縣) 출신의 소설가이다. 규슈제국대학(九州帝國大學)을 졸업하고 해군특
　　공대 지휘관으로서 아마미(奄美)에서 종전을 맞이하였다. 그 전쟁 체험을 그린『출호도기(出弧島記)』와
　　『출발은 끝내 오지 않고(出發は遂に訪れず)』, 인간의 본질을 탐색한『꿈 속에서의 일상(夢の中での日常)』
　　등으로 새로운 문학의 기수가 되었다. 사소설적 방법에 의거하면서도 일본적 리얼리즘을 뛰어넘는 독자
　　적인 작풍을 나타내는 명작을 다수 발표했으며, 아내 미호(ミホ)와의 교제를 묘사한 대표작『죽음의 가
　　시(死の棘)』로 '일본문학대상'과 '요미우리문학상(讀賣文學賞)' 및 '예술원상',『어뢰정 학생(魚雷艇學生)』
　　으로 '노마문예상(野間文藝賞)' 및 '가와바타야스나리문학상(川端康成文學賞)'을 수상하였다.

55_　'야포네시아(Japonesia)'란 작가 시마오 도시오가 고안한 조어이다. 일본을 칭하는 라틴어 'Japonia'에
　　제도(諸島)를 뜻하는 라틴어 어미 'nesia'를 추가하여 만든 것으로서, 일본국이 아닌 일본열도를 의미한다.
　　이 조어는 1961년에 '야포네시아의 뿌리(ヤポネシアの根っこ)'라는 문장에서 그 초출이 확인되고 있다.
　　야마토(大和)를 중심으로 하여 사건을 보는, '정통(正統)'으로 간주되는 역사관으로는 지역이 본래 지니고
　　있는 다양성과 풍요로운 측면이 간과된다며 일본열도를 단순히 '줄지어 있는 섬들'로 파악하는 시점을
　　새롭게 제안하는 것이었다. 당시 오키나와 반환을 둘러싼 논의의 고양과 이 용어가 '천황제를 전제하지
　　않는 고대'를 상정하는 데에 알맞은 개념이었던 이유도 있어서 60년대부터 70년대에 걸쳐 다니가와 겐이
　　치(谷川健一)와 요시모토 다카아키(吉本隆明) 등에 의해 고고학・민속학적으로 사용되며 인구에 회자되
　　었다. '일본'이라는 개념의 경직성을 융해시키는 이 시도는 본래의 의도를 벗어나고, 또한 '야포네시아의
　　뿌리'가 야나기타 구니오(柳田國男)의『해상의 길(海上の道)』의 해설 형태로 쓰인 점 등이 얽혀서 국가확
　　장적인 측면이 있다며 후에 무라이 오사무(村井紀) 등을 비롯한 일부 논자로부터 부정적인 평가를 받기도
　　하였다.

56_　1926~1984. 프롤레타리아시와 전위시의 결합에 있어 전후시의 한 극점을 나타내는 야마가타 현(山形縣)
　　출신 시인이다. 고등소학교를 졸업한 후에 상경하여 공장노동자로 일하였다. 전후에는 일본공산당에 입당
　　하여 고향에서 농민운동에 참가했지만, 병을 얻어 요양하던 중에 시를 써나갔다. 동인지『열도(列島)』를

요와 류큐호의 옛 노래 비교연구 등의 영향을 받았습니다. 그는 「아마미」(『アサヒカメラ』[57]- 1976년 2월호)를 통해 다음과 같이 말하고 있습니다. "오키나와에서의 체험은 오키나와가 이미 문화적으로도 정치적으로도 '일본' '본토'와는 결코 동질이 아니라는 점을 가르쳐주었다." "일본은 일반적으로 생각되고 있는 것과 같은 단일민족국가가 아니다."

또 나카히라는 취재범위를 도카라열도吐噶喇列島[58]-까지 북상시켜 갔습니다. 물론 14, 5년 전에 읽었던 다니가와 간谷川雁[59]-의 「비로수 아래 죽음의 시계びろう樹の下の死時計」[60]-를 바탕으로 하고 있었습니다. 나카히라는 필사적이 되어 '류큐문화와 본토문화의 접점, 보이지 않는 경계선琉球文化と本土文化の接點, 見えない境界線', '문화의 국경文化の國境'을 발견하고자 했던 것입니다. 도회지의 밤을 찍는 나카히라는 이미 사라졌습니다. 그는 아마도 자신과 일본으로부터 탈출하려 했던 것은 아닐까요. 나는 나카히라가 포스트모던을 앞서 나가려 했다고 생각합니다. 그는 제도 속의 '사진작가'라는 사실을 자기 부정 하고자 하였습니다. 나카히라는 그 격투 와중인 1977년 9월, 급성알코올중독으로 쓰러져 기억의 대부분을 잃어버리고 말았습니다.

그러나 기억상실이라는 큰 병에 걸리고서도 다행히 사진과 오키나와와 류큐민요, 친구인 나의 존재를 잊지는 않았습니다. 1978년 7월과 8월, 나카히라는 가족과 함께 오키나와에 있는 나를 방문하여 사진작가로서의 활동을 재개하고 『아사히 카메라アサヒカメ

비롯하여 1959년 제1시집 『불안과 유격(不安と遊擊)』을 간행, 다음 해에 'H씨상(H氏賞)'을 수상하였다.

57_ 『아사히카메라』는 2008년 4월부터 아사히신문출판으로 바뀐 아사히신문사에서 간행하는 카메라·사진 관련 잡지이다. 1925년에 개최된 아마추어사진가단체의 통일조직으로서 전일본사진연맹의 설립이 제안되며 기관지로서 기획되어 1926년에 창간되었다.

58_ 도카라열도는 난세이제도(南西諸島) 중 가고시마 현(鹿兒島縣) 쪽의 사쓰난제도(薩南諸島)에 속하는 도서군이다. 행정구역상으로는 가고시마 현 가고시마 군에 속하며, 일기예보 구분에서는 아마미 지방의 일부로 다루고 있다. 한자표기의 어려움 등으로 가타가나(片假名)를 사용하여 'トカラ列島'로 표기되는 경우가 많다.

59_ 1923~1995. 본명은 다니가와 이와오(谷川巖)이며, 구마모토 현(熊本縣) 출신의 시인·평론가·서클활동가·교육운동가이다. 사회주의적인 리얼리즘을 기조로 한 시인으로 알려져 있으며, 평론집 『원점이 존재한다(原点が存在する)』및 『공작자선언(工作者宣言)』은 1960년대 신좌익진영에 사상적인 영향을 끼쳤다. 민속학자 다니가와 겐이치(谷川健一)가 그의 형이다.

60_ 따뜻한 곳에서 자생하는 비로(びろう)는 야자과에 속하는 나무이다. 「비로수 아래 죽음의 시계」(『工作者宣言』, 中央公論社, 1959)는 민속학자 다니가와 겐이치(谷川健一)의 동생인 다니가와 간이 도카라열도의 가자지마(臥蛇島)를 방문하고 쓴 민속지 성격의 기행문이다.

ㅋ』 12월호에「오키나와 사진원점 1沖繩 寫眞原點 1」을 발표하였습니다. 나는 '구바蒲葵'
(시집『岬』수록)라는 시로 나카히라가 사진을 다시 찍기 시작한 순간을 기렸습니다.

나카히라는 그 이후 1993년과 2002년 및 2004년에 오키나와로 와서 촬영을 계속하
고 있습니다. 1994년부터 2001년까지의 8년간은 여러 가지 사정이 있어서 오키나와에
오지 못했습니다. 그 동안에 사진계에서는 나카히라를 재평가하기 시작했다고 들었습
니다.

1990년에는 나카히라의 사진집이 제2회 '사진회상寫眞の會賞'을 수상하였습니다.
1995년에 그와 시노야마 기신篠山紀信[61]-의 공저『결투사진론決鬪寫眞論』이 아사히문고
朝日文庫에서 재간되어 내게도 보내왔습니다. 그리고 나는 몰랐었지만, 1997년에는 충
칭대학中京大學[62]- 아트 갤러리에서 사진전 '일상, 나카히라 다쿠마의 현재日常 中平卓馬
の現在'가 개최되었습니다. 1999년에는 이와나미서점岩波書店에서『일본의 사진작가 36
나카히라 다쿠마日本の寫眞家 36 中平卓馬』가 간행되었습니다. 나는 2003년 10월 4일부터
12월 7일까지 요코하마미술관橫浜美術館[63]-에서 개최된 '나카히라 다쿠마·원점 복귀
中平卓馬·原點復歸'에 참석하여 감상하고 나서 이 재평가가 사실이라는 것을 확신하였
습니다.

나카히라는 일상의 잡다한 일에 대한 기억은 잊었으면서도 사진작가로서 가장 중요
한 점은 잊지 않았습니다. 그에게 있어서 류큐호는 문화융합이라는 보이지 않는 마지
널 존Marginal zone[64]-으로, 기억상실이라는 이계異界에서 돌아올 때에 소중한 현실감을 깨
닫게 해주는 경계영역이 아닐까 싶습니다. 나카히라는 현재 '전신全身 사진작가'로 평가
받고 있습니다.

61_ 1940~ . 도쿄 출신의 사진가이다. 진언종 엔쇼지(圓照寺) 주지의 아들로 태어나 특별히 사진을 좋아한
　　것은 아니었지만, 일반대학 수험에 실패하여 니혼대학(日本大學) 예술학부 사진학과에 충동적으로 입학하
　　게 되었다. 누드에서 가부키(歌舞伎)까지 다양한 장르의 사진을 많이 찍었다. 1978년부터 1997년에 걸쳐
　　서는『주간 아사히(週刊朝日)』의 표지사진을 촬영하였다.

62_ 중국 충칭 시(重慶市)에 있는 국립 종합대학이다. 1929년 설립되어 1942년 국립대학으로 승격하였다.
　　현재 교육부 직속의 국가중점대학 가운데 하나다.

63_ 일본 요코하마 시(橫浜市) 미나토미라이(みなとみらい) 지구에 있는 복합미술시설이다. 1989년 3월에 요
　　코하마박람회의 파빌리온으로 개관하여 박람회 종료 후인 같은 해 11월에 정식으로 개관하였다.

64_ 인쇄용어이다. 인쇄한 글자나 그림의 가장자리에 밀려나온 진한 잉크 부분을 가리킨다. 저자는 류큐호
　　지역이 이 마지널 존에 해당한다고 비유적으로 표현하였다.

태풍 긴자銀座

류큐호·오키나와는 '태풍 긴자'[65]라고도 표현합니다. 류큐호 자연환경의 특징을 언급할 때에 태풍과 가뭄이라는 두 가지 자연현상은 빠트릴 수 없습니다. 류큐호에서 인간의 역사는 이 두 가지 자연재해와의 투쟁이었다고 해도 좋을 정도입니다.

그렇다고는 하지만, 최근에는 지구환경 악화로 인해 예년에 없는 비정상적 태풍이 많습니다. 2002년에는 7월 초순부터 태풍이 내습하여 일상생활이 온통 엉망이 되었습니다. 태풍 5호, 7호, 8호가 연속으로 오키나와를 내습하여 통과해 갔습니다.

태풍 7호 때는 최대 순간풍속이 45미터 이상을 기록하였습니다. 오키나와본도에서는 3명이 중경상을 입었습니다. 오키나와 현의 농림수산부 조사로는 농작물 피해총액만도 6억 8천만 엔을 넘었다고 합니다. 이에 가옥과 도로 피해 등을 더하면 태풍 재해의 규모를 상상할 수 있을 것입니다.

그리고 하늘과 바다의 교통망도 중간에 끊겨 마비됩니다. 미나미다이토지마南大東島[66]와 기타다이토지마北大東島[67]에서는 2002년 잇따른 태풍의 내습으로 6월 27일부터 7월 16일까지 20일간이나 배편이 끊겨 생활물자 부족을 겪었습니다. 태풍으로 고립된 섬에서는 우유와 육류가 부족하여 학교급식도 어려웠다고 합니다. 배편이 20일 만에 출항했다는 뉴스를 보면 새삼 낙도 생활의 어려움을 절감하게 됩니다.

그래도 최근에는 가옥이 철근 콘크리트로 만들어져있어 그 부분에 대해서는 적으나마 안심이 됩니다. 우리들이 초등학생이던 1950년대는 우리 집을 포함하여 마을 대부분의 집들이 억새지붕이었습니다. 그래서 태풍이 내습할 때마다 여러 채의 집이 부서

65_ 북태평양 남서부에서 발생한 열대성 저기압의 발달로 일본 열도에는 연평균 27개의 태풍이 찾아온다. 그 중 11개가 일본에 접근하고 3개 이상이 상륙한다. 특히 오키나와·가고시마(鹿兒島)·고치(高知) 등에는 매년 태풍이 통과하거나 상륙하기 때문에 이 지방을 도쿄의 대표적인 번화가 긴자의 이름을 따서 '태풍 긴자'라고 한다.

66_ 오키나와본도의 약 400km 동쪽, 미야자키 현(宮崎縣)의 남쪽에 위치한 다이토제도(大東諸島)의 섬이다. 면적은 30.57km²로, 오키나와 현 내에서는 6번째의 크기이다. 최근 항공기의 대형화 등으로 관광객이 용이하게 방문할 수 있게 되어 천혜의 자연을 살린 관광지로 주목을 받고 있다.

67_ 다이토제도에 속하는 섬으로, 오키나와본도의 동쪽 약 360km에 위치한다. 면적은 11.94km²이며, 기후는 아열대 해양성기후에 속한다. 산호초가 융기하여 생긴 융기환초(隆起環礁) 섬으로, 대체로 주변부가 약간 높고 중앙부가 낮다.

졌습니다. 1965년에는 하루ハル 누이의 집도 전파全破되어 마을을 떠나야만 했습니다.

우리 집에서는 큰 태풍이 오면 아버지가 어머니와 누이들을 튼튼한 기와집을 가진 친척 집으로 피신시켰습니다. 그리고 먼저, 아버지가 억새지붕의 가운데 기둥을 끌어안고 버텼습니다. 다음으로 형이 그런 아버지를 꽉 붙잡았습니다. 초등학생인 나는 아버지와 형의 다리에 매달리거나 해서 거들었습니다. 바람이 동쪽에서 불면 서쪽에서 가운데 기둥을 붙잡고 버텼습니다. 바람이 남쪽으로 바뀌면 북쪽으로 돌아서 붙잡았습니다. 돌풍이 불 때마다 가운데 기둥은 삐걱거리며 흔들려서 당장이라도 쓰러질 것 같았습니다. 어두운 석유램프 불빛 아래에서 이렇게 아버지와 아들들은 태풍과 밤새 싸우며 허술한 가옥을 지켰습니다.

태풍 시즌에 아버지는 대부분 낮에 모포를 뒤집어쓰고 잤습니다. 덧문은 가로대에 동여매든가 못을 박아놓았는데, 아버지는 그 문에서 가장 가깝고 어슴푸레한 자리에 누워서 잤습니다. 아버지에게 물어본 적은 없지만, 아마도 밤을 대비함과 동시에 밭의 사탕수수와 고구마의 피해상황을 생각하며 힘들었을 것입니다.

그러나 태풍이 그다지 심하지 않은 경우, 아이들 입장에서는 일종의 '축제' 같은 즐거움이 있었습니다. 우선 학교가 쉽니다. 그리고 평소에는 따로따로 생활하던 가족이 온종일 함께 있을 수 있습니다.

비바람이 약할 때에 아이들끼리 모여서 하는 특별한 태풍놀이도 즐거웠습니다. 먼저 아단阿檀 잎으로 만든 풍차돌리기가 있습니다. 가늘고 긴 아단 잎으로 고도의 기술을 겨루며 날개 4개짜리 또는 날개 8개짜리 풍차를 만들었습니다. 풍차를 돌리면서 '나미와 차쿠이波ワチャクイ(파도 놀리기)'라는 파도놀이를 하였습니다. 높은 파도를 잡으러 쫓아다니는 놀이입니다. 태풍으로 인한 파도는 때때로 모래톱 둑을 넘을 정도로 높았습니다.

비가 거세지면 아이들은 '무라야村屋'라고 불렀던 공민관에 모여서 놀았습니다. 무라야의 지붕 밑에까지 들어가면서 술래잡기를 하고, 상급생의 자랑거리를 듣거나 트럼프를 하였습니다. 중학생 때부터는 화투도 배웠습니다.

태풍 시즌에는 어머니와 누이들이 평소에는 먹을 수 없는 특별한 요리를 만들어 주었습니다. 그 중에서도 '소면 찬푸루チャンプルー'와 '히라야치お好み燒き(오코노미야키)'가 엄청 맛있었던 것을 기억하고 있습니다. 지금 생각하면 그 음식들은 비상시에 돈 들이지 않고 손쉽게 만들 수 있는 즉석요리였을 것입니다.

섬에 태풍이 직격하면 2박 3일 동안 갇히는 일도 있습니다. 대형 태풍이 오면 큰 파도가 앞 바다 암초에서 부서질 때 수십 미터의 물보라가 칩니다. 이 소금기 섞인 비바람이 동서남북에서 섬을 완전히 덮어버립니다. 그러면 태풍이 지나간 후, 밭의 사탕수수와 고구마를 비롯하여 야산의 수목이나 잡초까지 소금물을 뒤집어써서 적갈색으로 타들어 갑니다. 그래서 우리들은 태풍이 접근하면 큰 비를 동반한 '비 태풍'이기를 기원합니다.

그래도 적당한 수의 태풍은 필요합니다. 무엇보다 태풍이 오지 않으면 해수순환이 제대로 되지 않아 바닷물 온도가 계속 상승합니다. 그러면 류큐호의 섬들을 이루고 있는 산호가 백화白化하여 바다는 죽어갑니다. 또 태풍이 접근하여 적당하게 비를 내려주지 않으면 즉시 가뭄이 듭니다. 인류는 우주로 진출하고, 원자폭탄을 만들고, DNA를 조작하는 과학의 힘을 가졌으면서도 태풍 하나의 진로를 바꾸거나 인공적으로 비를 내리게 하는 힘은 아직 없는 것입니다.

그건 그렇다 치더라도 최근의 태풍은 도대체 어떻게 된 것일까요? 2004년에는 12월이 되었는데도 태풍이 오키나와를 덮쳤습니다. 가이아Gaia(지구)가 몸부림치고 괴로워하며 화를 내고 있는 듯합니다.

미야코宮古

미야코제도에는 미야코지마宮古島, 오가미지마大神島,[68]─ 이케마지마池間島,[69]─ 이라부지마伊良部島,[70]─ 시모지지마下地島, 구리마지마來間島,[71]─ 다라마지마多良間島,[72]─ 민나지마水納

68─ 미야코지마의 북쪽 약 4km에 위치하며 행정구분상으로는 미야코지마 시(宮古島市)에 속한다. 2005년의 합병 이전에는 히라라 시(平良市)에 속해 있었다. 면적은 0.24km², 인구는 약 50명이다.

69─ 미야코지마의 북서쪽 1.5km에 위치하며 미야코지마 시에 속한다. 반농반어 지역으로 면적은 2.83km²이며, 독특한 제사와 생활문화 등 최근까지 특이한 풍속이 다수 남아있었기 때문에 민속학적으로 매우 주목받는 곳이다.

70─ 미야코지마 시에 속하는 섬이다. 2005년에 미야코지마의 주변 자치체와 합병하여 미야코지마 시가 되기 전까지는 서쪽에 인접한 시모지지마(下地島)와 함께 미야코 군(宮古郡) 이라부 정(伊良部町)을 형성하고 있었으며, 그 중심이었다. 면적은 29.08km², 인구는 6,283명이다.

71─ 미야코지마 시 시모지에 위치하며, 미야코지마의 남서 1.5km의 태평양에 떠있다. 면적은 2.84km²이다.

島[73]- 등 8개의 유인도가 있습니다. 나는 유감스럽게도 민나지마만은 아직 가본 적이 없습니다.

미야코제도는 야에야마제도와 함께 '사키시마제도先島諸島'라고도 부르며 11세기경까지는 남방색이 농후한 독자적 문화권을 형성하고 있었습니다. 고고학의 성과에 따르면 미야코·야에야마제도는 류큐 문화권 중에서도 '남 류큐권'이라고 부르며 조몬繩文 문화[74]-나 야요이彌生 문화[75]-가 파급되지 않았다고 합니다. '북 류큐권'이라고 부르는 아마미제도와 오키나와제도沖繩諸島의 선사시대 문화와는 크게 다른 특징입니다. 나하 시에서 남서로 약 300여 킬로미터 떨어져 있고, 또 오키나와본도와 미야코 사이에는 드리워진 섬 그림자를 보며 항해하는 것이 불가능할 정도로 넓은 바다가 가로놓여 있기 때문일까요.

미야코제도는 다른 이름으로 '히라즈마平島'라고도 부릅니다. 여덟 개의 섬들은 융기 산호초를 기반으로 형성되어 있으며, 높은 곳이라고 해봤자 해발 100여 미터의 평탄한 섬들입니다. 높은 산이 없는데다가 지질이 산호석회암인 까닭에 투수성이 커서 지표를 흐르는 큰 강은 없습니다. 그래서 논이 발달하지 않았고, 밭작물 중심의 생산을 할 수밖에 없었습니다. 또 수만 년 전의 지질시대에는 한 차례 바다 속으로 가라앉았기 때문에 독사인 반시뱀이 서식하지 않는 것도 미야코제도의 큰 특징입니다. 그 덕분에 국제 보호조인 왕새매(매의 일종) 떼가 10월 한로寒露[76]- 무렵에 건너와 마을 근처에서도 관찰

시모지로부터 전장 1,690m에 이르는 구리마 대교(来間大橋)가 설치되어 있으며, 그 다리와 다리에서 바라보는 바다 경관의 아름다움은 압권이다.

72_ 미야코 군 다라마 촌(多良間村)에 속하는 타원형 섬이다. 미야코제도의 남서단에 위치하며, 동쪽에 있는 미야코지마와의 거리는 약 67km, 서쪽에 있는 이시가키지마(石垣島)와의 거리는 약 35km이다. 또 다라마지마의 북쪽 8km에는 민나지마(水納島)가 있다. 면적은 약 19.75km²이다.

73_ 미야코 군 다라마 촌 민나(水納)에 속하며, 다라마지마의 북쪽 8km에 위치한 섬이다. 면적은 2.15km²이다. 이전에는 분교도 있었지만, 생활여건이 좋지 않아 1961년 미야코지마로의 계획이민이 행해졌다.

74_ B.C. 4000년대 또는 B.C. 3000년대부터 시작된 것으로 간주되는 일본의 선사시대 문화이다. 일본의 전국 각지, 특히 동부 지역에서 유물이 많이 발견되었다. 조몬 문화를 대표하는 유물은 토기이다.

75_ B.C. 300년에서 A.D. 300년 사이의 일본 선사시대 문화이다. 중국과 한반도에서 이탈한 세력들이 일본열도로 건너가 형성된 문화로 추측된다. 수도작(水稻作)과 더불어 이 문화를 특징지을 수 있는 것은 금속기의 사용·제작의 시작이다.

76_ 24절기의 하나로서 추분과 상강(霜降) 사이에 드는 17번째 절기이다. 양력 10월 8-9일 무렵, 차츰 선선해짐에 따라 이슬이 찬 공기를 만나 서리로 변하기 직전의 절기이다.

할 수 있는 것으로 유명합니다.

　미야코제도가 정치적으로 통일되는 과정에서 오키나와본도의 류큐왕권과 조공형朝貢型 교섭을 갖게 된 것은 1390년의 일이라고 합니다. 1500년에는 슈리 왕부首里王府의 중앙집권체제에 편입되었습니다.

　미야코, 야에야마의 서민들은 1609년 사쓰마薩摩의 류큐 침략 이래 인두세人頭稅가 정비, 강화되어 사쓰마 → 슈리 왕부 → 현지 관료라는 삼중지배를 받으며 힘든 생활을 보냈습니다. 인두세란 15세부터 50세의 남녀에 대해 일률적으로 사람 머릿수에 따라서 과세를 하는 세금입니다. 미야코제도의 경우, 주로 남자는 조粟, 여자는 미야코에서 생산하는 마직물을 납세하도록 하였습니다. 이 인두세라는 악세惡稅는 1879년의 류큐처분 후에도 지속되었습니다.

　미야코제도 사람들은 태풍과 가뭄이라는 자연재해에 더하여 오랜 동안 인두세에 시달려왔습니다. 이 독특한 풍토와 역사에서 미야코 사람들의 개성적인 기질을 나타내는 '아라라가마アララガマ(요까짓 것!) 정신'과 '와이도ワイドー(자, 힘내자!) 정신'이라는 말이 생겨났다고 합니다. '아라라가마'란 스스로 분기하는 것이고, '와이도'는 서로 독려할 때 성원하는 말로 사용합니다.

　이 '아라라가마 정신'이 발휘된 유명한 사례로 '인두세 폐지운동'이 있습니다. 미야코 농민들이 메이지明治 시대가 되어서도 존속한 인두세 폐지운동에 궐기하여 1893년 11월에는 나하 출신의 구스쿠마 세이안城間正安, 니가타 현新潟縣 출신의 나카무라 짓사쿠中村十作, 그리고 미야코 농민대표인 니시자토 가마西里蒲, 다이라 마우시平良眞牛 등 네 명의 대표를 상경시켜서 메이지 정부 요인을 비롯한 제국의회에 직접 청원을 하였습니다. 이와 같은 끈질긴 운동의 전개에 의해 인두세는 1902년에 마침내 폐지가 된 것입니다. 미야코 민중의 인두세 폐지운동은 류큐호의 주민운동이 승리한 선구적 사례로서 역사적으로 높게 평가되고 있습니다.

　미야코 사람들은 정열적이고 정력적이며 생활력 있고 강인하다는 평가를 받습니다. 한편으로는 금방 열중하고 감정이 격해지기 쉬운 대신에 지속성이 없다고 비판하는 사람도 있습니다. 나의 경험에 비추어보면 미야코 출신자는 호불호가 명확한 성격으로 겉과 속이 다르지 않은 인간성을 갖고 있고, 또 매우 친해지기 쉽다고 생각합니다.

　그러나 최근까지 미야코 출신자는 정당한 이유 없이 '미야코 차별'로 시달려왔습니

다. 나는 1972년 6월 『중앙공론中央公論』 특대호 특집 '오키나와의 사상과 문화沖縄の思想と文化'에서 신조 다케카즈新城兵一[77]가 쓴 「변경론邊境論」을 읽었을 때의 충격과 아픔을 잊을 수가 없습니다. 신조 다케카즈의 「변경론—오키나와의 내부 차별」은 다음과 같은 서두로 시작하고 있습니다.

"오키나와에서 '나는 미야코 출신입니다'라고 할 때의 저 자포자기와 심연의 부담감이 기묘하게 비틀린 한순간의 어두운 심리는 도대체 무엇이었을까?" 그리고 자신의 체험을 바탕으로 '미야코인에 대한 오키나와본도 사람들의 차별의식'을 예리하게 고발하며 사상화 하고 있습니다.

한편 나는 가와미쓰 신이치의 저서 『오키나와·근원적 문제제기沖縄·根からの問い』(泰流社, 1978)에 수록된 「미야코론·지역공동체의 정과 부宮古論·島共同體の正と負」를 읽고 미야코 차별문제와 그 극복과제에 대해 더 많은 것을 배울 수 있었습니다. 오키나와본도 출신인 우리들은 여전히 "일본 본토의 차별감에 계속 저항하고 있는 오키나와본도 사람이 왜 오키나와 낙도를 멸시하고 이질시 하는가?"라는 문제에 대답해야 한다고 생각합니다.

극히 최근까지 나의 주위에도 미야코 출신자와의 결혼을 반대하는 부모가 있었습니다. 나도 함께 끈질기게 부모를 설득한 경험을 갖고 있습니다. 그렇지만 최근에는 역시 개선되고 있는 것이 아닐까요.

내 조카들의 결혼상대로 미야코 출신자가 늘었습니다. 덕분에 히라라 시平良市,[78] 구스쿠베 정城邊町, 이라부 정伊良部町, 시모지 정下地町 등으로 친척들 사는 곳이 확대되어 미야코에 갈 때마다 방문하는 즐거움이 커졌습니다. 그리고 그들의 깊은 인정에 머리가 숙여지는 기분이 듭니다.

77_ 1943~ . 미야코지마(宮古島) 출신의 시인이다. 류큐대학을 졸업하였다. 2011년, 부모의 죽음과 마주하여 소박하게 엮어낸 시집 『풀들, 그리고 명계(草たち、そして冥界)』로 제34회 '야마노구치바쿠상'을 수상하였다. 그 외 시집으로 『남동생 또는 2인 3각(弟または二人三脚)』, 『임마누엘(いんまぬえる)』 등이 있다.

78_ 미야코지마에 있었던 시이다. 2005년 10월에 히라라 시·구스쿠베 정(城辺町)·시모지 정(下地町)·우에노 촌(上野村)·이라부 정(伊良部町)이 합병하여 미야코지마 시가 되었다.

줄다리기

오키나와의 여름은 최근 수년 간 혹서가 이어지고 있습니다. 오키나와에서는 태평양 고기압의 영향이 클 때는 뜨거운 파도가 밀려오며 태풍이 근접할 수 없습니다. 그러면 비가 적게 내리고, 바다 속 수온도 올라가 산호의 백화현상이 일어납니다. 사람들도 에어컨 없이는 생활할 수 없게 됩니다. 그러나 에어컨을 밤새 켜두어 여름감기에 걸리는 사람도 있습니다.

이런 때에 생각나는 것은 농부였던 부모들의 여름나기 방법입니다. 우리 부모들은 남국 태양의 움직임에 순응하면서 살았습니다. 먼저 일출 전인 오전 4시경에는 일어났습니다. 그리고 더워지기 시작하는 오전 7시가 지나면 한 차례 일을 끝내고 돌아왔습니다. 아버지는 밭을 돌보고, 어머니는 고구마를 삶으며 아침식사를 준비하는 것이 주된 일이었습니다.

아침식사가 끝난 후, 오전 8시 경부터 정오까지 또 한 차례 일을 합니다. 오전 10시 경에는 '열 시 차十時茶'라는 휴식을 취하였습니다. 그리고 점심 후부터 오후 3시까지는 논밭에 나가지 않고 집 안 일을 하며 보냈습니다. 낫과 삼태기 등 도구류를 수리하거나 손질을 하고, 오후 중 가장 더울 때는 낮잠을 잤습니다. 오후 4시 지나 태양이 서쪽으로 기울기 시작하면 다시 논밭으로 나가 8시 가까이까지 일을 하였습니다.

밤에는 9시쯤에 저녁식사를 마치고 바닷가에 밤바람을 쐬러 나갔습니다. 어느 가정이건 에어컨은커녕 선풍기나 TV도 없었기 때문에 모두 바닷가에 모여서 바람을 쐬었습니다. 남자들은 저녁 반주를 즐기고, 여자들은 세상 이야기를 즐겼습니다. 아이들은 진지뺏기놀이나 술래잡기 등의 놀이에 열중하였습니다. 그리고 밤 10시가 넘어 바람도 슬슬 차가워지고 집 안도 서늘해졌을 즈음에 돌아가 잠들었던 것입니다. 이것이 전기가 없던 시대에 오키나와의 여름나기 방법이었습니다. 참으로 합리적인 생활 리듬이었다고 생각합니다. 반농, 반어로 사는 농민들이 터득한 생활의 지혜였습니다.

음력 6월의 큰 즐거움은 6월 우마치御祭와 줄다리기입니다. 6월 15일의 우마치는 벼 수확과 풍년을 축하하는 제례입니다. 그리고 6월 24일과 25일 양일에 각 마을마다 줄다리기를 합니다.

줄다리기는 마을사람 전원이 참가하는 형태이며, 이 정도로 민주적인 행사는 아마

없을 것입니다. 우리들이 초등학생이었던 1950년대까지는 아직 벼농사가 활발했기 때문에 줄다리기 행사용 줄도 자기 마을에서 매년 만들었습니다.

초등학생은 줄을 만드는 볏짚 단이나 음식 만드는 쌀을 각 가정에서 모아오는 일을 하였습니다. 중학생부터 청장년의 남자들은 모아진 짚으로 큰 줄을 만듭니다. 여자들은 노래와 춤을 연습하거나 음식 준비를 합니다.

노인들은 손자들을 보살피는 한편으로 그러한 일들을 감독하고 지도합니다. 줄 만드는 법이 잘못되면 풀어서 다시 만들도록 시킵니다. 손자들과 함께 죽세공을 하여 '제등提燈・등롱燈籠'만들기를 즐기는 노인들도 있습니다. 밤의 줄다리기를 준비하는 것입니다.

현재는 줄을 반드시 자기 마을에서 만들지는 않지만, 마을사람 모두가 각자의 역할을 담당하여 운영되는 점은 바뀌지 않았습니다.

류큐호의 줄다리기는 암줄과 수줄 두 개를 빗장처럼 만든 봉[79]으로 합체시켜서 서로 당기는 것입니다. 마을을 양분하여 동쪽은 수줄, 서쪽은 암줄로 나누어 승부를 합니다. 승부는 하루 1회씩, 이틀 동안 2회를 하고 끝나는 곳이 많습니다. 줄다리기의 승부에서 "서쪽이 이기면 풍년이 든다."라든가, "동쪽이 이기면 비가 많이 온다." 등 운수를 정합니다. 그리고 첫날에 서쪽이 이기면 다음날에는 동쪽이 이기도록 조정합니다. 비가 많이 오고 풍년이 들도록 마을사람 전원이 승자가 되게 하는 것입니다.

류큐호의 줄다리기에는 분명히 남성과 여성의 성적 교합이 모든 생명 에너지와 풍년을 보장한다는 신앙이 살아있습니다. 수줄과 암줄의 맨 앞에 붙어 있는 고리는 누가 봐도 남성의 생식기와 여성 생식기의 상징이라고 알 수 있을 것입니다. 나는 암줄과 수줄을 단단히 묶는 빗장처럼 만든 봉은 목재와 목재를 연결하는 꺾쇠처럼 남녀를 연결하는 '아이'를 상징한다고 생각합니다.

줄다리기가 시작되는 시간은 마을마다 다릅니다. 낮에 줄다리기를 하는 마을이 있으면 저녁부터 하는 마을도 있고, 혹은 한밤중이 다 되어서 줄다리기를 시작하는 마을도 있습니다. 나하 대 줄다리기那覇大綱引き라든가 요나바루 대 줄다리기與那原大綱引き처럼

79_ 이 봉을 가리켜 가누치보(カヌチ棒)라고 부른다.

수 만 명의 관광객이 모이는 줄다리기는 낮에 하는 경우가 많습니다. 이에 비해 자신들의 마을 안에서 전통에 따라 행하는 줄다리기는 주로 밤에 이루어집니다. 유명한 하에바루 정南風原町 아자字 기얀喜屋武의 줄다리기는 밤 10시 경부터 시작되어 11시가 지나서 클라이맥스를 맞이합니다. 어쨌든 세 살짜리 아이부터 여든 넘은 노인까지 각자의 역할을 담당하면서 남녀노소 모두가 참가할 수 있는 것이 줄다리기입니다.

두세 군데 마을에서 벌이는 줄다리기를 하루 동안에 2차, 3차로 돌아다니는 기력 좋은 젊은이들도 흔합니다. 저녁부터 한밤중까지 줄다리기에 참가하는 것입니다. 대접해주는 술을 얻어 마시며 줄 옆에 빙 둘러앉아 밤을 새는 '줄 벌레(줄다리기 매니아)'라 불리는 청년들도 있습니다.

오키나와본도에서 중부지구는 에이사エイサー 무용이, 남부지구는 줄다리기가 활발하다고 말할 수 있을 것입니다. 그리고 어느 마을에서나 자신들의 줄다리기가 '세상에서 가장 멋있다'고 생각하며 자랑스러워합니다.

줄다리기

나하 시의 줄다리기는 줄 크기도, 20만 명이 넘는 참가자도 기네스북에 세계 최고로 등록되어 있다고 합니다. 그래도 우리들은 자기 마을의 줄다리기에 참가하여 즐기면서 여름 더위를 날려 보내고 있습니다.

오본お盆과 에이사エイサー

오키나와에서도 오본과 설은 일 년 중 최대의 연중행사입니다. 음력 오본을 오키나와에서는 간단하게 '히치과치七月'라고 부르고 있습니다. 현재도 우란분盂蘭盆은 음력 7월 15일을 중심으로 행하고 있기 때문입니다. TV 뉴스 등에서 본토의 8월 15일 전후의 '오본 귀성 러시'를 볼 때마다 오키나와와 문화관습의 차이를 느끼게 됩니다.

오키나와의 히치과치는 일주일에 걸쳐 행해집니다. 먼저 음력 7월 7일의 '칠석'에 묘지 청소를 하고, 조상들에게 오본 절기에 들어선 사실을 고합니다. 묘지는 문추門中 일족의 공동묘지가 많으므로 친족들이 공동 작업으로 청소와 성묘를 합니다. 절에 마련된 묘지로 가는 본토와는 크게 다릅니다.

다음으로 7월 13일 저녁에 '운케ぉ迎え(맞이)' 의식을 행합니다. 부계의 친가에 가서 어둑해질 무렵에 문 앞에서 운케 의식을 합니다. 문 양 옆에 횃불을 태우고 향을 피워서 조령들을 맞이하는 것입니다. 횃불은 일종의 '맞이하는 불'로, 조령들이 길을 헤매지 않도록 하기 위해 태운다고 합니다.

운케 의식이 끝나면 집 안으로 들어가 부쓰단에 향을 피우고 오본을 시작하는 기원을 올립니다. 부쓰단佛壇의 한가운데에는 '도토메尊尊前'라고 부르는 위패가 있습니다. 붉은 칠을 한 도토메에는 금박으로 조상들의 본명과 계명戒名[80]이 적혀 있습니다. 이 도토메 의식은 중국에서 전해졌다고 합니다. 하나의 도토메에는 조상의 이름이 적힌 가느다란 목찰木札이 여러 장 끼워져 있습니다. 부쓰단에는 '구산우지グーサンウージ(지팡이용 사탕수수)'를 비롯하여 수박, 바나나 등의 과일이 올려져 있습니다. 전통적인 방식으로는 그 날의 저녁 식사로 '운케쥬시ぉ迎えの雑炊(조령을 맞이하는 죽)'를 올립니다. 그리고 공양물을 물린 후에 가족과 함께 운케쥬시를 먹습니다. 이 공식共食을 '우산데ウサンデー'라고 합니다.

다음 날인 14일은 '나카비中日'입니다. 그 날 오후부터는 오본 선물을 들고 모계혈통 친척집의 부쓰단에 향을 피우러 갑니다. 내 경우는 나하 시에 사는 아내의 여러 친척들 중 네 집을 방문합니다. 아이들도 함께 데리고 가는 것은 친척집을 확실히 기억하게 하기 위함입니다.

오본의 마지막 날인 15일에는 '우쿠이御送り(배웅)' 의식이 기다리고 있습니다. 이 날은 관공서와 회사도 특별 휴일이 되며, 주로 부계혈통의 친척집에 향을 피우러 갑니다. 나는 우리 형제들의 집도 포함하여 여덟 곳이나 돌기 때문에 시간이 꽤 많이 걸립니다.

80_ 불교에서는 입문한 후 수행을 거듭하여 수계(受戒)를 받을 때 승명(僧名)에 해당하는 계명이 주어진다. 일반인은 사망한 후 특례로서 승려가 주는 계명을 받아 저승으로 가게 된다. 계명은 몇 개의 등급으로 나뉘어져 있으며, 옛날에는 절에 금품을 기부한 정도나 신앙심의 깊이, 생전의 지위나 신분 등에 따라 달랐다.

그래도 오후 3시 경부터 당당하게 술을 마실 수 있는 기회는 오본과 설 정도입니다.

밤에는 부모의 위패를 모시고 있는 친가에서 우쿠이 의식을 치릅니다. 우리들은 형님 집에서 오후 9시 경에 우쿠이를 합니다. 부쓰단에 올렸던 공양물을 물리고, 현관과 문, 두 곳에서 조령들을 배웅합니다. 그리고 "내년에도 가족 모두가 모두 건강하게 모여서 오본을 지낼 수 있도록 지켜 주십시오."라고 기도를 합니다.

지역에 따라서는 나카비를 이틀로 잡아 16일에 우쿠이 의식을 행하는 곳도 있습니다. 우리들이 초등학생이었을 때는 오히려 16일에 우쿠이를 하는 것이 일반적이었습니다. 그리고 일문一門의 가족 대표인 남성들이 모여 문추의 집들을 돌면서 우쿠이 의식을 행하였습니다. 따라서 마지막 차례인 본가의 우쿠이를 끝낼 즈음이면 밤 12시가 넘는 일도 흔하였습니다. 우쿠이는 늦게 하면 할수록 그만큼 오래 조령들이 집 안에 머물 수 있으므로 조상 또는 부모에게 효행하는 것이라고 하였습니다. 전쟁 전, 아버지는 슈리의 대종가大宗家인 '다마구스쿠우둔玉城御殿'[81] 쪽에도 향을 피우러 갔다고 합니다.

오본에 뒤따르는 것이 청년단이 추는 에이사입니다. 청년단 남자들은 노래·산신三線이나 북과 춤, 여자들은 춤이라는 역할 구성이었습니다. 청년단은 온 마을을 한 집 한 집 돌며 그 집 마당에서 조령을 위로하고 일가의 번영을 기원하며 춤을 봉납하였습니다. '주준나가레仲順流れ'[82]와 '술 두 홉酒二合'[83]이라는 곡에 맞춰 반드시 춤을 연출하였습니다. 청년단은 답례로 각 가정에서 술과 떡이나 음식을 얻었습니다. 청년들은 오본 때에 당시 귀하던 술을 실컷 마실 수 있었습니다. 오본 날 밤, 마을의 각 집을 전부 도는 데에는 나카비부터 우쿠이까지 이삼 일 걸렸습니다.

아이들에게 있어서 청년단의 에이사는 동경의 대상이었습니다. 나도 하루 빨리 어른이 되어 에이사 단체에 들어가고 싶었습니다. 오본이 가까워져 청년단의 에이사 연습

81_ 쇼세이왕(尙淸王)의 6남 고친다(東風平) 왕자 조텐(朝典)을 원조로 하는 류큐왕족이다. 제2 쇼씨(尙氏)의 분가로, 9대 조초(朝長)가 현재의 난조 시(南城市) 다마구스쿠(玉城) 지구에 해당하는 다마구스쿠 마기리(玉城間切)의 아지지토(按司地頭)가 되었고, 이후 류큐처분(琉球處分) 때까지 대대로 다마구스쿠 마기리를 계승했기 때문에 다마구스쿠우둔이라고 부르게 되었다.

82_ '주준나가레'는 기타나카구스쿠 촌(北中城村) 주준(仲順)에 전하는 조상공양을 위한 노래로서, 각지의 에이사에 도입되어 있다. 일반적으로 류카(琉歌)는 8·8·7·8의 음수(音數)인 것에 비해 '주준나가레'는 5·7조의 리듬이다.

83_ 이즈미 도모히로(和泉友大)가 작사를 하고, 미야지 오사무(宮路オサム)가 곡을 붙인 노래이다.

이 시작되고 공민관 앞 광장에서 산신 소리와 북소리가 들려오기 시작하면 가슴이 뛰었습니다. 오본 날 밤에는 청년단 에이사의 뒤를 따라다니는 일이 가장 큰 즐거움이었습니다. 평소에는 볼 수 없었던 청년들의 숨은 재주나 장기를 발견할 수 있었습니다. 화장을 한 청년단 소속의 여자들이 얼마나 아름다웠던지. 에이사의 뒤를 따라다니다 보면 어느 샌가 날이 밝아 있었습니다.

에이사는 오키나와를 대표하는 예능의 하나가 되어 최근에는 유치원과 초등학교부터 중고등학교까지의 운동회나 체육대회, 학교축제 등에서 반드시라고 해도 좋을 정도로 공연프로그램에 들어가는 장르가 되었습니다. 또 지역의 에이사 동호회나 프로 집단까지 출현하고, 이벤트 행사에서 인기가 있어 여기저기서 불러주고 있습니다.

덕분에 현재 에이사는 오본과 관계없이 연중 행하는 예능이 되었습니다. 그리고 일본 본토나 오키나와인의 해외이민이 많은 하와이와 남미에도 에이사단체가 조직되어 일본 본토인과 외국인도 연출하게 되었습니다. 이 기세로 가다보면 에이사는 가까운 미래에 하나의 북 예술로서 세계적 예능이 될지도 모르겠습니다.

제4장

가을 : 왕새매 건너오다

오키나와의 가을은 매우 짧게 느껴집니다. 늦더위 기간이 긴 것입니다. 음력 8월 15일 밤인 중추절 무렵이 되면 이윽고 아침저녁으로 서늘해집니다.

자, 우리 같이 모여서 달 보며 노세나, 오늘은 그 유명한 십오야이니

でぃきやよ押し連れて 眺めやり遊ば 今日や名に立ちゅる 十五夜でぃもの

'나카라타부시なからた節'[1]-

선뜻한 달빛과 서늘한 밤바람이 가을의 정취를 날라다 줍니다. 이 류카琉歌는 류큐琉球의 여성무용 〈가라야부시瓦屋節〉[2]- 중 '은지화出羽'[3]-에 이용되는 곡입니다.

구바蒲葵 나무 기노완 시宜野灣市

1_ '나카라타(なからた)'란 야에야마(八重山) 지방 이리오모테지마(西表島)의 나카라가와(仲良川) 부근에 있는 논 이름이다. '나카라타부시'는 동명의 야에야마 민요를 편곡한 것으로, 무용수가 입장할 때의 곡으로 사용된다.

2_ '가라야(瓦屋)'는 조선인 도공이 오키나와에 귀화하여 기와를 굽던 곳을 칭하는 말이었다. 여성 고전무용 〈가라야부시〉는 '나카라타부시'와 '가라야부시' 및 '숀가이나부시(しょんがいな節)'의 세 곡으로 구성된다.

3_ 여성 고전무용의 기본구성은 '은지화', '나카우두이(中踊り)', '이리화(入羽)'의 삼단으로 이루어진다. 은지

초호礁湖에 마을은	ラグーンに村は
갇혀	閉ざされて
목덜미가 예쁜 소녀도 초경	うなじのすてきな少女も初潮
어느덧 소년의 어미가 되는가	はや少年の母となるか
닫히지 않은 바깥 암초 저편에	閉じない外礁のかなたに
먹구름 일면	暗雲さかまけば
바다는 아득	海はぼうぼう
이젠 가을비	もう秋の雨

'꿈은 초호에 갇혀ラグーンに夢は閉ざされて'다카라 벤

가을비 전선이 남하해 오면 섬으로 부는 바람의 방향이 바뀝니다. 10월 8일 경의 한로寒露 절기에 불기 시작하는 북풍을 오키나와에서는 '미니시新北風'라고 부릅니다.

이 미니시를 타고 전국에서 사쓰마薩摩의 사타 곶佐多岬[4]-에 집결한 왕새매라는 큰 매 떼가 오키나와로 건너옵니다. 왕새매는 미야코제도宮古諸島를 중심으로 휴식한 후에 필리핀을 향해 날아가는 국제보호조입니다. 왕새매가 오면 본격적인 가을이 온 것입니다.

거친 바다에 뻗은 섬이라도 매 건너오네	荒海に這へる島なり鷹渡る
	시노하라 호사쿠篠原鳳作

슈리의 가을바람 언덕 알록달록 돌계단	首里秋風坂だんだらの石畳
	오구마 가즌도小熊一人

화는 무용수가 무대 왼쪽 안에서 무대 오른쪽 앞을 향하여 대각선상으로 등장할 때의 무용이다. 나카우두이는 무대 중앙 안쪽에서 자세를 바로 잡은 후에 정면을 향하고 본격적으로 추는 무용, 이리화는 등장할 때처럼 무대 왼쪽 안을 향해 들어가는 마무리 무용이다.

4_ 가고시마 현(鹿兒島縣) 기모쓰기 군(肝属郡) 미나미오스미 정(南大隅町)에 위치하며, 오스미 해협에 면한 곳이다. 오스미 반도 뿐 아니라 규슈(九州) 본도의 최남단에 해당한다. 기리시마킨코완(霧島錦江灣) 국립공원에 포함된다.

오키나와의 벼농사는 이모작이 많아서 7월쯤에는 햅쌀을 수확합니다. 따라서 풍년제는 음력 6월, 7월에 집중되며 줄다리기도 그 중 하나입니다. 그런 까닭에 본토처럼 가을이 마을축제의 계절이라는 느낌은 그다지 들지 않습니다.

인가는 보이지 않고 거친 바다를 향해 앉아있네, 배 두 척
人の住むところは見えず。荒浜に向きてすわれり。刳り舟二つ

사쿠초쿠釋迢空[5]

처자들이 좋아하는 진한 귤 내음이여, 고향의 가을도 깊어졌구나
妻子らのむく九年母の強き香よ故里の秋も深まりにけり

구레가 하루오呉我春男[6]

핏빛 변하는 대로 보게나, 오키나와를 축으로 하는 일본의 편향
血の色の變化のままに見てあらん沖縄を軸とする日本の傾斜

히라야마 요시아키平山良明

오키나와의 가을은 오히려 조용합니다. 각각의 깊숙한 내면에서 결실의 촉감을 확인하며 겨울을 준비하고 있는 듯합니다. 산에 단풍은 없지만, 자연 만물의 혜택에 대한 감사의 마음이 솟구칩니다. 그리고 마을이나 일족끼리 신에게 향하는 순례를 행합니다. 올 한 해에 대한 감사와 내년에 대한 소원을 담아 기원을 올립니다.

5_ 1887~1953. 일본의 민속학자·국문학자·국어학자이면서 시인·가인이기도 했던 오리쿠치 시노부(折口信夫)의 호이다. 오사카 출생이며, 국학원대학(國學院大學)을 졸업하고 야나기타 구니오(柳田國男)에게 사숙(私淑)하였다. 가인으로서는 일본을 대표하는 단카(短歌) 동인지인 '아라라기(アララギ)' 등의 동인으로 활약했으며, 만요(万葉)학자로도 알려져 있다. 『사자의 서(死者の書)』 등 다수의 저서가 있다.
6_ 1934~ . 오키나와의 가인이다. 류큐대학 생물학부를 졸업한 후에 고등학교에서 교편을 잡은 경력이 있으며, 현재는 오키나와타임스의 가단(歌壇) 심사를 맡고 있는 한편으로 고대가요집인 『오모로소시(おもろそうし)』 연구회를 주재하고 있다.

관월회|觀月會

중국이나 일본에는 중추절仲秋節을 즐기는 다양한 문화가 오늘날까지 전해지고 있습니다. 오키나와에서도 음력 8월 15일 밤의 보름달에 올리는 행사인 '팔월십오야 마쓰리八月十五夜祭り'와 '관월회'[7]를 즐기고 있습니다. 다만 최근의 팔월십오야는 직장의 관월회에 밀려 전통행사라는 본래의 의미가 곧잘 희박해집니다.

우리들이 초등학생이었던 때는 팔월십오야 마쓰리라고 하면 문추門中 일족의 '지초데血兄弟(친척형제)' 스무 명 남짓이 본가 마당에서 농작물과 떡을 올리며 '우간御願(기원)'을 한 후 음식을 먹고, 밤이 깊어질 때까지 달맞이를 하였습니다. 그 때 먹던, 표면에 팥을 묻힌 '후차기フチャギ'라는 떡이나 '경단'이 얼마나 맛있던지 지금도 잊을 수가 없습니다.

또 이유는 잘 모르겠지만, 나는 자주 습자지에 부처님 그림을 그려야 했습니다. 어른들은 이 그림을 가는 대나무 막대 끝에 걸어서 달님에게 봉납하였습니다. 그것은 '우틴지카비御天字紙'라고 하는 일종의 의식용 종이그림이었을지도 모릅니다. 달맞이의 마지막에는 그 종이그림을 아마도 태웠던 것으로 기억하지만, 확실하지는 않습니다. 1950년대 후반 무렵의 일입니다. 그와 같은 달맞이 모임이 구 사족士族 문추의 독특한 행사라고 알게 된 것은 대학을 졸업하고 오키나와민속학회에 들어가 각지의 '팔월십오야 마쓰리'에 참가하여 그것들을 비교하게 되면서부터입니다.

1977년 경, 오키나와현립기노자고등학교沖繩縣立宜野座高等學校에서 보충교사로 근무하고 있을 때, 기노자 구宜野座區[8]로부터 '팔월십오야의 마을놀이'에 초대받은 적이 있습니다. 학교 동료들과 축의금을 갖고 저녁부터 참가하였습니다. 교사들은 마을관청 및 농협의 직원들과 함께 내빈석에 앉고, 아와모리泡盛와 도시락도 나누어 받았습니다. 나는 그것들을 먹으며 유명한 기노자의 〈존다라京太郎〉[9]를 비롯하여 가설무대에서 펼쳐

7_ 8월 중추의 명월을 보고 즐기는 관습은 중국 당나라 시대부터 있었으며, 야채나 과일 등을 공양하고 달을 향해 기원하며 즐겼다는 기록이 남아 있다. 이것이 일본의 헤이안(平安) 시대 무렵에 전해졌는데, 당초에는 귀족들 사이에서 즐겼으나 곧 일반 서민에게까지 퍼져 전국적인 행사가 되었다.

8_ 오키나와본도(沖繩本島)의 베토 곶(辺戸岬)과 기얀 곶(喜屋武岬) 중간에 위치한 기노자 촌(宜野座村)에 속한다. 기노자 촌은 마쓰다 구(松田區), 기노자 구, 소케이 구(惣慶區), 후쿠야마 구(福山區), 간나 구(漢那區) 및 시로하라 구(城原區) 등 6개의 행정구로 이루어진다.

9_ '존다라'는 남녀 집단이 마을 안을 돌며 염불가를 부른 다음 민요에 맞춰 춤을 피로하는 종류와, 복면이나

지는 민속예능을 관람하면서 관월회를 즐긴 적이 있습니다.

현재도 전통행사를 굳게 보존하고 있는 마을에서는 팔월십오야를 마을공동체 차원에서 축하합니다. 마을 단위로 기원을 올린 후에 민속예능 등을 봉납하고 있습니다. 대개의 마을에서 공통적으로 상연하는 목록은 '사자춤'과 '봉술棒術' 연무演舞입니다. 오키나와 전역의 33개소 시정촌市町村에 약 183종류의 사자춤이 전승되고 있다고 합니다. 오키나와의 사자춤은 청년 두 명이 사자 탈 속에 들어가 연출한다는 특징이 있습니다.

한편, 이토만 시絲滿市처럼 대규모로 줄다리기를 하고난 후에 팔월십오야 마쓰리를 거행하는 곳도 있습니다. 어느 쪽이든 내가 견학한 바에 따르면 1월 1일이 '태양의 설'인 것에 비해 8월 15일은 '달님의 설'이라는 의미가 있는 듯합니다. 그리고 현재의 일년은 설이 두 번 있어서 고대의 시간관념으로는 2년에 상당했다는 설도 있습니다.

최근 성행하고 있는 직장의 관월회에 대해 언급해 두겠습니다. 오키나와에서 직장의 3대 행사라고 하면 환영회·송별회와 관월회, 그리고 송년회입니다. 직장의 친목회와 상조회에는 직원 전원이 가입하여 간사들은 이 3대 행사를 중심으로 활동합니다.

직장의 관월회는 음력 8월 15일에 가까운 금요일 또는 토요일에 해변이나 공원에서 행하는 경우가 많은 것 같습니다. 매월 적립하는 회비로 맥주나 아와모리를 마시고 음식을 먹으며 즐깁니다. 최근에는 음식도 호화로워져서 쇠고기를 중심으로 한 바비큐나 돼지고기구이 등이 나옵니다. 또 사치스러운 산양탕까지 나오는 직장도 있습니다.

산양탕은 오키나와의 대표적인 스테미너 요리로서 '히자구스이山羊藥膳料理'라고 부릅니다. 산양고기는 시장이나 슈퍼에서 쉽게 살 수 있습니다. 우리들이 어렸을 때는 마을의 두세 집 중 한 집 정도가 산양을 길렀습니다. 그리고 사탕수수 수확기나 집을 신축할 때에 피로회복으로 맛있는 산양요리를 먹었습니다. 산양도 직접 도살해서 해체하여 요리하였습니다. 먼저 산양의 뒷다리와 앞다리를 묶어서 헛간의 대들보에 거꾸로 매달았습니다. 그리고 경동맥을 잘라 피를 빼내고 도살하였습니다. 피는 신중하게 세숫대

가장을 한 자들이 각 집을 도는 종류가 있다. 근세 초반에 본토에서 건너온 존다라의 예능은 현재도 오키나와 시 등에 그 공연목록의 일부인 우마메(馬舞)와 두이사시메(鳥刺舞) 등이 전승되고 있다. 그러나 존다라의 인형극은 그 전승이 단절되어 사자인형 조종만이 나키진 촌(今帰仁村) 등에 겨우 전해지고 있다. 기노자의 〈존다라〉는 1900년 8월 15일의 풍년제에서 최초로 연출되었다. 슨카시바이(寒水川芝居) 단원들이 이주해오며 음력 8월의 마을무용으로 기노자에 존다라의 예능을 전했다고 한다.

야 등으로 받아내고 소금을 뿌려서 굳혔습니다. 이 피는 나중에 '지이리차血いため(피볶음)'라는 반찬을 만드는 데에 사용하였습니다.

산양이 죽으면 바닷가에 메고 가서 털을 태웠습니다. 처음에는 참억새 또는 마른 아단阿檀 잎으로 굽고 마지막에는 짚불로 정성껏 구웠습니다. 어른들이 뿔과 발톱을 뽑아내며 해체에 들어가면 아이들은 대장과 소장을 뒤집어서 씻는 작업을 거들었습니다. 산양이나 돼지의 해체작업을 거들 수 있게 되면 아이도 어엿한 어른으로 인정받았습니다.

오키나와에서는 산양도 버리는 부위 없이 다 먹으며, 전부 이용합니다. 먼저 육회는 초간장에 생강을 섞은 조미료를 찍어서 먹습니다. 맥주 안주로 최고입니다. 메인요리인 산양탕에는 뼈와 내장을 전부 넣어서 보글보글 끓입니다. 거기에 쑥이나 쇠비름[10] 등의 약초를 넣어 먹습니다. 피는 내장과 당근, 부추 등과 섞어서 기름으로 볶아 '지이리차'를 만듭니다. 뿔과 발톱으로는 산신을 연주할 때 켜는 발목撥木을 만들었습니다.

나는 전 세계의 여러 가지 음식을 먹어봤지만, 산양요리 이상으로 맛있는 음식은 없다고 생각합니다. 그러나 1972년의 일본복귀 이후에 산양을 직접 도살하는 것은 법률로 금지되었습니다.

가지마야カジマヤー

음력 9월 7일, 오키나와에서는 '가지마야 축하'가 행해집니다. 가지마야 축하란 97세가 된 장수자를 축하하는 행사입니다. '가지마야'는 오키나와어로 '풍차'를 뜻합니다. 장수자의 심벌로 풍차를 들게 하고 축하를 하기 때문에 그렇게 부르고 있습니다. 이 날은 오키나와 각지의 마을에서 '가지마야 축하'를 합니다.

오키나와에서 장수와 출생년의 축하는 73세, 85세, 88세, 97세로 이어집니다. 73세 때는 고희古稀 축하를 하며, 88세의 미수米壽는 '도카치ト―カチ'라고 부르고 있습니다.

10_ 낮은 산과 들에서 자라는 1년생 초본이다. 양지 혹은 반그늘의 언덕이나 편평한 곳에서 자란다. 키는 약 30cm이고, 잎은 긴 타원형에 끝이 둥글며 마주나거나 어긋난다.

'도카치'란 '정확하게 꼭'이라는 의미입니다. 88세로 인생은 정확하게 한 차례 끝나고 이 나이가 되면 '한 번은 죽는다'는 사고방식의 발로입니다. 따라서 도카치 축하 전날, 당사자는 '이제 이것으로 마지막'이라고 생각하며 하염없이 운다고 합니다. 나의 돌아가신 어머니도 그 때 울었습니다.

도카치가 끝나면 89세부터는 다시 환생합니다. 살아있는 상태에서 '죽음과 재생'을 통과하는 것입니다. 따라서 97세는 어린아이가 되어 있으므로 '풍차'를 들게 하고 다음과 같이 노래하고 춤추면서 축하를 합니다.

  1. 꽃의 가지마야여, 스리, 바람을 데리고 돈다, 진툰 덴툰
     만친탄 우네타리슈노 마에우미카키레
     花のカジマヤーや スリ 風連れてみぐ(回)る チントゥン テントゥン
     マンチンタン ウネタリ主の前ウミカキレー
  2. 우리끼리 모여서, 우네, 바람을 데리고 돈다, 진툰 덴툰
     만친탄 우네타리슈노 마에우미카키레
     我身ん同志揃てぃ ウネ 風連れてみぐる チントゥン テントゥン
     マンチンタン ウネタリ主の前ウミカキレー[11]

다행히도 2002년에 아내의 조모가 가지마야 축하를 맞이하여 나도 태어나서 처음으로 가지마야 축하를 준비하고 주최하는 체험을 할 수 있었습니다. 아내의 조모는 딸의 가족, 즉 나의 장모 일가와 함께 생활하고 있었습니다. 따라서 가지마야 축하에 관한 의논과 준비는 아내의 친정을 중심으로 거행하게 되었습니다.

축하 당일, 우리들은 오전 8시가 지나 도미구스쿠 시豊見城市[12]에 있는 아내의 친정으로 모였습니다. 그리고 빌려온 빨간색 오픈카를 종이로 만든 꽃과 소철 잎 등으로

11_ 원문에는 표기되어 있지 않지만, 오우라 만(大浦灣) 지역의 민요인 '우후라부시(大浦節)'이다. 오우라 만은 나고 시(名護市) 남부에 위치한 만이다. 일대에 맹그로브 숲이 형성되어 있다.

12_ 오키나와본도 남부에 있는 시이다. 2002년, 도미구스쿠 촌(豊見城村)에서 시로 승격하였다. 오키나와 현의 현청소재지인 나하 시(那覇市) 남쪽에 인접해 있기 때문에 베드타운으로서 인구가 증가하고 있다. 2006년에는 동양경제신보사(東洋経済新報社)가 조사한 '성장력 랭킹'에서 전국 1위가 되었다.

장식하였습니다. 오전 9시 지나서는 할머니의 장수를 닮기 바라는 '아야카리 잔あやかり 盃' 의식에 들어갔습니다. 할머니는 옅은 화장을 하고 전통적인 염색 무늬의 성장盛裝을 하였습니다. 테이블 위에는 술과 술잔, 그리고 쌀을 담고 거기에 풍차를 꽂아서 장식한 대야가 놓여있습니다.

먼저 장남부터 아야카리 술잔을 받습니다. 또 초다시마 한 조각도 받아먹습니다. 우리들을 포함하여 손자손녀 부부만도 16명입니다. 거기에 30명 가까운 증손자녀들이 아야카리 잔과 초다시마를 받고 할머니에게 축언을 드린 후에 할머니로부터 가르침을 듣습니다. 이 '아야카리 잔'이 가지마야 축하에서 중요한 의식 중 하나일 것이라고 생각하였습니다.

그 후 10시부터 드디어 할머니를 오픈카에 태우고 퍼레이드로 옮겨 갔습니다. 우리들은 도미구스쿠 시에서 나하 시那覇市에 있는 호텔까지 한 시간 가까이 차로 열을 지어 퍼레이드를 하였습니다. 도시에서는 이 정도의 퍼레이드가 고작이었습니다. 우리들이 어렸을 때는 마차나 우차로 만든 '꽃차'에 태우고 이웃마을까지 퍼레이드를 하였습니다. 온 마을 사람들이 총출동하여 축하하며, '가지마야'라고 부르는 마을 사거리에서는 '꽃차'를 멈추고 "꽃의 가지마야여, 스리" 하며 노래와 춤을 공연하였습니다. 현재도 낙도나 지방에서는 그와 같은 축하 광경을 볼 수 있습니다.

호텔에 도착하여 기념촬영을 한 후에 '가지마야 축하파티'가 열렸습니다. 손님은 70여 명의 친척뿐으로, 규모가 매우 작은 축하연이었습니다. 그래도 함께 회식을 하면서 즐기는 프로그램이 14종류나 있어서 두 시간 가까이 걸린 축하연이었습니다. 여흥은 류큐무용과 가라테空手・고무도古武道[13]를 중심으로 하여 전부 손자손녀와 증손들로 구성할 수 있었습니다. 압권은 할머니 자신이 〈가나요かなーょー〉라는 류큐무용을 무대에서 춤춘 일이었습니다. 97세의 할머니가 손자손녀들의 노래와 산신三線에 맞춰 〈가나요〉를 추는 일은 아마도 기네스북 감의 기록이었을 것입니다.

어쨌든 처음으로 주최하는 가지마야 축하였기 때문에 모두가 시행착오를 겪으면서 진행할 수밖에 없었습니다. 우리들에게는 어디까지가 전통적이고, 어디가 변용되었는

13_ 맨손 혹은 둔기와 병기, 화기 등 무구(武具)의 사용법이나 수영, 승마 등 전투와 관련된 전통적 기술을 체계화한 것의 총칭이다. 고류무술(古流武術), 고무술과 거의 같은 뜻이다.

지 확실하지 않았습니다. 그래도 장수를 축복하며 그렇게 닮기를 바란다는 기본 마음 가짐은 표현할 수 있었다고 생각합니다.

가지마야 축하를 통하여 오키나와의 생사관을 또 하나 배울 수 있었습니다. 오키나와에서는 이상적인 장수를 '120세까지'라고 표현합니다. 그리고 인간은 누구나가 죽은 후에 환생하여 120세가 되면 '조자노 우후슈長子の大主'라고 하는, 살아있는 신이 될 수 있다고 믿어 왔습니다.

이 생사관은 단순한 관념이 아닙니다. 가지마야의 축하는 환생하여 아이가 되는 97세에 어떤 축하를 받을 수 있는지 구체적으로 체험하는 것입니다. 그리고 각지의 민속예능에는 〈조자노 우후슈長子の大主〉라는 공연목록이 남아 있습니다. 이 120세의 '조자노 우후슈'는 자식과 손자손녀, 증손, 손자의 손자들을 이끌고 무대에 등장합니다. 120세라는 사실을 직접 말하고 사람들로부터 여러 가지 예능을 봉납 받는 것입니다. 이 민속예능을 관람함으로써 우리들은 '조자노 우후슈'의 구체적 이미지를 그릴 수 있게 됩니다.

나는 오키나와의 생사관 중에서 '환생한다'는 사고방식에 주목하고 있습니다. 그 환생은 불교나 기독교에서 가르치는 '천국과 지옥'과도 다른 듯합니다. 그리고 이 생사관이 오키나와의 신앙과 문화의 중요한 기층을 이루고 있는 것은 아닐까라는 생각을 하고 있습니다.

이민과 전쟁

오키나와에서는 수년에 한 차례의 비율로 '세계 우치난추대회世界のウチナーンチュ大會'를 개최하고 있습니다. 우치난추란 오키나와인·류큐 민족을 말합니다. 이 류큐 민족이라는 말은 최근 그다지 사용하지 않지만, 메이지明治, 다이쇼大正 시대[14]-에 오키나와의 신문을 통해 이하 후유伊波普猷나 히가 슌초比嘉春潮,[15]- 시마부쿠로 젠파쓰島袋全發[16]-

---

14_ 일본사에서 1912년 7월 30일부터 1926년 12월 25일까지의 다이쇼 천황(大正天皇) 통치기를 가리킨다. 다이쇼 데모크라시를 비롯하여 민권주의 운동이 일어난 시기이다.

등 '오키나와학沖縄學'의 선학들이 자주 사용했던 표현입니다.

2001년 11월에는 제3회 세계 우치난추대회가 열렸습니다. 미국과 브라질, 필리핀을 비롯한 28개 국가와 두 지역에서 약 4천 명이 귀향하여 대회에 참가하였습니다. 그리고 기노완 시宜野灣市의 오키나와컨벤션센터를 중심으로 하는 4일간의 공식일정뿐 아니라, 오키나와 각지에서 시정촌市町村 차원의 환영회와 친족 차원에서의 교류가 펼쳐졌습니다.

잘 알려진 바와 같이, 오키나와는 일본에서도 첫째 둘째를 다투는 이민 현縣입니다. 현재 남북 아메리카대륙을 중심으로 외국에 거주하는 오키나와 현계縣系 주민은 약 30만 명을 넘는 것으로 추정되고 있습니다. 여기에 일본 본토에 거주하는 오키나와 현 출신자를 더하면 35만 명 이상이 될 것입니다. 현재 국내외를 합하여 오키나와의 인구를 170만 명이라고 치면 실로 다섯 명 중에 한 명 꼴로 해외·현외에 이주해 있다는 셈이 됩니다. 따라서 메이지 이후의 근대 오키나와의 역사와 문화에서 1899년부터 시작된 해외이민과 객지벌이의 역사는 결코 무시할 수 없는 중요한 측면입니다. 더구나 해외이민은 전후는 물론 일본복귀 후인 현재까지도 계속되고 있습니다.

해외이민의 결과, 오키나와계 주민이 가장 많은 나라는 브라질로, 약 8만 명입니다. 이어서 하와이를 중심으로 한 미국이 약 3만 명으로 추정되며 페루, 볼리비아, 아르헨티나, 캐나다가 그 뒤를 잇고 있습니다. 필리핀에는 전후에 결혼 때문에 이민을 간 여성들이 많습니다. 그리고 어느 나라나 지역에서건 '오키나와현인회'가 조직되어 활발하게 활동하고 있습니다. 페루와 하와이처럼 대통령 선거나 주지사 선거 등에 영향력을 가진 현인회도 있습니다.

나의 친척 중에도 페루로 이민 간 가족이 있습니다. 제3회 대회 때는 두 명이 귀향하여 왔습니다. 나는 1990년에 필리핀대학의 대학원으로 유학했을 때, 필리핀현인회 여

15_ 1883~1977. 오키나와 출신의 역사학자이다. 오키나와사범학교를 졸업하고 초등학교장, 신문기자, 오키나와 현 직원을 거쳐 야나기타 구니오(柳田國男) 및 이하 후유(伊波普猷)에게 사사를 받고 민속학에 들어섰다. 전후, 오키나와인연맹 창립과 오키나와 문화협회 설립에 간여하였다. 저작으로『오키나와의 역사(沖繩の歷史)』등이 있다.

16_ 1888~1953. 나하 시 출신 오키나와 연구자·가인이다. 교토제국대학(京都帝國大學) 법학부를 졸업한 후, 신문기자와 교원을 거쳐 현립도서관장을 역임하였다. 1923년에 오키나와향토연구회를 조직하였다. 『나하 변천기(那覇變遷記)』등의 저서가 있다.

러분에게 큰 신세를 졌습니다. 필리핀현인회로부터는 이십 몇 명이 귀향하였습니다. 또 뉴욕현인회의 친구들도 돌아왔습니다. 덕분에 나는 하에바루 정南風原町에서 주최하는 환영회와 오키나와필리핀협회에서 주최하는 환영회 양쪽에 동시에 참가하느라 바빴습니다.

나도 관련되어 있는 '21세기 동인회'에서는 류큐호琉球弧의 자립·독립을 위한 논쟁지『우루마네시아うるまネシア』 3호를 통해 세계 우치난추대회 특집호를 발간하고, 그것을 '선물'로 배포하였습니다. 우리들은 10여 개국의 100명 가까운 참가자에게 『우루마네시아』를 건넬 수 있었습니다. 해외의 우치난추도 '류큐호의 자립·독립운동과 논쟁'이 있다는 사실을 알아주기를 바랐습니다. 모두 기꺼이 받아주었습니다.

나는 하에바루 정사南風原町史·요나바루 정사與那原町史·다마구스쿠 촌사玉城村史와 신 오키나와 현사新沖繩縣史의 편집사업에 관여해 왔습니다. 오키나와 현사나 시정촌사의 편집에서 빠트릴 수 없는 것은 각론 편 속에 '전시기록 편'과 '이민 편' 항목을 넣는 일입니다. 이민과 전시체험을 빼고는 오키나와의 근·현대사를 말할 수 없기 때문입니다.

오키나와 현의 사료편집실은 지금까지 『오키나와 현사·비주얼 판·9 구 남양군도와 오키나와 현민』과 『오키나와 현사·자료편·15 구 남양군도 관련 사진자료』를 비롯하여 많은 이민 관련 자료를 출판하고 있습니다. 사이판Saipan 섬[17]과 티니안Tinian 섬[18]을 조사한 지난번의 성과가 나타나고 있는 것입니다.

나는 2002년 9월에 이민 관련조사차 파라오제도에 다녀왔습니다. 파라오제도 조사는 오키나와 현 사료편집실 입장에서도 처음 있는 일이었습니다. 그 곳에 가본 후, 나는 일본의 식민지와 이민과 전쟁의 기록화 및 연구가 결코 충분하다고는 말할 수 없다는 것을 통감하였습니다. 오키나와 현민의 최대 이민지였던 타이완과 필리핀, 구 남양군도에 관한 조사 및 연구가 이제 갓 시작되었을 뿐입니다. 그리고 이러한 기록, 조사,

---

17_ 서태평양 북마리아나제도(Northern Mariana Islands) 남부에 있는 미국령 화산성 섬이다. 북마리아나제도에서 가장 큰 섬이며 수도인 찰란카노아(Chalan Kanoa)가 위치해있다.

18_ 미국 자치령인 북마리아나제도의 일부인 섬으로 사이판 섬에서 남쪽으로 5㎞, 괌 섬에서 북쪽으로 160㎞ 떨어진 곳에 위치한다. 티니안 섬에는 전쟁 전부터 일본인이 다수 이주하여 살고 있었으며, 사탕수수 재배와 제당업이 번창하였다.

연구는 그 체험자가 고령화 하거나 사망해가는 가운데 매우 서두르지 않으면 안 되는 과제가 되었습니다.

결혼식과 장례식

오키나와의 사회문화에서 결혼식과 장례식만큼 시대적으로 변용한 것은 없을 것입니다. 특히 1972년의 일본복귀 이후에 그 변화가 현저하다고 생각합니다.

결혼식과 장례식은 도시와 지방 및 사회계층이나 종교에 따라 다른 요소가 많다고 생각하지만, 여기에서는 어디까지나 오키나와본도의 나하 시와 시마지리 군島尻郡을 중심으로 한 나의 생활권에서 관찰해보고 싶습니다.

먼저 결혼식입니다. 나의 넷째 누이 시절까지는 불전佛前 결혼식으로, 피로연도 집에서 행하였습니다. 피로연을 전세 낸 홀에서 치르게 된 것은 넷째 형부터이며, 1967년의 일이었습니다.

오키나와의 전통적인 방식으로는 신랑 측에서 신부 집으로 오키나와요리와 아와모리 및 '두시루ドゥーシル'라고 하는 납폐금을 보내는 것이 납폐 의식의 중심이었습니다. 본토와 같은 '납폐 칠품結納の七品'[19]-을 지참하는 관습은 없었습니다. 오키나와에서는 납폐 의식을 '사키무이酒盛り'라고 부릅니다.

결혼식 때 특별히 중매인[20]-을 부탁하는 경우는 없었습니다. 그 대신 '신부맞이 역할'을 하는 무리가 신부 집으로 가서 신부를 맞이해 왔습니다. 우리들이 초등학생이었던 무렵까지는 같은 마을 안에서의 결혼이 많았기 때문에 걸어서 맞이하러 갔습니다. 맞이하는 시각은 저녁 만조 때로 정해져 있었습니다. 그래서 신부맞이 역할에게

19_ 납폐는 약혼의 증거로 예물을 교환하는 일, 또는 그 물건을 말한다. 납폐 품목은 돈, 다시마, 마른오징어, 다랑어 등 주로 행복을 상징하는 물건이 많지만, 각각의 의미가 있어서 지역에 따라 명칭도 다르며 그 지역만의 독특한 품목도 들어있다.

20_ 이전에는 결혼할 때 중매인을 세우는 것이 일반적이었다. 며느리를 맞아들이는 결혼 형식이 갖추어진 에도(江戸) 시대 이후로 중매인은 매우 중요시되었다. 중매인은 결혼 절차의 모든 것을 담당하며, 혼담을 진척시키고 혼례에 입회하여 보증인의 역할도 맡았다. 현재의 결혼식에서는 매작인(媒妁人)을 세우는데, 이 명칭은 결혼식 당일에 참석한 중매인을 말하며, 맞선결혼일 경우 대개 중매인이 매작인을 겸한다.

는 반드시 '초롱 들기'가 따라붙었습니다. 이 초롱 들기는 초등학생 사내아이가 담당하였습니다.

나는 어째서인지 이 초롱 들기를 자주 맡게 되었습니다. 그 중 두 번은 선명하게 기억합니다. 초롱 들기에게는 중요한 일이 세 가지 있습니다. 하나는 초롱불로 발밑을 비추는 길 안내입니다. 두 번째는 신부 집에 가서 도착을 알리는 일입니다. 세 번째는 신부 집에서 가장 먼저 자리에 올라서는 일입니다. 신부를 맞이할 때는 다음과 같이 말하였습니다.

> 이보게, 달이 찼네, 밀물도 찼네,
> 새 신부를 맞이하세나, 하콴콴, 후콴콴
> サリ、サリ、サリ。月ん滿ちゃびたん。潮ん滿ちゃびたん。
> 新嫁ぬあやーめー、うんちけーさびら。ハークヮンクヮン。フークヮンクヮン。

초등학교 3, 4학년생이었던 때, 초롱 들기 역할을 맡게 되면 늘 "여보, 여보, 여보시오. 달도 찼습니다. 밀물도 찼습니다. 새 신부님을 맞이합시다. 하콴콴. 후콴콴."이라는 이 내용을 틀리게 말하지나 않을까 걱정하였습니다. 또 말을 끝내고 자리에 올라설 때는 '문지방을 밟으면 안 된다'고 주의 받았습니다.

신부를 무사히 맞이하면 신랑 집 부쓰단佛壇 앞에서 삼삼구도三三九度[21]의 술잔을 주고받았습니다. 피로연은 신랑 집에서 열렸습니다. 안쪽 자리에 들어갈 수 없는 손님은 마당에 임시로 돗자리를 깐 평상을 놓고, 그곳에서 축하를 하였습니다. 젊은이와 아이들은 그곳에 앉았습니다.

내가 결혼한 것은 1981년이었습니다. 그 때부터 납폐는 '납폐 칠품'과 술, 납폐금을 갖고 가게 되었습니다. 그 무렵의 납폐금은 일반적으로 50만 엔圓이었습니다. 결혼식은 장인의 강력한 요망도 있었고, 또 아버지가 입원해 있었기 때문에 신사에서 거행하

21_ 혼례 때의 경사스러운 술잔으로서 공식(共食)신앙에 기초하여 부부 및 양가의 혼(魂)의 공유·공통화를 꾀하는 의제(擬祭)행위이다. 처음에는 여성이 세 차례, 다음에는 남성이 세 차례, 마지막으로 여성이 세 차례, 전부 아홉 차례 술을 주고받는다.

였습니다. 중매인으로는 초등학생 시절의 은사 부처에게 부탁하였습니다. 피로연은 농협중앙회관 홀을 빌리고, 음식은 도시락과 아와모리, 맥주, 주스를 중심으로 준비하였습니다. 안내한 손님은 2백여 명이었을 것입니다. 손님 수는 그 무렵의 평균적인 인원수였으며, 축의금은 평균 3천 엔 정도였습니다. 피로연 시간은 2시간 정도였습니다.

1990년대에 들어서자 납폐에서 결혼식, 피로연까지를 전부 호텔의 연회장에서 하는 사례가 많아졌습니다. 신랑신부의 화장고치기도 두 차례 들어가게 되고 의상도 세 번 갈아입는 양식으로 변화하였습니다. 손님 수는 2백에서 3백 명이며, 축의금 시세는 1만 엔 이상입니다. 대체로 피로연의 프로그램은 18종류 정도이며, 2시간 남짓 소요됩니다. 이전에는 피로연이라고 하면 밤에 하는 것이 일반적이었지만, 최근에는 일요일 낮에 행하는 경우가 늘고 있습니다.

한편, 장례식 쪽도 크게 변용하였습니다. 지방에서는 철야에서 고별식까지를 자가에서 하는 것이 일반적입니다. 1990년대 후반에 우리 부모님이 돌아가셨을 때도 철야와 고별식을 다마구스쿠 촌의 본가에서 행하였습니다.

나무 관을 만들고 장례식용 소도구를 만들거나, 부엌에서 음식을 만들어 사람들에게 나누어주는 일은 마을사람들이 전면적으로 지원해주었습니다.

우리들이 어렸을 때인 1950년대까지는 아직 화장을 하지 않았습니다. 따라서 나무 관을 실어 나르는 '간龕'이라는 일종의 가마도 있었습니다. 집에서 묘까지 가는 장례행렬의 맨 앞에는 정고鉦鼓[22]-두드리는 사람과 '나키메泣き女'[23]-들이 섰습니다. 유해는 귀갑묘龜甲墓 같은 커다란 묘 안에서 썩혔다가 수년 후에 '세골洗骨'을 하여 뼈 항아리에 넣었습니다.

나의 부모님이 돌아가셨을 무렵부터는 화장을 하게 되었습니다. 류큐호의 섬들에 화장 제도가 들어온 것은 지역차가 있어서 아직 화장을 하지 않는 작은 낙도도 남아 있는 듯합니다. 화장을 하게 되면 독경讀經을 하는 스님을 부르게 됩니다. 그러나 류큐호에

22_ 타악기의 일종으로 반자(飯子)나 금구(金口) 또는 금고(金鼓)라고도 부른다. 원래는 사찰의 종루나 당(堂) 앞 처마에 걸어두고 염불할 때 치는 불구(佛具)의 일종이다.

23_ '나키메' 또는 '나키온나'는 중국과 한반도를 비롯하여 유럽 등 세계 각지에서 산견되는 전통적인 직업이다. 주로 장례 때에 유족을 대신하여 큰 소리로 곡하는 것을 업으로 한다. 민속신앙에서는 악령 퇴치나 초혼(招魂)의 능력도 갖춘 존재로 간주되었다.

는 불교 포교가 미약한 까닭에 일본 본토와 같은 '단카제도檀家制度'[24]-가 없습니다. 따라서 어느 종파의 스님을 부를 것인가는 그 절의 일정을 보아 결정하고 있습니다.

도시에서는 1980년대부터 고별식을 절이나 교회에서 거행하는 사례가 늘고 있습니다. 이 때는 철야부터 고별식까지 장의사가 도맡아 처리하는 경우가 많습니다. 오키나와의 고별식에는 최하 100명 이상이 참석합니다. 조의금은 도시에서 천 엔, 지방에서 5백 엔 정도입니다. 고별식이 끝나면 그날 저녁까지는 묘에 납골하는 것도 오키나와 장례식의 특징일 것입니다.

가미우간神拜

오키나와에는 개인 차원, 가정 차원, 문추門中 일족 차원, 마을공동체 차원이라는 여러 층위의 우간御願과 가미우간 행사가 있습니다. 나는 우리 문추 일족이 7년마다 행하는 '나치진누부이今歸仁上い'에 참가하고 있습니다. 2002년에는 처음으로 우리 가족 4명 전원이 참가하였습니다.

나치진누부이는 구니가미 군國頭郡[25]- 나키진 촌今歸仁村을 중심으로 조상과 연고가 있는 우타키御嶽와 구스쿠グスク 터, 가井泉, 묘 등의 성지를 순례하는 가미우간 행사입니다. 오키나와의 모든 문추가 '아가리우마이東御廻い'와 함께 거행하는 2대 성지순례라고 할 수 있을 것입니다.

우리 문추 일족은 '7년마다' 행하지만, 각각의 지역에서 나키진 촌까지의 거리에 따라 문추마다 다른 것 같습니다. 즉 가까운 곳에서는 매년 행하며 대체로는 3년, 5년,

---

24_ 사원이 단가(檀家)의 장례와 공양을 독점적으로 집행하는 것을 조건으로 맺어진 절과 단가의 관계를 말한다. 에도 막부(江戸幕府)의 종교통제정책에서 나왔으며, 데라우케제도(寺請制度)라고도 한다.

25_ 1896년 4월의 '오키나와 현의 군 편제에 관한 건(沖縄県ノ郡編制ニ関スル件)' 시행에 의해 나고 마기리(名護間切)・온나 마기리(恩納間切)・긴 마기리(金武間切)・구시마 마기리(久志間切)・구미가미 마기리(國頭間切)・오기미 마기리(大宜味間切)・하네지 마기리(羽地間切)・나키진 마기리(今歸仁間切)・모토부 마기리(本部間切) 및 이에지마(伊江島) 지역이 구니가미 군이라는 행정구획으로서 발족하였다. 자연의 보고로 알려진 얀바루(山原)가 이 구니가미 군에 속하며, 행정상으로는 시마지리 군(島尻郡)에 속하는 이헤야 촌(伊平屋村)과 이제나 촌(伊是名村)도 구니가미 군의 일부로 다루어지는 경우가 있다.

7년 혹은 13년마다 순례하고 있습니다. 순례 시기는 태풍도 다 지나가 날씨가 안정되고 농한기이기도 한 음력 8월부터 10월경의 일요일이 많습니다.

순례 코스는 각 문추에 공통하는 부분과 문추에 따라 다른 부분이 있습니다. 공통 부분은 세계유산인 '나키진 구스쿠今歸仁グスク 터' 안의 배소拜所에 참배하는 것입니다. 구스쿠 안의 ① 덴치지 우타키テンチヂ御嶽,[26]- ② 소이쓰기 우타키ソイツギ御嶽,[27]- ③ 히누칸火の神[28]과 ④ 가라우카カラウカー[29]-를 순례하며, 그런 까닭에 '나치진누부이'라고 부릅니다.

이 외에는 문추에 따라 다른 듯합니다. 우리 문추는 나키진 촌내에서 이마도마리今泊[30]-의 오레누루둔치阿應理屋惠ノ口殿內[31]-와 운텐 항運天港[32]-의 우후니시 묘大北墓[33]-를 참배하였습니다.

한편, 우리들의 조상인 제2 쇼씨尙氏 왕통의 초대 왕인 쇼엔尙圓의 연고지로서 오기미

26_ 고대가요집 『오모로소시(おもろさうし)』에서는 '가나히야부(カナヒヤブ)'로 읊어진 우타키로, 나키진 구스쿠의 수호신 '이비가나시(イビガナシ)'를 모시는 신성한 장소이다. 한안치(攀安知)가 쇼하시(尙巴志)의 연합군에게 공격을 받고 멸망했을 때, 보검 지요가네마루(千代金丸)로 벤 돌이 있던 곳이라고도 전해진다. 류큐(琉球) 개벽신화와 관련이 깊은 곳으로서 많은 사람들이 참배하러 오는 우타키이다.

27_ 이 우타키도 류큐 개벽신화와 관련이 깊은 곳이다. 덴치지 우타키에서 제사를 올린 후에 이곳에서 기원을 한다.

28_ 빨간 벽돌로 지어진 작은 사당으로, 나키진 히누칸을 모신다. 매년 음력 8월 10일에 여신관(女神官)들이 제례를 올린다. 그 앞에는 한문으로 된 '호쿠잔 나키진 구스쿠 감수 내력비기(山北今歸仁城監守来歷碑記)'와 석등이 있다.

29_ 오미야(大庭)라고 부르는 곽(郭) 한쪽에 자연적으로 생긴 고생기 석회암이 있다. 석회암의 우묵한 곳에 물이 조금씩 배어나와 생긴 물웅덩이가 있고, 이것이 나치진누부이의 배소 중 하나인 가라우카이다. 옛날에는 성 안의 여관(女官)들이 머리를 감던 장소라고 한다.

30_ 나키진과 오야도마리(親泊)가 합병하여 이마도마리가 되었다. 오야도마리는 훌륭한 항구라는 데서 유래한 명칭으로 추측되고 있다. 세계유산으로 등록된 나키진 구스쿠가 소재하며, 나키진 구스쿠는 산잔 시대(三山時代) 호쿠잔 왕(北山王)의 거성이었던 곳이다.

31_ '오레누루(阿応理屋惠ノ口)'는 구니가미(國頭) 지방을 총괄하는 신직(神職)이다. 사쓰마군(薩摩軍)의 침공 후, 나키진 감수(今帰仁監守)와 함께 1665년에 슈리(首里)로 돌아갔다. 둔치(殿內)는 류큐 사족(士族) 중 총지토직(総地頭職)으로 있는 웨카타 가(親方家), 또는 그 저택을 가리키는 존칭이다.

32_ 오키나와 현 구니가미 군(國頭郡) 나키진 촌에 있는 주요 항만이다. 하네지 내해(羽地內海) 일대의 작은 항구도 포함하며, 항만관리자는 오키나와 현이다. 오키나와본도 북부의 모토부 반도(本部半島)에서는 모토부항과 함께 주요한 항구인데, 주요항만으로 지정되어 있는 것은 이 항구만이다.

33_ 구니가미 군 나키진 촌 운텐에 소재하는 나키진 촌의 지정문화재이다. 호쿠잔 감수(北山監守)를 대대로 역임한 류큐왕족이면서 원래는 나키진우둔(今歸仁御殿)이었던 구시카와우둔(具志川御殿)의 묘이다. 18세기 후반에 축조되었다.

촌大宜味村[34]- 쓰하津波의 누루둔치ノロ殿內[35]-와 구니가미 촌國頭村[36]- 오쿠마奧間의 오쿠마 대장간을 순례하였습니다. 그러므로 우리 문추 일족은 이번의 나치진누부이에서 합계 8개소의 성지에 참배한 셈입니다.

참배할 때에 빠트릴 수 없는 것은 '빈시瓶子(술항아리)'라고 하는 세트상자입니다. 옻칠을 한 이 상자에는 향, 술, 소금, 쌀, 지전紙錢 등이 한 세트로 들어있습니다. 기원을 할 때는 이 세트와 과일을 올립니다.

다마구스쿠 촌玉城村, 나하 시, 이토만 시絲滿市, 오키나와 시沖繩市, 나고 시名護市, 하에 바루 정 등에서 참가한 일문一門 사람들 70여 명이 관광버스 한 대와 자가용에 나누어 타고 오전 8시에 출발하여 밤 8시쯤에 돌아왔습니다.

류큐왕국 시대부터 지속되었다고 하는 나치진누부이는, 전전戰前에는 도보로 2박 3일이나 걸렸습니다. 아버지들은 쌀이나 된장을 짊어지고 나고 시에 있는 문추 집에 머물면서 참배했다고 합니다. 이번에는 두세 살 먹은 아이들부터 여든이 넘는 사람까지 문추 일족이 참가하였습니다.

나치진누부이와 함께 빠트릴 수 없는 순례가 '아가리우마이'라는 가미우간입니다. 이 순례도 류큐왕국 시대부터 이어지고 있습니다. 슈리성首里城의 동쪽에 위치한 요나바루 정, 사시키 정佐敷町, 지넨 촌知念村, 다마구스쿠 촌의 성지를 순례하기 때문에 '아가리(東)우마이(御廻い)'라고 부릅니다. 이 성지들은 류큐왕권의 신화 속 고향이며, 조상 연고지라고 전해집니다.

류큐왕국 시대 초기에는 왕가나 사족士族계급의 일문이 행하는 신사神事였습니다. 그러나 현재는 각 문추를 중심으로 널리 대중적으로 행하고 있습니다. 주로 4년에 한 번씩의 페이스로 음력 8월경부터 10월경까지에 행합니다.

34_ 오키나와본도 북부에 위치한 촌으로, 구니가미 군에 속한다. 세계 최장수국인 일본 안에서도 장수지역으로 알려진 오키나와 현에서 최고의 장수촌이다.

35_ 이전의 쓰하는 하네지 마기리(현재의 나고 시)의 마을 중 하나였다. 1673년에 구니가미 마기리(國頭間切)와 하네지 마기리의 일부를 갈라서 후에 오기미 마기리가 되는 다미나토 마기리(田港間切)가 창설되었다. 그때 하네지 마기리의 마을이었던 쓰하는 오기미 마기리의 촌(村)으로 편입되며 아자(字)가 되어 현재에 이르고 있다.

36_ 오키나와본도 최북단에 위치한다. 현 내에서 4번째로 넓은 194.8km² 의 면적을 갖고 있다. 그 대부분이 산과 벌판으로, 오키나와본도에서 가장 높은 요나하다케(與那覇岳)를 중심으로 크고 작은 산이 이어진다. 인구는 약 6,000명이다.

아가리우마이의 순례 코스도 문추에 따라 약간씩 다른 점이 있습니다. 그러나 세계유산인 슈리성 터의 소노히얀 우타키園比屋武御嶽에서 출발하여, 세화 우타키齋場御嶽를 거쳐 다마구스쿠 구스쿠玉城グスク를 종점으로 삼는 기본적인 코스는 공통적입니다.

1997년에 다마구스쿠 촌, 지넨 촌, 사시키 정의 관청에서 공동으로 발행한 팸플릿에는 다음과 같이 14개소의 성지가 소개되고 있습니다. ① 소노히얀 우타키, ② 우둔야마御殿山,[37]- ③ 에가親川,[38]- ④ 바텐 우타키馬天御嶽,[39]- ⑤ 사시키 구스쿠佐敷グスク,[40]- ⑥ 데다웃카ㅜㅋ御川,[41]- ⑦ 세화 우타키, ⑧ 지넨 구스쿠知念グスク,[42]- ⑨ 지넨웃카知念御川,[43]- ⑩ 우킨주受水・하인주走水, ⑪ 야하라즈카사ヤハラヅカサ, ⑫ 하마가와우타키浜川御嶽, ⑬ 민툰 구스쿠ㅁㅌㅜㅇグスク, ⑭ 다마구스쿠 구스쿠. 이 중 대부분이 국가나 현縣의 문화재로 지정되었으며, 소노히얀 우타키의 석문石門과 세화 우타키는 세계문화유산으로 등록되어 있습니다.

우리 문추는 기억하기 쉽도록 올림픽이 개최되는 해에 맞춰 4년에 한 번씩 아가리우마이 순례를 행하고 있습니다. 다만, 앞에서 언급한 14개소 중 ④ 바텐 우타키와 ⑤

37_ '우둔(御殿)'이란 왕가의 건물이나 저택, 혹은 왕족의 지토직(地頭職)인 아지지토가(按司地頭家)의 저택을 가리킨다. 우둔야마는 우둔이 위치한 높은 지대라는 뜻이다. 우둔야마와 에가(親川)가 소재하는 요나바루(與那原) 해안은 세화 우타키가 부각되기 이전에 구다카지마(久高島)와 함께 류큐 왕권제사의 2대 제장이었던 곳이다.

38_ 요나바루 마을의 소공원 안에 에가와 배전(拜殿)이 있다. 『류큐국유래기(琉球國由来記)』는 에가가 천녀 아이의 우비나디(御水撫で)를 하던 우부가(産井戶)였다고 전한다. 원래 요나바루는 이 에가를 중심으로 형성된 마을로, 사람들은 그 풍부한 물을 이용하여 넓은 수전을 개척했다고 한다.

39_ 통칭 '이비누무이(イビの森)'라고 부르며, 신자토(新里) 마을 앞에 있는 소공원 안에 위치한다. 바텐 우타키는 쇼하시의 조부인 사메가와 우후누시(鮫川大主)가 이헤야지마(伊平屋島)에서 사시키로 건너와 안주했다고 전해지는 곳이다. 우후누시는 이곳에 오두막을 짓고 고기를 잡으며 생활했다고 한다.

40_ 쇼하시의 부친 쇼시쇼(尚思紹)가 사시키 아지(按司) 시절에 쌓았다고 전해지는 곳이다. 쇼하시 부자의 거성으로 사용되었지만, 쇼하시가 주잔 구스쿠(中山グスク)를 함락시키고 그곳으로 이전할 때에 성곽의 돌을 전부 슈리로 옮겼다고 한다.

41_ 지나(知名) 마을의 북동쪽, 동해안으로 돌출된 듯한 구릉 위에 지나 구스쿠(知名グスク)가 있다. 그 구스쿠가 보이는 바닷가에 큰 바위를 뒤로 하고 향로가 놓여 있는 배소이다. 데다웃카는 태양신이 강림한 영천(靈泉)으로 알려져 있다.

42_ 자연석으로 쌓은 고성(古城)과 아치문을 갖춘 신성(新城)의 두 곽(郭)으로 이루어져 있다. 고성은 천손씨(天孫氏) 시대에, 신성 미구스쿠(ミーグスク)는 류큐왕조의 제2 쇼씨(尚氏) 왕통 3대인 쇼신왕(尚眞王) 시대에 쌓은 것이라는 이야기가 전해진다.

43_ 지넨 구스쿠 터의 북측 문 근처에 있는 가(泉)이다. 배후지에 있는 우카하루(御川原)는 벼의 발상지라고 전해지며, 류큐의 개벽신 아마미쿄(アマミキョ)가 하늘에서 벼를 가지고 와 이곳에 심었다고 한다.

사시키 구스쿠는 참배하지 않습니다. 아마도 그곳이 제1 쇼씨 왕통과 관련된 성지이기 때문일 것이라고 생각합니다.

옛날, 교통기관이 발달하지 않았던 시대에는 아가리우마이도 문추의 대표들이 며칠씩 걸려서 순례하는 큰 행사였다고 합니다. 현재는 전세버스나 자가용을 줄지어 신들과 류큐왕조의 역사를 방문하는 가을소풍 또는 사적 순례 같은 즐거운 행사가 되었습니다.

나는 초등학생 때부터 나치진누부이와 아가리우마이에 참가해 왔습니다. 그 당시는 순례의 의미를 잘 몰랐습니다. 그래도 연장자나 아버지의 설명을 최대한 잘 들으려 노력하였습니다. 가장 큰 즐거움은 참배의 포상으로 식당 등에서 맛있는 음식을 먹을 수 있다는 것이었습니다.

그러나 이러한 체험이 어른이 되어 류큐・오키나와의 역사와 문화를 공부하는 열정의 기반이 되었습니다. 또 친구들과 지인들, 본토나 외국에서 온 손님들을 사적 순례로 안내할 때의 지식으로 도움이 되었습니다. 공적으로도 오키나와 현 교육청 문화과의 사적정비담당으로 '류큐왕국의 구스쿠 및 관련 유산군'을 세계유산으로 등록해 가는 작업에 있어서 큰 버팀목이 되었습니다.

자키미 구스쿠座喜味グスク 터

그러한 체험을 통해 '나카구스쿠 구스쿠 터中城グスク跡'나 '나키진 구스쿠 터'와 같은 나의 시가 탄생하였습니다.

시마우타島唄

북으로는 아마미제도奄美諸島에서 남으로는 야에야마제도八重山諸島까지의 류큐호 섬들에는 많은 민요가 전해져 노래되고, 또 매일 창작되고 있습니다. 최근 그러한 민요들을 '시마우타'라고 부르게 되었습니다.

수많은 시마우타 중에서 나의 버팀목이 되어주고 계속 격려해준 노래들을 지면이 허

락하는 한도 내에서 소개해 보겠습니다. 먼저 내가 류큐호의 시마우타에서 가장 좋아하며 대단하다고 생각하는 것은 요나구니지마與那國島의 '요나구니 손가네與那國ションガ ネー'[44]입니다.

> 이별이라 생각하며 든 술잔은 눈물로 거품 생겨 마실 수도 없네
> 바로 그대여, 하리, 어쩔 수 없다네 (장단)
> いとま乞いとう思てぃ 持ちゃる盃や 目涙泡盛らち 飲みぬならぬ
> ンゾナリムスヨー ハーリー ションガネー ヨー

이 '요나구니 손가네'는 사랑하는 사람과 이별하는 애절함, 괴로움, 그래도 참고 견디며 단념하고, 마지막에는 사랑하는 사람의 미래를 축복하며 기도하는 노래입니다.

그 가사와 멜로디, 번갈아가며 부르는 형식 등 '이별의 슬픔'과 '섬사람의 정'을 이정도로 가슴 아프게 노래한 명곡은 없다고 생각합니다. 더구나 '요나구니 손가네'의 가사는 30절 남짓이나 있습니다. 대표적인 가사는 『남도가요대성Ⅳ 야에야마 편南島歌謠大成Ⅳ 八重山篇』(外間守善・宮良安彦 편저, 角川書店, 1979)에 수록되어 있습니다. 그 가사의 주요 내용이 항해안전 기원이었다는 점을 보면, 이 시마우타가 얼마나 오랜 시간에 걸쳐 섬사람들이 노래하고 창작해왔는지를 알 수 있습니다. 게다가 이 곡의 가사는 현재도 사람들이 즉흥적으로 창작하여 추가되고 있습니다. 나는 여러 가지 일로 괴롭거나 상황이 여의치 않을 때 곧잘 이 시마우타를 노래하며 스스로를 위로하였습니다.

'요나구니 손가네' 다음으로 좋아하는 시마우타는 미야코宮古제도의 '이라부투가니伊良部トゥーガニー'[45]입니다.

바람이 멎어 조용한 저녁에는 사랑하는 그대여

44_ 임기를 마치고 섬을 떠나는 관리를 향한 현지처의 심경을 노래하고 있다. 슬픔과 항해 안전을 바라는 마음이 담긴 가사에는 사랑하는 사람과 이별하는 안타까움, 괴로움, 그것을 참고 견디는 여성의 심경이 절절하게 엮여 있다.
45_ 이라부(伊良部)의 전통 민요로, 남녀의 애정을 표현한 즉흥적 서정가이다. 500~600년 전에 이라부에 살았던 명창 두가니(唐金)가 만들었다는 설이 있다.

그리움에 내가 갈 때 판자문은 소리가 크니

소리 나지 않는 문을, 왕골 문을 달고 기다려 주오

夕凪がまんな 愛しゃ 板戸がまや 音高かりゃよ

鳴らぬ 戸ゆ 筵戸ゆ 下げ待ち居りよ

이 시마우타를 접했을 때는 충격적이었습니다. 악보에 '석양이 떨어지는 빠르기로' 노래하라고 적혀 있었던 것입니다. 그 만큼 이 노래는 천천히 노래하는 고풍스러운 시마우타입니다. 사랑하는 연인의 집으로 그리워서 만나러 간다는 내용의 이 연가戀歌는 있는 그대로의 감정을 표현하며 사랑하는 기쁨을 점잖게 노래하고 있습니다.

내가 좋아하며 직접 노래할 수 있는 아마미의 시마우타라고 하면 '이쿤냐가나부시行きゅんにゃ加那節'⁴⁶가 있습니다.

가는 겁니까 사랑하는 사람이여, 날 잊고	行きゅんにゃカナ 我きゃ事忘りてい
떠나는 겁니까 사랑하는 사람이여, 당신을 생각하면	行きゅんにゃカナ 汝きゃ事思えば
괴롭고 또 괴롭습니다.	行き苦しゃ スーリー 行き苦しゃ

인생에는 여러 가지 만남과 이별이 있습니다. 이별은 슬프고, 가슴 아프고, 괴로운 것입니다. 특히 사랑하는 사람과의 이별은 말 그대로 몸이 찢기는 듯한 느낌이 듭니다. 섬을 떠나는 사람과 남는 사람과의 이별은 더욱 그렇습니다.

이 '이쿤냐가나부시'도 여러 번 들은 적이 있지만, 특히 시마오 미호島尾ミホ가 불렀던 노래를 잊을 수가 없습니다. 1986년, 나하 시에서 작가 시마오 도시오島尾敏雄의 추도식이 열린 날이었습니다. 오키나와타임즈사Okinawa Times社 홀에서의 추도식이 끝나고 근처 식당에서 위로회가 있었습니다. 그곳에서 인사를 나눌 때 시마오 미호가 눈물을 흘리면서 '이쿤냐가나부시'를 노래하였습니다. 그 때, 새삼 시마오 도시오를 향한 시마오

46_ 북부 아마미의 대표적인 시마우타 중 하나이다. 작사 및 작곡은 불명이다. 단순한 멜로디인 까닭에 산신(三線)을 연습할 때 첫 곡으로 하는 경우가 많으며, 주로 아마미 출신의 가수가 부른다. '이쿤냐가나부시(行きゅんな加那節)', '이쿤냐가나(行きゅんな加那)'라고도 한다. 남녀의 이별을 노래한 것이라는 설과, 산 자와 죽은 자의 이별을 노래한 것이라는 설이 있다.

미호의 깊은 애정과 이별의 고통을 알게 되었습니다.

우리들이 어렸을 때부터 듣고 읊조려 온 시마우타는 '나쿠니宮古根'[47]-라는 노래입니다. 이 노래는 오키나와본도沖繩本島를 대표하는 시마우타라고 해도 될 것입니다.

> 미이바루 바닷가의 큰 동굴은 파도가 거친 곳
>
> 그러나 거친 파도 후에는 젊은 처녀들이 모여드네
>
> 新原大ガマや 波荒し所 波あらし後やアバ小あらし

나쿠니는 오키나와제도에서 하나의 멜로디에 즉흥적으로 작사를 하여 계속 불러지고 있습니다. 그리고 남녀의 문답처럼 작사합니다. 따라서 작사된 지역에 따라 '모토부本部[48]- 나쿠니'라든가 '구시카와具志川 나쿠니' 등으로 부르고 있습니다. 원래는 젊은 남녀의 우타카키歌垣[49]-였던 '들놀이'에서 불렀던 것이 많습니다. 위의 '미이바루新原 나쿠니'는 내가 어머니에게서 배운 가사입니다. 어머니들이 젊었을 때 '들놀이'에서 노래하던 것입니다. 당연히 그 내용은 '마을 예찬, 지역 예찬'으로 되어 있습니다. 가사 중에서 '아바과아라시アバ小あらし'란 아리따운 처녀들이 폭풍이 휘몰아치듯 모인다는 의미입니다.

47_ 미야코 민요인 '두가니(トゥーガニー)' 및 야에야마 민요 '두바라마(とぅばらーま)'에 버금가는 오키나와본도(沖繩本島)의 명곡이다. 가사는 무수히 많으며, 노래하는 사람이 자신의 생각을 담아 즉흥적으로 부르거나 취향에 따라 가사를 바꾼다. '나쿠니'의 유래에 관해서는 여러 가지 설이 있지만, 나키진 출신의 젊은이가 슈리에서 봉공(奉公)하고 있을 때 미야코 민요인 '아구(アーグ)'를 듣고 감동하여 나키진의 정서를 노래한 것이 최초라고 여겨진다.

48_ 오키나와본도 북부에서 동중국해로 돌출한 반도이다. 남쪽의 나고 만(名護灣)과 북쪽의 하네지 내해(羽地内海) 사이에 있으며, 서북 방향으로 뻗어 있다. 대체로 산지이며, 평야부는 적다. 가장 높은 곳은 야에다케(八重岳)로, 표고가 453m이다.

49_ '가가이(かがい)'라고도 하는 우타카키는 남녀가 모여 서로 노래를 부르면서 구애하거나 연애 유희를 하는 풍습으로, 연중행사 또는 의례로서 행해지는 경우가 많다. 그 분포는 고대 일본 외에 현대에는 중국 남부에서 인도차이나 반도 북부의 여러 민족에 걸쳐있으며, 필리핀이나 인도네시아에도 유사한 노래가 있다.

아마미奄美

아마미제도는 오시마大島[50]를 비롯하여 기카이지마喜界島,[51] 가케로마지마加計呂麻島,[52] 우케지마講島,[53] 요로지마與路島,[54] 도쿠노시마德之島,[55] 오키에라부지마沖永良部島,[56] 요론지마與論島[57]라는 유인도들로 이루어져 '길의 섬'이라고도 부르고 있습니다. 나는 유감스럽게도 기카이지마만은 아직 가보지 못하였습니다.

내 마음속에 아마미제도는 늘 암흑 속에서 흐릿한 등불에 비친 이미지로 존재하였습니다. 대학시절에 가고시마鹿兒島와 오사카大阪, 도쿄東京 항로로 배 여행을 할 때 아마미의 섬들과 나제 시名瀨市[58]에는 밤에만 기항했기 때문에 그러한 이미지가 굳어졌다고 생각합니다. 나는 밤 배 위에서 어둠 속의 항구와 섬 그림자를 응시하였습니다. 당시는 오키나와가 일본에 복귀하기 전이어서 여권을 갖고 일본으로 입국했기 때문에 아마미제도에 그리 간단히 상륙할 수는 없었습니다.

아마미제도 사람들은 아마미의 역사를 '벌거숭이 시대, 아마미 시대, 아지按司 시대,

50_ 아마미오시마(奄美大島)를 말한다. 규슈(九州) 남쪽 해상에 있는 아마미제도의 주요 섬이다. 면적은 712.39km²이며, 매년 태풍이 통과하는 경우가 많아서 큰 피해를 입고 있다.

51_ 아마미제도의 북동부에 위치하며, 아마미오시마에 가까운 섬이다. 가고시마 현(鹿兒島縣) 오시마 군(大島郡)에 속하며, 섬 전체가 기카이 정(喜界町)에 속한다.

52_ 아마미제도의 섬으로, 가고시마 현 오시마 군 세토우치 정(瀨戸内町)에 속한다. 면적은 77.39km²이고, 오시마 해협(大島海峽)을 끼고 아마미오시마 남쪽과 마주하고 있다. 2006년 7월 현재 인구는 1,601명이다.

53_ 가케로마지마 남쪽에 위치하며, 면적은 13.34km²로 아마미제도의 유인도 중에서는 2번째로 작은 섬이다. 행정상으로는 오시마 군 세토우치 정에 속한다. 섬 안에는 마을이 두 곳 있으며, 인구는 200명이다.

54_ 가케로마지마 남쪽에 위치하며, 면적은 9.35km²이고, 인구는 165명이다. 산호석으로 가옥 외벽을 쌓아올려 경관상의 특징이 되고 있다. 행정구획 상으로는 오시마 군 세토우치 정에 속한다.

55_ 사쓰난제도(薩南諸島)의 일부로, 아마미제도에 속하는 유인도이다. 아마미오시마의 남서쪽 50km에 있으며, 면적은 248km²이다. 사탕수수와 명주인 오시마주(大島紬)를 생산한다. 또 투우가 활발한 곳으로 알려져 있다.

56_ 아마미제도의 남서부에 위치한다. 가고시마 현 오시마 군에 속하며, 규슈 본도에서 남쪽으로 552km, 오키나와본도에서 북으로 약 60km의 거리에 있다. 와도마리 정(和泊町)과 지나 정(知名町)의 2정으로 이루어지며, 인구는 합하여 2012년 현재 13,767명이다.

57_ 가고시마 현 최남단의 섬이다. 아마미제도 중에서 가장 오키나와 현과 가까이에 있으며, 남쪽 약 22km에는 오키나와본도 최북단인 혜도 곶(辺戸岬)이 있고, 서쪽으로는 이제나지마(伊是名島)와 이헤야지마(伊平屋島)가 바라보인다.

58_ 아마미군도 최대의 섬인 아마미오시마에 소재했던 시이다. 2006년에 스미요 촌(住用村) 및 가사리 정(笠利町)과 합병하여 아마미 시가 되었다.

나하 시대, 야마토大和[59]- 시대, 미국 시대, 야마토 시대'로 시대 구분을 한다고 합니다. 그 중의 벌거숭이 시대는 원시 시대, 아마미 시대는 고대사회, 아지 시대는 군웅할거 시대를 의미하며, 아마미제도의 자립적인 역사가 이루어졌던 시대라고 할 수 있습니다.

그러나 아지 시대부터 오키나와본도를 중심으로 한 류큐왕국으로부터 수차례 침략을 받고 결국 1446년, 쇼토쿠 왕尚德王[60]-의 기카이지마 원정에 의해 아마미제도는 류큐국에 통합되었습니다. 이후부터 나하 시대가 시작되며 아마미는 류큐왕국의 한 지역이 되었습니다. 나하 시대 이래의 아마미는 참으로 독특한 고난의 역사를 걷게 됩니다.

먼저 1609년 사쓰마 번薩摩藩이 류큐를 침략했을 때 아마미제도도 침공을 받았습니다. 1611년에는 류큐왕국으로부터 분할되어 아마미제도는 사쓰마 번의 직할지가 되었습니다. 이것이 야마토 시대의 시작입니다. 1868년의 메이지 유신明治維新[61]- 이후에는 가고시마 현鹿兒島縣 오시마 군大島郡으로 되었습니다. 이 야마토 시대는 1945년 제2차 세계대전에서 일본이 패전함으로써 끝이 났습니다. 아마미제도는 미군에 점령당해 다시 류큐제도의 일부로서 미군정부의 통치하에 놓였습니다. 미국 시대의 시작이었습니다. 그러나 1953년, 섬사람들의 끈질긴 운동에 의해 오키나와보다 먼저 일본복귀가 실현되며 재차 가고시마 현 오시마 군이 되어 현재까지 야마토 시대가 이어지고 있습니다.

내가 아마미의 역사에 접하는 계기가 된 것은 고등학교 2학년 때인 1966년에 아마미

59_ '야마토'는 일본을 뜻하는 다른 이름으로도 쓰인다. 일본열도에서는 3세기에 여왕 히미코(卑彌呼)가 다스리는 야마타이국(邪馬台國)을 중심으로 형성되어 있던 30여 개의 연합국 시대를 거쳐, 4세기 초에는 긴키(近畿) 내의 야마토를 중심으로 통일국가가 성립하였다. 이 야마토 정권은 기타큐슈(北九州)를 포함해 점차 지배권을 넓히기 시작하여 5세기에는 일본 대부분을 지배했으며, 645년 6월의 다이카개신(大化改新)이 일어날 때까지 일본을 지배하였다.

60_ 1441~1469. 류큐 제1 쇼씨 왕조의 제7대 국왕으로, 1460년부터 1469년까지 재위하였다. 즉위 다음 해에 명의 책봉을 받았다. 북쪽으로는 일본과 조선, 남쪽으로는 말라카와 샴 왕국과 교역을 하였다. 1466년에는 친히 2천명의 병사를 이끌고 원정을 가서 기카이지마(喜界島)를 류큐왕국의 영토로 편입시켰다. 쇼토쿠왕을 마지막으로 제1 쇼씨 왕조는 끝나고, 쇼엔왕(尚圓王)의 등극으로 제2 쇼씨 왕통의 치세가 시작되었다.

61_ 메이지 천황(明治天皇) 때 막번체제(幕藩體制)를 무너뜨리고 왕정복고를 이룩한 일련의 변혁과정을 가리킨다. 이는 선진자본주의 열강이 제국주의로 이행하기 전인 19세기 중반의 시점에서 일본 자본주의 형성의 기점이 된 과정으로, 그 시기는 대체로 1853년에서 1877년 전후로 잡고 있다.

출신 선생님에게서 윤리사회를 배운 일이었습니다. 그때 쓰류 겐지津留健二 선생님은 자신이 아마미의 우케지마 출신이라고 소개한 뒤에 "오키나와에 거주하는 아마미 출신자들은 류큐 주민으로서 납세의무는 있지만, 선거권은 없다는 차별을 받고 있다."라고 말하였습니다. 나는 그 이유에 대해 큰 의문을 가졌습니다.

그리고 내가 시즈오카대학靜岡大學 학생이었던 1969년 무렵, 구내에서 오키나와문제를 호소하고 있었더니 누군가 "고통스러운 것은 오키나와만이 아니다. 아마미는 더 고통스럽다."라는 반론을 제기하였습니다. 반론을 제기한 사람은 아마미 오시마 출신의 이학부 선배 난고南鄕였습니다. 이후, 난고 선배와는 수차례의 격한 논쟁을 거듭하는 동안에 형제 같은 사이가 되었습니다.

그런데 아마미제도라고 하면 작가인 시마오 도시오·미호 부부의 존재를 잊을 수가 없습니다. 시마오 부부는 1955년부터 1975년까지 나제 시에 살면서 계속 작품을 발표해 나갔습니다. 1970년 전후, 내가 일본 본토의 대학으로 돌아가는 선상에서 나제 항을 응시하고 있던 무렵에 시마오 부부는 부두에서 본토행 배를 바라보며 배웅한 적도 있었다고 합니다.

시마오 도시오의 대표작 『죽음의 가시死の棘』[62]나 『출발은 끝내 오지 않고出發は遂に訪れず』,[63] 시마오 미호의 대표작 『바닷가의 삶과 죽음海邊の生と死』[64]은 아마미제도를 배제하고서는 탄생하지 못했을 것입니다. 또 시마오 부부는 북쪽의 아마미제도부터 오키나와제도, 미야코제도, 야에야마제도까지 이어지는 섬들을 '류큐호'라고 부르며 재평가하였습니다. 그리고 일본열도를 지시마호千島弧와 혼슈호本州弧 및 류큐호라는 세 호弧로 이루어진 '야포네시아ヤポネシア'로 파악하고 "또 하나의 일본, 즉 야포네시아라는 발상 속에서 일본의 다양성을 찾으라."("야포네시아와 류큐호ヤポネシアと琉球弧"[65])며, 태평

62_ 시마오 도시오의 사소설로서 일본문학대상 및 요미우리문학상(讀賣文學賞) 등을 수상한 그의 대표작이다. 극한상태에서 맺어진 부부가 단절 위기를 맞이하여 유대를 되찾고자 하는 모습을 정감 있게 표현하였다. 1960년부터 1976년까지 단편 형태로 『군조(群像)』, 『분가쿠카이(文學界)』, 『신초(新潮)』 등에 간헐적으로 연재했던 것을 1977년에 신초샤(新潮社)에서 전12장의 장편소설로 간행하였다.

63_ 적함에 돌진하는 순간을 목표로 생명의 모든 것을 응축시키다가 종전 소식에 의해 갑작스레 그 행보를 멈추게 된 특공대 장교의 특이한 체험을 긴박한 어휘로 표현한 작품이다.

64_ 기억 깊은 곳에 새겨진 아마미의 생활과 풍물, 어렸을 때의 추억, 특공대장으로 섬에 왔던 시마오 도시오와의 만남 등을 한결같은 시선으로 자유롭게 엮었다. 이 작품으로 시마오 미호는 제15회 다무라도시코상(田村俊子賞)을 수상하였다.

양의 제도(네시아) 중 하나로 해방시켜간다는 '야포네시아론'을 성립시켰습니다. 그 와 중에서 시마오 부부는 류큐호와 도호쿠東北의 역사적, 문화적인 중요성을 거듭 강조하였습니다. 1960년대 후반의 일입니다.

이후 '야포네시아론'은 많은 오키나와인에게 사상적인 영향을 끼쳤습니다. 나도 1972년의 일본복귀 전후에 '야포네시아론'으로부터 사상적으로 큰 영향을 받았습니다. 그러나 시마오 부부를 직접 만나서 지도를 받게 된 것은 1980년대가 되어서였습니다. 시마오 부부는 1977년에 가나가와 현神奈川縣[66]- 지가사키 시茅ヶ崎市[67]-로 옮긴 후, 2월과 3월의 추운 시기에는 나하 시로 와서 월동을 하게 되었습니다. 1978년에는 나하에서 방을 빌려 체재하며 작품 『나하일기那覇日記』와 『아사토가와 소행安里川遡行』을 탄생시켰습니다. 이 나하에서 보낸 월동기에는 오키나와연극이나 류큐무용을 함께 보러 갔습니다.

나는 시마오 도시오의 문학지도 중에서 "문학이라는 것은 근본적으로 하나이다. 시든 소설이든, 평론, 에세이, 일기 등과 같은 장르 구분에 신경 쓰지 말고 계속 써나가라."라는 말을 지금도 중요하게 여기고 있습니다. 친목회에서 돌아오는 길에 적극적인 조언을 들었습니다.

그 아마미제도에 내가 첫걸음을 내딛은 것은 1979년 겨울의 일입니다. 나제 시의 시인 후지이 레이치藤井令一[68]-를 만나고, 또 우켄 촌宇檢村의 신겐 히로부미新元博文를 선두로 하는 반 공해·반 CTS·에다테쿠지마 투쟁枝手久島鬪爭[69]-과 교류하는 것이 목적이

65_ 중앙공론사(中央公論社)에서 간행하는 문학잡지 『우미(海)』의 1970년 7월호에 게재되었다.

66_ 일본 간토(關東)지방 남서부에 위치하며 도쿄 도(東京都) 남쪽에 인접하는 현(縣)이다. 현청 소재지는 요코하마 시(横浜市)이다. 2차 대전 후에 현은 도쿄 대도시권의 일부로서 급격한 도시화를 겪었다. 2008년의 인구는 약 890만 명이었으며, 2006년에 가나가와는 일본에서 두 번째로 인구가 많은 현이 되었다.

67_ 가나가와 현의 중부에 있는 시이다. 지가사키는 1947년 10월 1일에 시가 되었으며, 2003년 4월에는 인구가 20만 명을 넘어서 특례시(特例市)가 되었다. 지가사키는 주로 도쿄와 요코하마의 베드타운 성격이 강하며, 메이지(明治) 시대 이래 해변 휴양지로 유명했다.

68_ 1930~ . 아마미 시(奄美市) 출신 시인이다. 가고시마 현 시인협회회원이며, 문예지 『시와 진실(詩と眞實)』 및 『화초(花礁)』의 동인이다. 1976년에 제5회 '시와진실상(詩と眞實賞)', 1992년에 제20회 '남일본문학상', 1999년에 제22회 '야마노구치바쿠상', 2005년에 제29회 '난카이문화상(南海文化賞)'을 수상하였다.

69_ 에다테쿠지마는 가고시마 현 오시마 군 우켄 촌 앞 바다에 위치한 무인도이다. 1973년에 동아연료공업(東亞燃料工業)에서 이곳에 석유비축기지(CTS)를 건설하려는 계획을 표명하자, 우켄 촌은 찬성파와 반대파로 양분되어 마을행사까지 따로 실시할 정도로 지역사회가 완전히 붕괴되어버렸다.

었습니다. 혼자서 방문한 것인데, 각지에서 따뜻한 환영을 받았습니다. 그 이후 현재까지 아마미제도 친구들과의 네트워크와 교류는 지속되며 점점 더 깊이와 폭을 더해가고 있습니다. 문학이든 주민운동이든 아마미와 오키나와는 류큐호라는 공통된 연결선상에 있다는 사실을 새삼 느낍니다. 나는 오키나와와 아마미를 아일랜드공화국과 북아일랜드의 관계와 비교하여 생각하고 있습니다. 그리고 아마미제도와의 연대가 없으면 오키나와의 미래도 없다고 생각합니다.

아이누ᵃᶦⁿᵘ 민족과 함께

최근 수년간 겨울이 되면 아이누 민족 친구들이 사슴고기와 연어, 털게 등의 먹거리를 보내주고 있습니다. 우리들은 답례로 오키나와 특산물인 단칸タンカン70- 등의 과일을 보내고 있습니다. 아이누 민족과의 교류도 20년 이상의 세월이 지났습니다.

1968년에 시즈오카대학으로 유학했을 때, 사람들은 나를 곧잘 아이누 민족으로 착각하였습니다. 털이 많은 나는 정리 안 된 수염이 길게 자라나 있을 때마다 "당신은 아이누 사람입니까?"라고 누가 물으면 "아니오, 아닙니다!"라며 강하게 부정하였습니다. 자신이 홋카이도北海道의 아이누 민족으로 오해 받는 일에 대해 기묘함과 불쾌감이 느껴졌던 일을 기억하고 있습니다. 당시의 나는 아이누나 타이완 선주민족으로 오해 받는 것을 싫어하였습니다. 그 정도의 역사 인식과 사상 수준밖에 지니지 못하였습니다. 또 오키나와의 학교에서 아이누 민족의 역사와 문화는 거의 가르치지 않았습니다.

주지하는 바와 같이 '오키나와학의 아버지'라고 칭해지며 존경 받고 있는 이하 후유伊波普猷조차 젊었을 때는 전형적인 아이누 민족 차별주의자였습니다. 또 당시 '생번生番'71-이라고 불렀던 타이완의 여러 선주민족에 대한 차별주의자이기도 하였습니다.

70_ 학명이 'Citrus tankan Hayata'인 아열대성 감귤류로, 1월에 수확하는 겨울과일이다. 중국 광동성이 원산지이며, 1896년경에 타이완으로부터 아마미오시마(奄美大島)를 비롯한 난세이제도(南西諸島)에 이식되어 1929년경부터 본격적인 재배가 시작되었다.

71_ 17세기에서 19세기 사이에 타이완으로 한족(漢族)들이 이주하면서 말레이계 원주민들의 한화(漢化)가 진행되었다. 당시는 평지에 살던 원주민을 평포번(平埔番), 한화 되지 않은 고산지역의 원주민을 생번(生

그는 유명한 저서 『고류큐古琉球』(1911년 간행) 속에서 아이누 민족과 타이완 선주민족에 대한 차별적 표현을 되풀이하며 다음과 같이 말하고 있습니다. "아이누를 보십시오. 그들은 우리 오키나와인보다 훨씬 전부터 일본 국민으로 합류하였습니다. 그러나 제군들, 그들의 현재 상황은 어떻습니까. 그저 국민이 아닌 단순한 인간으로만 존재하고 있지 않습니까. 여전히 곰과 씨름하고 있지 않습니까. 그들은 단 한 명의 쇼죠켄向象賢[72]-도, 단 한 명의 사이온蔡溫[73]-도 갖지 못하였습니다."(「琉球史の趨勢」, 『伊波普猷全集』 제1권, 62쪽).

당시의 이하 후유에게는 아이누라는 말이 '인간'이라는 의미의 아름답고도 고귀한 어휘라는 인식 따위는 없었을지도 모릅니다. 다만 이하 후유의 명예를 위해 그가 인생 후반에 이보시 호쿠토違星北斗[74]-의 작품을 만나 아이누 민족에 대한 인식과 공감을 180도 전환했다는 사실을 강조해 두겠습니다.

우리들 류큐 민족과 아이누 민족의 불행한 만남을 상징하는 사건으로, 1903년의 오사카권업박람회大阪勸業博覽會에서의 '인류관 사건'[75]-이 있습니다. 이 사건은 잘 알려져

蕃) 또는 고산번(高山蕃)이라 불렸다. 일제식민지 시기에 일본인들은 평포번을 헤이호 족(平埔族), 고산번을 다카사고 족(高砂族)이라고 부르며, 언어·문화·습속에 따라 부족을 분류하였다.

72_ 1617~1675. 류큐왕국의 정치가 하네지 조슈(羽地朝秀)의 당명(唐名)이다. 젊었을 때 현재의 가고시마 현인 사쓰마(薩摩)로 유학하여 여러 학문을 익혔다. 1650년에는 왕명에 따라 『중산세감(中山世鑑)』을 편찬하여 류큐왕국 최초의 역사서를 완성시켰다. 1666년에는 쇼시쓰왕(尙質王, 1648~1668년 재위)의 섭정으로서 각종 개혁을 단행하여 사쓰마 번(藩)에 의한 류큐침공 이래 피폐했던 나라를 재건하는 데에 성공했다. 사후에 쇼죠켄이라는 당명이 붙여졌다.

73_ 1682~1761. 류큐 근세 체제의 완성자라고 평가되는 걸출한 정치가·학자이다. 사이온은 당명(唐名)이며, 류큐풍 이름은 구시찬웨카타 분자쿠(具志頭親方文若)이다. 구메 촌(久米村)의 명문가 사이(蔡)씨 집안 출신이며, 당시의 쇼케이 왕(尙敬王)에게 중용되어 1753년에 삼사관(三司官)을 사임하기까지 25년간 국정을 맡았다. 삼사관 은퇴 후에도 국사의 중대사에 참여하여 후세의 시정에 큰 영향을 끼쳤다. 행정제도의 정비, 식산흥업, 유교 이데올로기에 입각한 사상정책 등 그 시책은 모든 영역에 이르고 있는데, 특히 국용 임야인 소마아마(杣山) 대책과 치수사업 면에서 뛰어난 수완을 발휘하였다. 1725년, 부친 사이타쿠(蔡鐸)의 정사 『중산세보(中山世譜)』를 대폭 개정함으로써 사서 편술 면에서도 비범한 재능을 보였다. 『사옹편언(簑翁片言)』, 『성몽요론(醒夢要論)』 등 많은 저작을 남겼다.

74_ 1901~1929. 아이누 민족의 지위향상을 위한 운동에 일생을 바친 아이누의 가인·사회운동가이다. 먼저 아이누 자신이 자각하여 단결하는 것이 필요하다고 역설한 자신의 사상을 신문과 잡지에 단카(短歌) 형식으로 발표하여 동시대 아이누청년들에게 큰 영향을 끼쳤다. 저작으로 『이보시 호쿠토 유고-마을(違星北斗遺稿 コタン)』이 있다.

75_ 오사카 덴노지(天王寺)에서 개최된 제5회 내국권업박람회 때 '학술 인류관'에서는 아이누·타이완의 다카사고 족·류큐인·조선인·중국인·인도인·뱅갈인·터키인·아프리카인 등 합계 32명의 사람들을 전시하였다. 민속의상 차림의 그들은 일정한 구역 안에서의 일상생활을 보여 주었는데, 이에 오키나와 현과

있는 것처럼 제5회 권업박람회 때 '학술 인류관'이라는 명칭의 영리목적 흥행관에서 '조선인, 홋카이도 아이누, 타이완 다카사고 족高砂族' 등과 함께 류큐 민족 여성도 구경 거리로 진열되었던 사건입니다.

그 '학술 인류관' 흥행은 오키나와인 차별로서 현민의 감정을 크게 자극하여 류큐신 보琉球新報[76]-를 비롯한 오키나와 여론으로부터 거센 비판을 받았습니다. 다만 그 비판 시점은 "이미 훌륭한 일본인으로 되어 있는 오키나와 현민을 아이누, 타이완 선주민과 함께 진열하는 것은 무슨 경우인가?"라는 논조였습니다. 역설적으로 오키나와 현민은 아이누 민족과 타이완 선주민족 등을 차별하는 입장에 서버린 것입니다.

이처럼 일본인으로부터 '류큐인·오키나와인'으로 차별 받는 처지에서 벗어나기 위 해 필사적으로 '훌륭한 야마토 민족의 일원'으로 동화하고자 노력하고, 그러기 위해 아 이누 민족이나 조선 민족, 중국 민족 등 다른 아시아 제諸 민족에 대한 차별과 억압자 쪽으로 입지를 옮겨갔던 사람들이 오키나와 근대화의 주류를 형성했다고 해도 과언이 아닙니다.

나는 이와 같은 류큐 민족의 부負의 역사를 어떻게든 극복하고 싶었습니다. 나는 1984년에 '제1회 피차별소수자회의·교토京都회의'에 오키나와 대표로 초빙 받았을 때 아이누 민족과 만나 본격적으로 교류를 시작할 수 있었습니다. 2박 3일 일정의 대부분 을 아이누 민족과의 활발한 교류를 중심으로 보내며, 아이누 문양 자수가인 지캇푸 미 에코チカップ美惠子와 시인 도즈카 미와코戸塚美波子[77]- 등을 만났습니다.

1987년의 '제3회 피차별소수자회의·오키나와회의'에는 아이누 민족의 대표단을 오 키나와로 초빙하였습니다. 그리하여 연극단체 '창조創造'의 연극 〈인류관人類館〉[78]-을 같

청나라가 항의하여 국제적인 문제가 되었다.

76_ 오키나와 현을 중심으로 발행되고 있는 일간신문이다. 오키나와에서 가장 오래된 신문회사인 주식회사 류큐신보사(琉球新報社)에서 발행한다.

77_ 아이누 민족시인이며 자수가이다. 시집으로 『1973년 어느 날 어느 때(一九七三年ある日ある時に)』, 『금 바람을 타고(金の風に乗って)』가 있다.

78_ 연극단체 '창조'에 의한 연극 〈인류관〉은 2014년 11월 8일 오키나와시민소극장 '아시비나(あしびなー)'에 서 약 6년 만에 재연되었다. 〈인류관〉 창작자이며 그 전년도에 사망한 오키나와 시 출신의 극작가 지넨 세이신(知念正眞)을 추도하며 오키나와 시의 시제(市制)시행40주년기념사업으로 무대가 꾸며졌다. 여기 서는 오키나와 출신자 2명도 전시되었던 1903년의 '인류관' 사건을 토대로 펼쳐져 '차별은 어떻게 생기는 가'라는 문제제기를 하였다.

이 관람하기도 하고, 가데나嘉手納 기지 포위행동인 '인간 띠'의 고리에도 합류하였습니다. 또 같은 해의 '우루마 마쓰리ぅるま祭り'79- 때에는 기나 쇼키치喜納昌吉80- 등과 함께 사상 처음으로 40여 명의 아이누 민족교류단을 오키나와로 초대하였습니다.

그로부터 다양한 사람들에 의한 여러 가지 교류의 체험을 축적해 가는 가운데 좀 더 일상적이며 항상적인 우호조직을 만들자는 목소리가 나왔습니다. 그래서 1995년 2월 12일에 100명 가까운 회원으로 '아이누 모시리와 우루마를 연결하는 모임ｱｲﾇﾓｼﾘとゥﾙﾏを結ぶ會'을 결성하였습니다. '아이누 모시리'는 '인간이 사는 조용한 대지'라는 의미라고 하며, 홋카이도와 사할린, 쿠릴열도를 비롯하여 아이누 민족이 선주했던 대지를 가리킵니다. '우루마'란 류큐열도의 별칭입니다. '우루'란 산호를 말하므로 '우루마'란 산호초에 둘러싸인 섬들이라는 의미가 될 것입니다.

우리들은 '아이누 민족의 신법제정운동'을 지원하면서 가야노 시게루萱野茂81- 씨를 아이누 민족의 첫 국회의원으로 당선시킬 수 있었습니다. 그리고 1997년 5월 14일에 마침내 '홋카이도구토인보호법北海道舊土人保護法'82-을 폐기시키고, '아이누 문화의 진흥

79_ 오키나와 현 중부의 우루마 시(ぅるま市)에서 산업, 교육, 문화의 발전을 도모하기 위해 매년 가을에 거행되는 축제이다. 사자춤(獅子舞)과 에이사(ｴｲｻｰ) 등의 전통예능 외에 유명 아티스트의 라이브와 히어로 쇼 등 어른에서 아이들까지 즐길 수 있는 이벤트가 많다. 축제의 피날레에는 성대한 불꽃놀이가 행해진다. 특히 우루마 시는 현내에서도 투우가 활발한 지역으로 유명한데, 이날은 '투우대회'를 무료로 관전할 수 있다.

80_ 1948~ . 오키나와 팝을 대표하는 음악가 겸 정치가이다. 민주당전참의원의원 1기로, 현재는 민주당오키나와현련대표 대행을 맡고 있다. 오키나와 현 고자 시(ｺ ｻ゙市)에서 오키나와민요의 일인자인 부친 슬하에서 11남매 중 4남으로 출생, 오키나와민요를 바탕으로 한 멜로디와 오키나와방언이 특징적인 팝을 노래해왔다. 평화활동과 관련하여 '모든 사람들의 마음에 꽃을, 모든 무기를 악기로, 모든 기지를 꽃밭으로, 전쟁보다 축제를'이라는 메시지를 지속적으로 발신하고 있다. 2002년 3월 13일에는 이 메시지를 테마로 하는 NGO인 PMN(Peace Makers Network)도 발족시켰다.

81_ 1926~2006. 아이누 문화연구자(학술박사)이며, 그 자신도 아이누 민족이다. 아이누 문화 및 아이누어의 보존・계승을 위한 활동을 이어왔다. 니부타니(二風谷)아이누자료관을 창설하여 관장을 역임했고, 아이누인으로서는 최초로 일본국회의원이 되었다. 1994년부터 1998년까지 참의원 의원으로 재임 중에는 "일본에 야마토(大和) 민족 이외의 민족도 있다는 것을 알아주기 바란다."라는 이유를 내세우며 위원회에서 사상 최초로 아이누어로 질문을 한 일이 유명하다.

82_ 1899년에 일본 정부는 '홋카이도구토인보호법'을 공포하였다. 총 13조 중 1조부터 4조까지는 농업 장려, 나머지는 교육과 질병 대책에 관한 내용으로 되어 있다. 이 법은 권농과 교육을 강조하는 기존의 동화정책을 근본으로 하고 있었으며, 아이누 사회와 문화 및 언어를 보호하기 위한 것은 아니었다. 이후 몇 번의 개정을 거쳤지만, 1997년에 '아이누문화진흥법'이 제정될 때까지 이 법은 일본의 아이누 정책에 있어서 그 근간을 이루었다.

및 아이누의 전통 등에 관한 지식의 보급 및 계발에 관한 법률', 통칭 '아이누문화진흥법'을 제정·공포시킬 수 있었던 것입니다.

이 법률에 근거하는 아이누 문화진흥정책과 조성기금에 의해 아이누 민족과의 교류는 갈수록 활발해지고 있습니다. 매년 겨울이 되면 눈이 많은 아이누 모시리에서 교류단이 찾아옵니다. 그리고 내가 사는 하에바루 정을 비롯하여 오키나와 현내縣內의 시정촌市町村에서 국가의 중요무형문화재로 지정되어 있는 아이누 고식古式무용을 피로하거나 전통공예전을 개최하고 있습니다. 홋카이도우타리협회北海道ウタリ協會[83]의 각 지부를 중심으로 하는 교류단에는 아동과 학생 참가자도 늘어났습니다. 아이누 민족과 오키나와의 교류는 앞으로 더욱 활발해져 갈 것입니다.

설 준비

12월이 되면 이제 슬슬 새해 준비를 해야 합니다. 우리들이 초등학생이었을 때까지는 오키나와 전체가 설 중심으로 축하를 했는데, 섣달그믐 전후의 추억은 뭐니 뭐니 해도 추운 날씨 속에서 물을 긷는 일이었습니다.

그 무렵은 아직 상수도가 설치되지 않았기 때문에 생활용수는 '가ヵ−'라고 하는 공동우물에서 떠와야 하였습니다. 우리 마을의 '가'는 바위 밑 샘에서 물을 끌어다가 커다란 석조탱크 안에 저장한 것이었습니다. 그곳에 빈 석유 깡통으로 만든 양동이로 물을 길러 가는 것입니다.

그런데 음력 1월경은 비가 내리지 않는 날이 많아 거의 매년 가뭄이 찾아왔습니다. 날이 가물면 물의 양이 줄어서 물이 똑, 똑, 하며 흘러나왔습니다. 가 바닥의 작고 움푹한 곳에 물이 고이기를 기다려 바가지로 뜹니다. 양동이 하나를 가득 채우는 데에 한 시간 가까이 걸렸던 것으로 기억합니다. 물 긷기는 아이들이나 여성들의 중요한 일과

83_ 홋카이도에 거주하는 아이누인들의 조직 홋카이도아이누협회(北海道アイヌ協會)는 1930년에 설립되어 1946년에 사단법인이 되었다. 1961년에 홋카이도우타리협회로 개칭했다가 2009년 4월 1일에 다시 홋카이도아이누협회로 개칭하였다. '우타리(ウタリ)'는 아이누 언어로 '동포'라는 뜻이다.

로, 저녁이 되면 온 마을 아이들이 열을 지어 물을 길어야 하였습니다. 섣달 그믐날 밤은 차가운 바람 속에서 한밤중까지 물을 길어 물 항아리를 채웠습니다. 우리 집은 가 근처에 있었던 까닭에 한밤중까지 바닥을 바가지로 '뽀드득 뽀드득' 긁으며 물을 긷는 소리가 들려왔습니다. 그 소리는 정말이지 아주 적적하게 들렸습니다.

섣달 그믐날에 가도마쓰門松[84]-에 사용할 솔가지를 저녁까지 잘라오는 일과, 마당과 길에 흰 모래를 뿌려두는 것도 아이들의 중요한 일이었습니다. 솔가지는 '사치바루崎原' 라고 부르는 곳에서 자생하는 나무의 것을 잘라왔습니다. 흰 모래는 마을 앞 바닷가에 서 소쿠리로 날랐습니다. 그 모래는 가능한 한 파도가 많이 들이치는 곳에서 가져와야 한다고 들었습니다. 그래야 '복이 붙는다'고 배웠습니다.

민속학자들의 조사에 따르면 도코요常世[85]-에서 밀려오는 물보라를 뒤집어 쓴 흰모래 는 '정화 소금'과 같은 의미의 영력靈力을 지니고 있다고 합니다. 오즈모大相撲[86]-의 씨름 판에 소금을 뿌리는 행위도 같은 의미라고 합니다. 오키나와에서는 우타키 등의 성지 에도 흰모래가 뿌려져 있습니다.

흰모래를 뿌린 마당과 길은 매우 산뜻하며, 설빔을 더럽힐 일도 없습니다. 설 아침에 는 아직 해가 떠오르지 않은 시각에 하얗게 드러난 마당이나 집 앞 길을 지나서 우부가 産川[87]-로 '와카미즈若水'[88]-를 길러 나갔습니다. 마을에서 떨어진 곳의 바위 밑에서 솟아 나는 샘의 '와카미즈'를 작은 주전자로 길어 먼저 본가의 부쓰단에 올리고 새해의 첫

84_ 정초에 행운을 가져오는 요리시로(依代)로서 대문 앞에 세워두는 장식물을 말한다. 정식으로는 소나무에 대나무를 곁들이고, 약식으로는 솔가지 하나에 금줄만 친다. 주로 12월 20일에서 28일 이전에 장식해두는 것이 일반적이다.

85_ 고대 일본에서 신앙되었던 별세계 도코요노쿠니(常世の國)의 준말이다. 바다 저편 머나먼 곳에 있다고 생각했던 영구불변·불로불사의 나라를 뜻하며, 황천 또는 저승을 가리키기도 한다. 일본신화의 타계관 을 나타내는 대표적 개념으로 『고지키(古事記)』, 『니혼쇼키(日本書紀)』, 『만요슈(万葉集)』, 『후도키(風土 記)』 등의 옛 문헌에 기록되어 있다. 이와 같은 바다 저편의 이상향은 오키나와의 니라이카나이(=ライカ ナイ) 관념과도 통한다.

86_ 일본 씨름협회가 흥행하는 공식적인 스모대회이다. 또 좀처럼 승부가 나지 않는 열면 스모 시합도 오즈모 라 일컫는다.

87_ 태어난 아이를 위해 우부미즈(産水)를 뜨는 우물 또는 샘이다. 출산 때에 우부가의 정화수가 안산에 도움 을 준다고 믿었다.

88_ 설날(옛날에는 입춘날) 아침 일찍 긷는 정화수로, 그 해의 액을 쫓는다고 한다. 또 사람을 회춘시키고 활력 있게 만드는 영력이 와카미즈에 있다고 믿어졌다.

배례를 하였습니다. 그 포상으로 본가 할머니로부터 '세뱃돈'을 받았습니다. 이 '와카미즈'를 매년 마시면 회춘할 수 있다고 믿었습니다.

설 준비로 나하 시에 쇼핑하러 가는 어른을 따라갈 수 있는 것도 즐거움 중의 하나였습니다. 그래도 버스 멀미 때문에 꽤 고생하였습니다. 어쨌든 살고 있던 다마구스쿠 촌에서 버스로 나하 시까지 나서는 일이 당시에는 일 년에 두세 번 정도밖에 없었습니다. 익숙하지 않은 버스에 흔들리며 울퉁불퉁한 길을 달리는데다가 배기가스 냄새가 나서 나하 시의 국제시장 근처에 이르면 구토를 참기 힘들 정도로 속이 좋지 않았습니다. 한 시간 정도 걸려 가이난開南[89]의 버스 정거장에 도착하자 다리가 후들거리기는 했지만, 안심이 되었습니다. 어머니가 설빔용 학생복과 신발을 사주셔서 기뻤습니다. 집 안에서 새 신발을 신고 돌아다녔습니다. 학생복을 종이상자 채로 베개 밑에 놓아두고 일찍 자려 했지만, 가슴이 설레서 좀처럼 잠들지 못하고 몇 번이나 상자뚜껑을 열어 들여다보곤 하였습니다. 학생복이나 신발을 사주시는 일은 일 년에 한 번 정도밖에 없었습니다.

오키나와에는 섣달그믐에 '도시코시 소바年越しソバ'[90]를 먹는 전통이 없었습니다. 그 대신 '마루차지시まな板肉'를 먹으며 해를 넘기는 것이 일반적이었습니다. '마루차지시' 란 돼지고기를 소금 간으로만 살짝 데쳐서 도마에 올린 채 식탁에 내놓는 음식입니다. 주로 돼지의 로스 고기를 사용했지만, 간을 사용하는 지역도 있습니다. 우리들은 그 고기를 자신의 나이 수만큼 잘라 먹었습니다. 어렸을 때는 10장 정도의 고기를 신나게 먹었습니다. 그러나 나이가 든 지금은 20장, 30장을 먹을 수는 없어서 약간 두툼하게

89_ 이 지역 일대의 통칭 지명이다. 다이쇼(大正) 시기가 되어 부근에 오키나와현립제2중학교(현 나하고등학교), 오키나와현청, 오키나와형무소 등이 잇달아 이설되며 갑자기 인구가 증가하기 시작했다. 그리하여 1928년에 요기에서 히가와바루(樋川原)・간자토바루(神里原)가 분리되어 아자(字) 히가와(樋川)라는 행정구가 탄생하였다. 1936년 히가와에 사립가이난중학교(私立開南中學校)가 개교하였다. 교명은 일본 최초의 남극탐험대를 태웠던 '가이난마루(開南丸)'에서 이름을 따 '일본의 남쪽을 연다'는 의도 하에 명명되었다. 1945년에 가이난중학교는 폐교가 되었지만, 1947년 같은 장소에 가이난초등학교가 세워졌다. 같은 해 11월, 마키시(牧志)에 시장이 개설되어 교통량이 증가하자, 버스노선이 개통되며 가이난 버스정류장이 설치되었다. 가이난초등학교는 1952년에 이즈미자키(泉崎)로 이전하였지만, 버스정류장을 비롯하여 부근의 병원・상점 등이 이 이름을 계속 사용하여 이 일대의 지명으로 정착하였다.

90_ 12월 31일 그믐날에 행운이 오기를 바라며 먹는 메밀국수이다. 지역에 따른 특색이 있으며, 호칭도 미소카 소바(晦日蕎麦), 오토시 소바(大年そば), 쓰고모리 소바(つごもり蕎麦), 오미소카 소바(大晦日蕎麦), 도시토리 소바(年取り蕎麦), 도시키리 소바(年切り蕎麦), 엔기리 소바(緣切り蕎麦) 등 다양하다.

잘라 한 장을 열 살씩으로 세고 있습니다.

설이라고 하면 술을 빼놓을 수 없습니다. 대낮부터 맥주를 마실 수 있어서 행복한 기분이 듭니다. 그러나 오키나와에서 지금처럼 일상적으로 맥주를 마시게 된 것은 1965년 무렵부터일 것입니다. 술은 전통적으로 아와모리泡盛를 마셨습니다. 아와모리는 소주 붐을 타고 애호가가 전국적으로 확산되었습니다. 증류주이기 때문에 다음날에는 취기가 쉽게 가시고 산뜻하다는 장점이 있습니다. 아와모리 제조법은 류큐왕국 시대에 타이에서 전해졌다고 하며, 현재도 타이에서 수입한 쌀을 원료로 사용하고 있습니다. 발효균도 '흑곰팡이균'이라고 부르는 독특한 것입니다.

아와모리의 장점 중 또 하나는 '구스古酒'를 만들 수 있다는 점입니다. 우리 집에도 구스 항아리가 세 개 있습니다. 첫 번째 항아리는 딸이 태어났을 때 담근 것입니다. 벌써 20년 이상 묵힌 구스가 되었습니다. 두 번째 항아리는 아들이 태어났을 때 담갔습니다. 이 술도 15년 이상 된 구스입니다. 항아리 하나에는 닷 되 이상의 술이 들어 있습니다. 세 번째 항아리는 집을 지었을 때 친구들이 돈을 갹출하여 공동으로 선물해 준 것입니다. 이 구스도 10년 이상이 되었습니다.

이처럼 오키나와에서는 무언가 기념하기 위해 구스를 담그는 즐거움이 있습니다. 그리고 평소에 마실 때는 세 번째 항아리처럼 새로 담근 쪽부터 마십니다. 그러나 설이나 오본お盆, 혹은 특별한 손님이 왔을 때는 첫 번째 항아리의 구스를 개봉합니다. 좋은 구스는 혀 위를 굴러갑니다. 아이들이 결혼해서 이 구스를 나눠주는 것은 언제쯤일까요. 오키나와의 새해가 또 시작되려 합니다.

제5장

소년의 뜻·류큐호琉球弧의 꿈 : 생활지 마지막에

〈시〉 노수소란老樹騷亂

닫히지 않는 환초環礁의	口あきとーる干瀬ぬ
바다물길에서	潮路から
니라이카나이ニライカナイ의 신이	ニライ・カナイぬ御神が
건너오는 것을 믿는다.	渡てぃいめんせーし信じとーる
혁명을 믿었던 아들은	村んかい
그런 마을과	革命信じたる息子や
결별했다.	振い別りたん
그러나	やしが
마을을 버린 아들을	村みーしてぃたるいきがんぐゎ
노모는 버리지 않는다.	あんまーや みーしてぃらん
소만小滿, 망종芒種 무렵의 해질 녘	小滿芒種ぬ夕間暮
덩굴 잎을 비틀어 따며	かんだ葉くさじぃがちー
목령木靈 이야기를 했다.	きじむなーぬ話ちかすたる
노모의 이마에 새겨진	あんまー額かい刻まったる
주름에 퍼져가는 환상을	皺かい拡がてぃいちゅるうむい
결코 이뤄질리 없는 혁명에	肝ふがすぬくとー ねーらん革命んかい
아들은 목숨을 건다.	いきがんぐゎや命かきとーん

그런 아들에게   あたらいきがんぐぁかい

다리가 부쩍 약해진 노모는   足ぬよーてぃいちゅるあんまーや

소식을 달라고 조른다.   たゆいくぃりんちたぬむん

마을 집집에는 전화가 없다.   村ぬ家んかいや電話やねーらん

긴급한 전화는   うふあわてぃぬ電話や

공동매점으로 달려간다.   共同賣店かいいすじゅん

다리가 쇠약한 노모에게 아들은   足ぬねーたるあんまーんかい 息子や

어쩌다 전화를 한다.   なまなまーし 電話すん

검고 차가운 수화기 저편에   黒びちゃいする電話ぬあがた

아들 모습이 분명하다.   息子んかい あんまー姿やゆーわかとーん

노모는 해질 녘 마당에서   あんまーや 夕間暮ぬ庭うてぃ

멀어진 귀로 부르는 소리를 들었다.   うとぅりたる耳んかい 呼び出しぬ声ちちゃん

노모는 곧바로   あんまーや なま

유구悠久한 돌층계 위를   大昔からぬ石くびり坂

구르듯이 질주한다.   ぐーにぃーぐーにぃ はーえーそーん

노모의 이마에 진땀이 스민다.   あんまー額ぬ なま汗よー

땀은 돌덩이가 되어 이마를 가른다.   なま汗じーじー 頭わいん

노모의 등 뒤에서   あんまー後うてぃ

가지마루龍樹 나무가 일제히 운다.   かじまる樹がうふどぅんもーい

폭풍우의 전조   嵐ぬちゅーんどー・蜂起ぬちゅーんどー

수화기 저편에서   電話とぅてぃん

노모는 숨이 가쁘다.   あんまーや 息ぜーぜー

"여보……세요"   "もし、もし"

"올해도 또 못갑니다."   "今年ん、また、けーゆーさんどー"

노모의 일순간의 환상은   あんまー うびじぬうむいや

흐트러진 백발처럼   振い亂りたる白髪ぬぐとぅ

깨져서 한없이 퍼져간다.   くじりてぃ わっくゎてぃ いちゅーんどー

　　　　　*　　　*　　　*

　　오키나와의 생활에 대해 일 년을 통틀어 소개하였습니다. 일반적인 오키나와를 의식하면서도 가능한 한 구체적으로 표현하기 위해서 나 자신의 생활과 생각을 엮어서 썼습니다. 독자 중에는 "당신은 왜 그렇게 생각하는가?"라고 의문을 품는 사람이 있을지도 모르겠습니다.

　　나의 생활도 오키나와의 역사적 토대와 지역적인 확장 속에서 그 특징이 자리매김 되겠지만, 마지막으로 '오키나와 생활'의 한 사례로서 내 생활의 종적인 측면(성장과정)을 적어두고자 합니다.

용설란龍舌蘭 미야코지마宮古島

돼지와 누이들의 등에서(1949~55)

　　오키나와 현沖繩縣 다마구스쿠 촌玉城村의 햐쿠나百名 미이바루新原 해변에 가본 적이 있습니까? 지금이야 오키나와본도沖繩本島 남부에서 무료로 수영하며 놀 수 있는 몇 안 되는 해변이 된 미이바루 해변에. 일 년 내내 관광객이 끊이지 않고 유리가 달린 보트로 바다 속을 구경하거나 윈드서핑 등의 해양스포츠를 즐기는 사람들로 북적대는 바닷가 마을. 그 마을을 우리들은 관례적으로 '시마島'라든가 '무라村' 또는 '부라쿠部落'라고 부르고 있습니다.

　　류큐왕국琉球王國 시대에 신가神歌를 편집한 『오모로소시おもろさうし』에는 햐쿠나 해안을 노래한 갖가지 오모로가 수록되어 있는데, 햐쿠나 항구의 아름다움을 다음과 같이 노래하고 있습니다.

　　　　일. 햐쿠나 항구에 은빛 남풍[1]-이 불면　　　　一 百名 浦白 吹けば

　　　　　　　화창하도록 젊은 신녀를 부르세　　　　　　うらうらと 若君 使い

　　　　또 우리 항구에 은빛 남풍이 불면　　　　　　又 我が浦は 浦白 吹けば

또 배 젓는 수고 구바蒲葵 꽃 피듯 맑고 아름답네	又 手數は 蒲葵花 咲き淸ら
또 배 젓는 노 물보라 피듯 맑고 아름답네	又 搔ひやるは 波花 咲き淸ら

권17 - 1228

햐쿠나 항구에는 긴 백사장이 이어지며 방풍림으로 둘러싸인 '우라바루浦原'라는 논지대가 펼쳐져 있었습니다.

그 햐쿠나 미이바루의 바닷가마을에서 나는 1949년에 태어났습니다. 여자 6명, 남자 5명의 11남매였습니다. 미이바루 구新原區에서 둘째가라면 서러울 '가난'한 13명 가족이었습니다. 큰형 조세이朝淸는 스물한 살 때 오키나와지상전에서 위생병으로 현지 소집되어 '히메유리부대ひめゆり部隊'에서 함께 싸우다 전사하였습니다. 셋째형 조쇼朝松는 다섯 살 때 전시체제 하에서 영양실조에 걸려 병사했다고 합니다. 전후에 출생한 것은 나뿐이었습니다.

1_ 장마가 끝나는 6월 말경부터 부는 남풍을 말한다.

가난한 우리 집에도 손님은 끊이지 않았다. 오른쪽 끝이 나. 단정하게 앉아 있기는 하지만, 찢어진 옷에도 신경 쓰지 않고 있다. 한 사람 건너 아버지, 또 한 사람 건너서 다섯째 누이, 그리고 누이의 친구들이다. 〈1960년 무렵〉

아버지는 오키나와지상전 때 방위대에서 살아남았지만, 함포 파편으로 왼쪽 어깨를 다치고 왼쪽 눈과 왼쪽 귀에 장애를 지니게 되었습니다. 스스로 '전쟁책임'을 지고 전전戰前에 근무했던 촌사무소를 사직하였으며, 전후에는 생을 마칠 때까지 농민의 삶으로 일관하였습니다. 어머니는 병약하여 힘들어하는 '상이군인' 남편을 보살피며 돈을 벌기 위해서 돼지 또는 두부를 팔거나 닥치는 대로 일하며 가계를 꾸려나갔습니다.

인간의 기억은 세 살 무렵의 체험부터 확실해진다고 합니다. 나의 유년 기억도 세 살 무렵, 매일 아침 커다란 돼지 등에 타고 산책하러 가던 광경부터 시작됩니다. 그 무렵의 아버지는 커다란 씨돼지를 구해서 매일 아침 산책하러 데리고 나가는 것이 일과였습니다.

수도도 없고 전기도 없어서 물을 길어 나르고 장작을 패고 램프에 의존하던 가난한 마을이었지만, 지금 되돌아보면 물질적으로는 가난했어도 정신적으로는 풍요로운 유년기였다고 생각합니다. 무엇보다 가족애가 넘쳐흘렀습니다. 어렸을 때의 가장 큰 추억은 막내인 나를 업어주었던 누이들의 자장가와 그 등에서 느껴지던 따스함입니다.

1950년대, 오키나와지상전의 상흔은 마을 어디에서나 볼 수 있었습니다. 어렸을 때의 기억 중에서 잊을 수 없는 것이 '함포자국'입니다. 포탄이 떨어진 곳에는 함포자국이 절구 모양으로 크게 패어 있었습니다. 그 자국들은 쓰레기장이 되거나, 큰 비가 내린 뒤에는 연못이 되기도 했습니다. 그 연못에서 물놀이를 하며 헤엄치곤 하였습니다. 때로는 물에 빠져서 목숨을 잃는 아이도 있었습니다.

나는 다섯 살 때의 겨울, 오른손에 큰 화상을 입었습니다. 지금도 그 화상자국이 남아 있습니다. 마침 사탕수수 수확기였습니다. 그날, 우리 집은 가족 모두가 사탕수수를 수확하고 있었습니다. 친척 몇 사람도 도와주러 와서 '온종일 밭일'하는 날이었습니다.

나는 어머니가 점심준비를 하기 위해 집으로 돌아갈 때 그 뒤를 따라갔습니다. 어머니는 밥이 다 되기 전에 커다란 주전자 가득히 차를 끓이고 있었습니다. 나도 뭔가 거들고 싶어서 좀이 쑤셨습니다. 어머니가 말리는 것도 듣지 않고 차가 가득 든 주전자를 혼자서 밭으로 나르려 하였습니다. 자신도 어엿하게 거들 수 있다는 것을 과시하고 싶어서 한 발 앞서 집을 나섰다가 집 뒤 언덕길에서 넘어져버렸습니다.

뜨거운 차를 오른손과 오른발에 쏟았습니다. 깜짝 놀란 나는 뜨거움도, 아픔도, 심지어 우는 것조차 잊었습니다. 공교롭게도 그 날은 두터운 감색 스웨터를 입고 있었습니다. 그 때문에 뜨거운 물은 두터운 스웨터에 잔뜩 스며들어 오른손 살갗이 펄펄 끓어올랐습니다. 그 후의 세세한 부분은 기억하지 못합니다. 정신을 차려보니 어머니가 미친 듯이 소리를 지르면서 풀 베는 낫으로 스웨터를 찢고 있었습니다. 나는 옷이 벗겨져 추위에 떨면서도 "별 것 아냐."라는 말만 되풀이했던 것을 기억하고 있습니다.

어머니는 유일한 화학약품이라고 생각했는지, 화상 입은 부분에 파란 잉크를 뿌려주었습니다. 그리고 돼지기름과 소금을 섞은 '안다마스ァンダマース(기름소금)'를 칠하였습니다. 이 때문에 나는 펄쩍 뛰어오를 듯이 아파했습니다. 무지한 어머니는 화상에 대해 완전히 역효과가 나는 치료를 한 것입니다. 화상을 입으면 먼저 물을 뿌려서 식히는 편이 좋은데도 말입니다.

2, 3일 지나자, 내 오른손 살은 썩어들어 갔습니다. 그래도 병원에 갈 돈이 없어서 오우지마奧武島에 있던 돌팔이 의사로 소문난 무면허 한방의를 불렀을 뿐입니다. 그 돌팔이 의사는 화상 입은 부위를 기름종이로 싸맸습니다.

그 때문에 내 오른손은 켈로이드keloid[2]- 상태로 들러붙어버려서 90도로 휘어진 채 움직일 수 없게 되었습니다. 나는 오른손에 장애를 갖게 되어 뭐든지 왼손을 사용하도록 훈련해야만 하였습니다. 초등학교 입학 준비를 위해 왼손으로 글자를 쓰는 연습도 하였습니다.

내 오른손이 자유롭게 된 것은 아버지의 병 치료를 위해 왕진하러 왔던 의사가 오른손을 있는 힘껏 쭉 잡아늘여준 다음부터입니다. 엄청난 통증이 뒤따르는 거친 치료였지만, 덕분에 글씨도 오른손으로 쓸 수 있게 되어서 불편 없이 초등학교에 입학할 수 있었습니다. 그 무렵부터 의학의 위대함을 느끼게 되고, 이후에 노구치 히데요野口英世[3]의 전기 등을 읽으면서 나도 의사가 될 수 있도록 열심히 공부해야겠다고 생각하였습니다.

일본어와 방언표찰(1956~63)

초등학교 1학년이 되어 나는 비로소 일본어와 만났습니다. 그때까지는 '류큐琉球방언'이라고 부르는 류큐어 중심의 생활을 하고 있었습니다. 따라서 초등학교에서 '국어'를 공부할 때까지는 일본어를 읽을 줄도 쓸 줄도 몰랐습니다. 그러나 일본어를 사용하는 것은 학교수업뿐이고, 쉬는 시간이나 집에 돌아오면 '우치나구치沖繩語'라는 류큐어가 중심이었습니다. 그 덕분에 현재까지도 류큐어로 하는 표현이나 회화에는 불편함이 없습니다.

그러나 초등학교 4, 5학년 무렵부터 '공통어실천운동'이 활발해지며 학교에서의 '주훈週訓'은 거의 매주 '공통어를 사용합시다'로 되었습니다. 그리고 교내에 '방언표찰'이 돌아다니게 되어 류큐어를 사용하는 학생은 벌을 받고, 따돌림을 당하게 되었습니다. 그 표찰은 가슴 넓이 정도의 판자로 만들었습니다. 목에서 끈으로 늘어뜨리도록 되어 있으며, "나는 방언을 사용하였습니다."라고 적혀 있었습니다. 방언을 사용하는 다른

2　화상이나 피부의 상처가 아문 후에 생기는 융기를 말한다.
3　1876~1928. 후쿠시마 현(福島縣) 출생의 세균학자이다. 펜실베니아대학 의학부를 거쳐 록펠러의학연구소 연구원을 역임하였다. '노벨생리학·의학상' 후보로도 세 차례 올랐지만, 황열병 연구 중에 아프리카 가나에서 사망하였다.

학생을 발견하여 건네주지 않는 한 계속 걸고 있어야만 했습니다.

방과 후까지 방언표찰을 갖고 있는 학생은 '주훈을 지키지 못한 학생'으로 담임에게 주의를 받았습니다. 이런 일이 거듭되면 방과 후에 남아서 대빗자루가 너덜너덜해질 때까지 엉덩이를 맞는 경우도 있었습니다. 1960년 전후, 오키나와본도 남부에 있는 초등학교에서 벌어진 일입니다.

나중에는 방언표찰이 마을이나 지역에까지 돌아다니게 되었습니다. 그 때문에 집에 돌아가서도 안심하고 류큐어를 사용할 수 없었습니다. 모두 점점 말이 없어져 갔습니다. 이 비정상적일 정도의 '공통어실천운동' 강요가 교직원회를 중심으로 한 일본복귀 운동 추진과 연동되어 있었다는 사실을 알게 된 것은 훨씬 뒤의 일입니다.

초등학교 6학년이 되자, 나는 독서에 열중하게 되었습니다. 집에는 책다운 것이라고 해보았자 교과서 정도밖에 없었습니다. 학교도서관의 책들을 탐하듯이 빌려 읽었습니다. 아마도 햐쿠나초등학교 도서관의 주요한 책은 거의 다 읽었다고 생각합니다. 그때의 담임 기마 조젠儀間朝善 선생님의 지도로 문학에 눈을 떴습니다. 기마 조젠 선생님은 이시카와 다쿠보쿠石川啄木[4]의 단카短歌[5]를 많이 가르쳐주었습니다. 나는 이시카와 다쿠보쿠의 단카를 계속 암기해 갔습니다. 지금도 수업참관일에 지명을 받아 모여 있는 부모님들 앞에서 다음과 같은 단카를 낭독한 일을 기억하고 있습니다.

장난삼아 어머니를 업으니 너무 가벼워, 우느라 세 걸음도 채 못 가네
たはむれに母を背負ひてその余り 軽きに泣きて三歩あゆまず

4_ 1886~1912. 이시카와 하지메(石川一)가 본명인 가인·시인·평론가이다. 이와테 현(岩手縣) 출신이며, 세이소쿠영어학교(正則英語學校)를 졸업하였다. 1901년 12월부터 다음 해에 걸쳐 『이와테일보(岩手日報)』에 단카(短歌)를 발표하여 스이코(翠江)라는 필명으로 게재되었다. 이후 일상생활, 고독감, 빈곤을 주제로 한 단카를 주로 발표하였다.
5_ 일본 고유 형식의 시를 와카(和歌)라고 하며, 단카는 이 와카의 한 형식이다. 단카는 5.7.5.7.7의 5구 31음을 기준으로 삼는데, 흔히 와카라고 하면 단카를 가리킨다.

비밀스러운 꿈(1962~65)

중학교 입학 기념으로 당시 류큐대학생이었던 조유朝勇 형이 로만 롤랑Romain Rolland 저 『장 크리스토프Jean Christophe』 전3권(河出書房, 1968)[6]-을 사서 선물해 주었습니다. 나는 반 년 정도 걸려서 이 대작을 다 읽었습니다. 내가 처음으로 읽었던 본격적인 대 장편소설이었습니다. 중학생 입장에서는 어려운 내용도 있었지만, 어쨌든 세 권을 독파했다는 만족감과 베토벤을 모델로 했다는 크리스토프의 삶의 방식에 깊은 감동을 받았습니다.

또 국어교과서에 실린 다자이 오사무太宰治[7]-의 「달려라 멜로스走れメロス」[8]-에 감동한 것도 그 무렵입니다. 그 스토리에 빠져서 시험공부도 잊고 세 차례나 필사를 하였습니다. 다자이 오사무를 좋아하게 되어 전집을 빌려 읽었습니다. 나도 장래에는 소설가가 되고 싶다고 남몰래 결심하였습니다. 동화 같은 것을 써서 국어선생님에게 보여드린 적도 있습니다.

한편으로 정치의식에 눈 뜬 것도 중학교 2학년 무렵입니다. 오키나와 전체에서 '조국복귀운동'이 서서히 고조되고 있었습니다. 나는 중학교 1학년 때부터 '이야기대회お話し大會'의 학교대표로 뽑혔습니다. 그리하여 2학년 때 전 류큐대회에서 2위에 입상한 적도 있습니다. 그 때의 타이틀은 '나의 첫 꿈'으로, 내용은 '하루라도 더 빠른 조국복귀'를 호소하는 내용이었습니다.

중학교 시절은 학생회활동을 하거나 청소년적십자(JRC) 활동에 열중하였습니다. 우리들은 서서히 리더 격의 그룹을 만들게 되었습니다. 그 중의 한 소녀에게 첫사랑을 느꼈

6_ 진실을 위해 부정과 허위와 싸우는 이상주의적 영웅을 그렸다. 로만 롤랑은 이 작품을 통해 제국주의적 자본주의의 부패와 위선, 세기말적인 문명·도덕에 거센 비판을 하고 국제적으로도 명성을 얻었다.

7_ 1909~1948. 사카구치 안고(坂口安吾)·오다 사쿠노스케(織田作之助)·이시카와 준(石川淳) 등과 함께 신희작파(新戱作派)·무뢰파(無賴派) 등으로 불리는 소설가이다. 1936년에 첫 작품집 『만년(晩年)』을 간행하였으며, 주요작품으로 『달려라 멜로스(走れメロス)』, 『쓰가루(津輕)』, 『사양(斜陽)』, 『인간실격(人間失格)』 등이 있다. 연인 야마자키 도미에(山崎富榮)와 함께 다마가와(玉川) 죠스이(上水)에 투신자살하였다.

8_ 다자이 오사무의 단편소설이다. 초출은 1940년 5월에 발행된 잡지 『신초(新潮)』이다. 처형당할 것을 알면서도 목숨을 걸고 우정을 지킨 멜로스가 사람의 마음을 믿지 않던 왕에게 신뢰의 소중함을 깨닫게 한다는 내용이다.

습니다. 보기 좋게 차이고 끝났습니다만. 나는 점점 우등생으로 행동하는 자신이 피곤해졌습니다. 그룹 교제를 하고 있는 중에 한 소녀만 사랑하고 있다는 사실에 왠지 죄책감을 느꼈습니다. 그렇게 사춘기의 내면에서 솟구치는 성의식에 눈떠 갔습니다. 이윽고 나는 그룹에서 조용히 떨어져 나왔습니다.

대학시험과 좌절(1965~68)

1965년 4월, 열심히 수험 공부를 한 보람이 있어 톱클래스 성적으로 류큐정부립지넨고등학교琉球政府立知念高等學校에 입학할 수 있었습니다. 이번에도 조유 형이 입학 기념으로 오다 마코토小田實[9]-의 『뭐든 봐두자何でも見てやろう』[10]-를 선물해주었습니다. 이 책으로 나는 지적호기심이 솟구치며 세계의 넓음과 다양성을 느끼게 되었습니다.

그 때까지 단카를 쓰고 있던 나는 교내 단카 콩쿠르에서 1등상을 수상하였습니다. 그 작품 중에

오늘도 또 '투지'라는 글자를 나는 보았다. 일기장 한 귀퉁이에서
今日もまた〈鬪志〉という字を我は見き 日記帳のその片すみに

라는 한 수가 있었던 것을 기억합니다. 그러나 수상식에서의 강평에서 국어선생님에게 "이시카와 다쿠보쿠의 영향이 지나치게 크다."라는 지적을 받고 나서 오히려 자신감을 잃었습니다. 자신이 아무리 노력해도 이시카와 다쿠보쿠의 단카를 뛰어넘을 수는 없다

9_ 1932~2007. 오사카 시(大阪市) 출신의 작가·정치운동가이다. 도쿄대학(東京大學) 졸업 후에는 예비교인 요요기세미나(代々木ゼミナール)에서 영어과 강사로 근무하였다. 세계일주 체험기 『뭐든 봐두자(何でも見てやろう)』로 일약 유명해졌으며, 일본의 사소설을 비판하고 전체소설을 지향하였다. 베트남 전쟁 시기에는 '베평련(ベ平連)' 및 '일본은 이대로 좋은가 시민연합'을 결성했으며, 1995년의 한신·아와지대진재(阪神·淡路大震災)의 체험에서 '자위대를 재해구조대로'의 활동을 하였다. 오다 마코토는 일관되게 시민의 입장을 취했지만, 좌익으로 간주되는 경우가 많다.
10_ 1961년에 첫 출판된 『뭐든 봐두자』는 26세 풀브라이트(Fulbright) 유학생의 구미·아시아 22개국 여행기이다.

고 생각하여 단카를 향한 열정은 사그러들었습니다. 그 무렵은 아직 현대 단카의 데라야마 수지寺山修司[11]-나 쓰카모토 구니오塚本邦雄,[12]- 오카이 다카시岡井隆[13]- 등 획기적인 표현을 하는 전위前衞 단카가 존재한다는 사실을 몰랐습니다.

고등학교 1학년 때 갓 출판된 야마노구치 바쿠山之口貘의 시집『참치와 정어리鮪に鰯』를 처음으로 읽었습니다. 거기에 수록되어 있는 시들은 쉬운 구어조에 내용도 깊이가 있었습니다. 단카에서 시로 흥미가 옮겨갔습니다. '시라면 나도 쓸 수 있을지 모른다.'는 생각이 들었습니다.

그래서 지넨고등학교 문예부가 출판하고 있던 문예지『아단あだん』에 투고해 보았습니다. 그러자 나의 시도 게재되었습니다. 내게 있어서 처음으로 활자화 된 시 작품이었습니다. 나는 활자화 된 자신의 시를 보고 기뻐서 그 후 매년『아단』에 투고를 하였습니다. 고등학교 2학년 때는 국어교과서에 실린 미야자와 겐지宮澤賢治[14]-의 '영결의 아침永訣の朝'에 감동하고, '방언을 도입해도 시가 된다'는 자신감을 갖게 되었습니다. 또 하기와라 사쿠타로萩原朔太郎[15]-의 '달에게 짖다月に吠える' 등을 읽고 우울한 청춘의 감상을

11_ 1935~1983. '언어의 연금술사'라는 별명을 갖고 있는 아방가르드 극작가이며, 시인이다. 연극실험실 '덴조사지키(天井棧敷)'의 주재(主宰)였다. 경주마의 마주가 될 정도로 경마에 조예가 깊은 미디어의 총아로, 신문과 잡지 등의 지면을 장식하는 각종 활동을 하였다. 가인·연출가·영화감독·소설가·작사가·각본가·수필가·하이진·평론가·배우·사진가로서 방대한 양의 문예작품을 발표하였는데, 본업을 물으면 항상 "내 직업은 데라야마 수지입니다."라고 대답하였다.

12_ 1920~2005. 가인·시인·평론가·소설가이다. 데라야마 수지(寺山修司), 오카이 다카시(岡井隆)와 함께 '전위 단카의 삼걸'이라 칭한다. 현란한 독자적 어휘와 이미지를 구사하며 왕성한 창작을 하였다. 작가 쓰카모토 세이시(塚本靑史)가 그의 장남이다.

13_ 1928~ . 아이치 현(愛知縣) 나고야 시(名古屋市) 출신의 가인·문예평론가이며, 일본예술원회원으로서 미라이단카회(未来短歌會) 발행인이다. 게이오기주쿠대학(慶應義塾大學) 의학부를 졸업한 후에 내과의로서 국립 도요바시(豊橋)병원 내과의장 등을 역임하였다. 단카로는『오카이 다카시 컬렉션(岡井隆コレクション)』,『Ⅹ-술회하는 나(Ⅹ-述懷スル私)』등이 있고, 평론으로는 사이토 모키치(斎藤茂吉)론이 많다.

14_ 1896~1933. 시인·동화작가이다. 향토애가 짙은 서정적 필치의 작품을 다수 남겼으며, 자신의 작품 속에 등장하는 가공의 이상향을 고향인 이와테(岩手)의 에스페란토식 발음인 이하토브(Ihatov) 또는 이하토보(Ihatovo)라고 명명하였다. 지주의 수탈로 가난에 허덕이던 농촌의 비참한 환경을 개선하기 위해 애니메이션〈은하철도 999〉의 원작인『은하철도의 밤』을 짓는 등의 문학 활동을 했다고 전해진다. 생전은 무명에 가까운 상태였지만, 사후 그의 작품에 대한 평가가 점점 높아져 현재는 국민작가라는 이름이 어색하지 않을 정도로 널리 읽히고 있다.

15_ 1886~1942. '일본근대시의 아버지'로 칭해지는 시인이다. 1938년 1월에 '신일본 문화 모임'의 기관지『신일본(新日本)』을 창간하였다. 3월에『일본으로의 회귀(日本への回歸)』를 발표하며 일본주의를 주장하여 일부로부터 국수주의자라고 비판받았다. 1939년에 정식명칭이 '시의 연구 강의 모임(詩の研究講義

달랐습니다.

고등학생 시절의 가장 큰 행운은 친구인 아라카와 도모키요新川智清의 집에서 함께 공부할 수 있었던 일입니다. 아라카와 도모키요와는 중학교 3학년 때 지넨지구 리더 숙박연수에서 처음 만난 후에 친구가 되었습니다. 그리고 고등학교 3년간 한 번도 같은 반이 된 적이 없었음에도 불구하고 온 가족이 함께 교제를 하는 사이가 되어 현재까지 지속되고 있습니다. 나는 친구인 기나 모리오喜名盛夫와 함께 매주 토요일에 요나바루 정與那原町에 있는 아라카와 도모키요의 집에 가서 함께 공부를 하거나 놀았습니다. 아라카와 도모키요의 부모님은 그런 우리들을 자신들의 자식과 똑같이 따뜻하게 돌보아주었습니다. 우리들은 자기 집이라도 되는 것처럼 그 집에 머물면서 저녁을 먹고, 목욕을 하고, 공부를 하였습니다.

아라카와 도모키요는 영어 성적이 같은 학년 중에서 항상 최고였습니다. 그는 미국 유학을 목표로 공부했고, 나와 기나 모리오는 일본 유학을 목표로 하고 있었습니다. 나중에 기나 모리오는 의사가 되었지만, 일찍 죽었습니다. 아라카와 도모키요는 미국에서 대학원을 졸업하고 대학교수가 되었습니다.

여러 가지로 요동치던 고교생활 중에서도 수험공부는 나의 커다란 중심과제였습니다. 아버지는 전후의 학교교육을 받은 다섯째누이, 여섯째누이에게 고등학교진학까지는 허락하였습니다. 그러나 집이 가난했기 때문에 대학진학은 시키지 못하였습니다. 큰누이부터 넷째누이까지는 초등학교를 졸업하면 곧바로 가사를 거들거나 일하러 내보내졌습니다. 그 누이들의 희생과 도움으로 남자형제 세 명은 모두 대학까지 진학할 수 있었습니다. 우리들은 고등학생이 되자 장학금을 받아서 부모의 부담을 덜고자 필사적으로 공부하였습니다. 다행히도 나는 교내나 전 류큐 모의시험에서도 상위 클래스 성적을 올릴 수 있었습니다.

그러자 주위에서 국비·자비유학시험을 치르라고 권유를 하며 기대하였습니다. 당시는 일본정부가 미군통치 하에 분리되어 있는 오키나와의 고등학생에게 일본 대학으로의 진학을 보장하기 위해 '국비·자비 유학제도'를 실시하고 있었습니다. 이 제도는

の會)'인 '파농회'를 결성하고 『숙명(宿命)』을 간행하였으며, 1940년에는 『귀향자(歸鄕者)』, 『항구에서(港にて)』, 『아대(阿帶)』를 간행하였다. 향년 만 55세에 급성폐렴으로 자택에서 사망하였다.

문부성文部省[16]이 오키나와의 고등학생에게만 독자적인 능력검정시험을 실시하여 그 상위자를 일본의 국립 또는 사립대학에 정원 외로 유학을 시키는 것이었습니다. 국비 유학생의 경우는 대학에서의 수업료가 면제되고, 또 한 달에 1만 엔圓 남짓의 생활비가 지급되었습니다. 그 무렵 시즈오카 시靜岡市에서 4첩疊 반의 셋방 월세가 5천 엔이었습니다. 자비유학생은 학비와 생활비를 본인이 부담해야 했습니다.

우리 집 경제사정으로는 국비유학생을 목표로 하는 길 밖에 없다는 것을 알고 있었습니다. 형들과 선생님들로부터 권유를 받아 의학코스에 시험을 보게 되었습니다. 장래에 작가가 되겠다는 꿈은 갖고 있었지만, "의사가 되어서 경제적으로 안정된 뒤에 기타 모리오北杜夫[17] 같은 작가가 되어도 괜찮지 않겠느냐."라는 형의 조언에 따랐습니다. 의학코스에 합격하면 정신과의가 되어 칼 야스퍼스Karl Theodor Jaspers와 같은 철학자 겸 작가가 되겠다고 결심하였습니다.

제1차 시험은 11월에 도미시로고등학교豊見城高等學校 대회장에서 치렀습니다. 합격자 발표는 류큐 전역에 라디오로 방송되었습니다. 다행히 국비유학생으로 합격은 했지만, 제1지망인 의학이 아니라 제2지망인 화학으로 합격되었습니다. 부모님을 비롯하여 주위에서는 크게 기뻐해주었습니다. 어쨌든 미이바루 구에서 국비생 합격은 처음이었고, 다마구스쿠 촌玉城村에서도 수 년 만의 일이었습니다. 그러나 나는 의학코스에 합격하지 못했기 때문에 깊은 좌절감을 맛보았습니다.

그때부터 제2차 면접 시험일까지는 고민의 나날이었습니다. 이대로 화학과에 진학해야 하는지, 그렇지 않으면 단념하고 재수생 생활을 할 것인지 형과 선생님들에게도 상담을 하였습니다. 대부분의 선생님들은 현역으로 화학과에 진학하는 편이 좋다고 권하였습니다. 나도 부모님에게 "재수하게 해 달라."고는 말할 수 없었습니다. 면접시험은 류큐육영회 분들이 담당하고 있었습니다. 그 때 "자네는 국비 의학코스에는 물리 점수

16_ 일본의 옛 행정기관 중 하나이다. 교육, 문화, 학술 등을 담당하였다. 2001년의 중앙 성청(省廳) 재편에 따라 총리부의 외국(外局)이었던 과학기술청과 통합하여 문부과학성(文部科學省)이 되었다.

17_ 1927~2011. 사이토 소키치(斎藤宗吉)가 본명인 소설가・에세이스트・정신과의이다. 작품은『밤과 안개의 모퉁이에서(夜と霧の隅で)』,『느릅나무 집 사람들(楡家の人びと)』 등 순문학으로 자리매김 되는 것부터『괴도 지바코(怪盗ジバコ)』,『아빠는 정말 별난 사람(父っちゃんは大變人)』,『외로운 임금님(さびしい 王様)』 등 판타지라고 할 수 있는 것과,『쿠푸쿠푸의 선상모험(船乗りクプクブの冒險)』과 같은 아동문학 등 다양하다.

가 약간 모자라지만, 자비 의학코스라면 합격할 수 있다. 자비로 진학할 마음은 없는가?"라는 질문을 받았습니다. 나는 심하게 동요하였습니다. 그러나 자비로, 게다가 7년간이나 걸리는 의학부에 유학할 여유가 없다는 것은 부모님과 의논하지 않아도 잘 알고 있었습니다. "아닙니다. 아무래도 국비로 유학시켜 주십시오."라고 대답하였습니다.

결과는 화학과에 현역 합격했지만, 마음은 개운치 않았습니다. 부모형제를 비롯하여 주위 사람들은 크게 기뻐하였습니다. 온 마을 사람들이 축하해 주었으며, 다마구스쿠촌의 촌장님에게서도 금일봉을 받았습니다. 국비·자비 유학은 문부성이 지정하는 대학으로 가야 했습니다. 문부성은 입시 성적이 좋은 사람부터 도쿄대학東京大學, 교토대학京都大學, 오사카대학大阪大學 등으로 배치해 나갔습니다. 나는 면접시험 때 교토대학이나 지바대학千葉大學을 희망했지만, 배치 받은 곳은 희망하지 않았던 시즈오카대학静岡大學이었습니다. 여기에서 두 번째 좌절을 체험하였습니다.

스무 살의 전환점(1968~69)

1968년 3월에 고등학교를 졸업하고 4월에 일본 본토로 출발하였습니다. 200여 명의 국비·자비 유학생은 여권을 갖고 모두 같은 배로 나하항那覇港을 출발하여 가고시마현鹿兒島縣으로 향하였습니다. 출발 때에는 부모님을 비롯하여 수많은 동기생과 친구들이 배웅하러 나와 주었습니다. 어머니는 모습이 보이지 않을 때까지 하얀 손수건을 흔들었습니다. 배가 잔파 곶殘波岬을 돌아 오키나와의 섬 그림자가 보이지 않을 때까지 나는 갑판에 계속 서있었습니다.

가고시마 시에 도착하여 비로소 우리들은 배치된 학교별로 나뉘어 자게 되었습니다. 그곳에서 시즈오카대학의 동기생 다섯 명이 대면하였습니다. 그 중 두 명은 재수를 하여 합격한 연장자들이었기 때문에 마음이 든든하였습니다. 니시가고시마西鹿兒島 역에서 생전 처음으로 기차를 탔습니다. 급행 '사쿠라지마櫻島'호에서는 행선지별로 차량에 나뉘어 탔습니다. 구마모토熊本,[18]- 후쿠오카福岡,[19]- 히로시마廣島,[20]- 오사카에서 동기 유학생들이 내렸습니다. 도카이東海 지구[21]-로 배정된 우리들은 24시간 남짓 열차에 흔들리다가 이윽고 시즈오카 역에 도착하였습니다.

우리들은 외국인유학생의 일원으로 시즈오카대학에 입학하였습니다. 대학 1학년 때는 한 눈 파는 일 없이 공부만 하였습니다. 이는 출발 전에 류큐육영회 사람들이 "자네들은 본토 학생들보다 수학능력이 낮다. 그러니 필사적으로 공부하지 않으면 따라잡을 수 없다. 절대 낙제하면 안 된다. 낙제는 오키나와의 수치임과 동시에 너희 후배들의 진로에도 악영향을 끼친다."라고 당부했기 때문입니다. 매일 대학과 하숙집만을 오가며 1학기가 끝났습니다.

그러나 전국 대학의 상황은 요동치기 시작하였습니다. 시즈오카대학은 학부 통폐합과 이전 문제를 안고 있었습니다. 이전한지 얼마 안 된 가타야마片山 지구 캠퍼스에는 차밭 가운데에 교양부 교사校舍 밖에 없었고, 덤프트럭이 모래먼지를 날리면서 돌아다니고 있었습니다. 학생들은 '불모와 황폐의 가타야마'라고 비판하였습니다.

1학년 2학기가 되자, 도쿄대학과 교토대학을 비롯하여 전국 대학에서 스트라이크와 바리케이드 봉쇄가 시작되었습니다. 70년 안보문제[22]와 학원분쟁으로 삼파전학련三派全學連[23] 쪽이 세력을 확대해 나갔습니다. 시즈오카대학에서도 헬멧 차림의 학생들이

18_ 구마모토 시(熊本市)는 구마모토 현(縣) 중부에 있는 시이자 현청 소재지이다. 구마모토 현에서는 가장 큰 도시이며, 인구는 72만 명 정도로 규슈에서는 세 번째로 많다. 규슈 관광의 중심으로서 구마모토 성 등의 명소를 이용한 관광 시설의 정비를 행하고 있다.

19_ 규슈(九州) 후쿠오카 현(福岡縣) 북서부에 있는 도시로, 하카타만(博多灣)에 면한 현청소재지이다. 규슈의 정치·경제·문화의 중추적 도시이다. 일찍이 외교·국방을 맡았던 관청 다자이후(大宰府)의 외항, 견수(遣隋)·견당사(遣唐使)의 기지로서 번영하였고, 15~16세기에는 명(明)나라와의 무역과 성읍으로서 번영하였다.

20_ 히로시마 시는 히로시마 현(縣)의 현청소재지이다. 세토나이카이(瀨戶內海) 히로시마 만의 안쪽에 면한다. 돗토리(鳥取)·시마네(島根)·오카야마(岡山)·야마구치(山口)·히로시마의 각 현을 포함하는 주고쿠(中國) 지방에서 가장 큰 도시이다. 1589년부터 메이지 때까지 성읍으로서 번영하였고, 청일전쟁 이래 군사도시로서 발전하였다. 1945년 8월 6일 사상 최초의 원자폭탄 투하로 시 전체가 초토화되었고 20만여 명의 희생자를 내었으나, 전후에 국제평화 문화도시로 발전하였다.

21_ '도카이'는 일본의 지역구분 중 하나로, 혼슈(本州) 중앙부 중 태평양 쪽 지방이다. 소학관(小學館)에서 발행한 '일본지명대백과'에서는 아이치 현(愛知縣)·기후 현(岐阜縣)·미에 현(三重縣)·시즈오카 현(靜岡縣)의 4현을 가리킨다.

22_ 안보투쟁이란 1959년부터 1960년, 1970년의 두 차례에 걸쳐 일본에서 전개된 미일안전보장조약(안보조약) 관련 정치투쟁이다. 여당 자민당(自民黨)이 신중한 심의 없이 강행 채결(採決)을 한 것에 대해 반발한 국회의원, 노동자와 학생, 시민 및 비준 그 자체에 반대하는 국내 좌익세력이 참가하여 전례가 없는 규모로 반정부·반미운동이 전개되었다. 자유민주당 등 정권 측에서는 '안보소동'이라고도 부른다. 60년 안보투쟁에서 안보조약은 국회에서 강행 채결되었지만, 기시(岸) 내각은 혼란의 책임을 지고 총사직으로 내몰렸다.

23_ 1961년 이후 전학련(全學連) 중앙집행부는 혁공동(혁명적공산주의자동맹)의 학생조직 맑학동(일본맑스

학내 집회와 데모 등으로 일본공산당 민청계民靑系[24]-의 자치회집행부와 대립하고 있었습니다. 당시 20명 가까웠던 오키나와 출신 선배들도 오키나와학생연합회에서 신좌익계와 일공계日共系로 분열되어 갔습니다.

내 인생을 크게 변화시킨 것은 '스무 살의 전환점'입니다. 나는 스무 살 생일을 도쿄도東京都 쓰키시마 서月島署의 유치장에서 맞이하였습니다. 1969년 9월의 일입니다.

우리들은 미군정 지배하에 있던 오키나와에서 여권을 지참하고 입국허가를 받아야만 일본 본토로 건너갈 수 있었습니다. 그러나 당시의 미군정부는 엄격한 도항제한을 하고 있었습니다. 여권은 미군정부의 고등변무관高等辯務官[25]- 이름으로 발급되고 있었습니다. 반미활동을 할 법한 사람들은 오키나와에 자유로이 출입국할 수 없었습니다. 일본복귀운동의 데모에 참가하여 체포된 사실만으로 미국에 출국을 못해서 유학이 취소된 지인도 있었습니다. 몇 사람이 일본 본토로 건너가기 위해 '도항제한 철폐'를 내세우며 재판투쟁에 나서고 있었습니다.

그와 같은 시대 상황 속에서 우리들은 "일본과 오키나와 사이에 여권 없이는 이동・왕래의 자유가 없다는 것은 이상하다."라고 여기고 있었습니다. 그래서 일본 본토로의 유학생을 중심으로 '도항제한 철폐・출입국관리 분쇄'운동을 시작하였습니다. 여름방학이나 봄방학에 귀성할 때마다 선내船內를 주요거점으로 하여 여러 가지 대응을 하였습니다. 서명을 받아 모으고 짐표에 슬로건을 적거나, 출입국수속을 거부 또는 저항하거나 하였습니다. 대부분의 승객과 오키나와 측 입국관리 담당관까지도 자금을 모아주었습니다. 모두가 여권에 분노를 느끼고 있었던 것입니다.

그리하여 1969년 8월의 도쿄 항 하루미晴海 부두에서 우리들은 여권을 버리고 비자와 세관검사를 거부하며 상륙을 강행하였습니다. 당일은 배평련〈平連[26]-을 중심으로 수

주의학생동맹)이 장악하는데, 1963년 4월에 혁공동이 혁맑파(혁명적맑스주의파)와 중핵파(전국위원회)로 분열하여 1964년 말까지 혁맑파가 전학련을 장악하였다. 같은 해, 공산당 민청(일본민주청년동맹)계 전학련이 재건되어 1966년에는 중핵파와 사학동(사회주의학생동맹), 그리고 사회당의 청년조직으로부터 성립한 사청동(일본사회주의청년동맹) 해방파에 의해 삼파전학련이 결성되며 세 파의 전학련 시대로 돌입하였다.

24_ 민청동맹(民靑同盟) 또는 민청(民靑)은 일본민주청년동맹의 약칭으로, 일본 공산당계 청년조직이다.
25_ 외교상 특별한 임무를 부여 받고 피보호국 또는 식민지에 파견되어 외교관 대우를 받는 사람이다. 일종의 국제행정관의 명칭으로도 사용한다.
26_ 북베트남에 대하여 1965년 2월 7일에 시작된 미군의 소위 '북폭(北爆)'으로 인하여 일반인 사망자가 늘어

많은 노동자, 학생, 시민이 안벽岸壁에 마중 나와 있었습니다. 그러나 우리들은 환영·지원하는 사람들이 기다리는 곳에 미처 도착하지도 못하고 성사 직전에 경찰·기동대에게 체포당하고 말았습니다.

당시 나는 대학 2학년인 열아홉 살. 태어나서 처음으로 체포되어 유치장에 구류되었습니다. '공무집행방해용의'로 체포된 학생은 13명. 이웃한 방에는 도쿄대학생인 C 선배가 있었습니다. 그곳에서 나는 일본이라는 국가권력에 대해 실제 체험으로 공부하게 되었습니다.

우리들은 취조에 대해 11일 동안이나 완전한 묵비권을 행사하였습니다. 만약 일본 국가가 우리들을 기소한다면 '헌법재판'으로 투쟁할 요량이었습니다. 왜 오키나와에는 일본국헌법이 적용되지 않는가. 왜 오키나와와 일본 사이에는 도항의 자유가 없는가. 그것들은 헌법위반이 아닌가로 투쟁할 생각이었습니다. 그러나 결국 일본 국가권력은 우리들을 기소할 수는 없었습니다. 혐의가 벗겨지고 불기소=무죄로 유치장에서 출소할 때 나는 스무 살이 되어 있었습니다. 출소한 날은 마침 전국 전공투全共鬪[27]-결성대회일이었습니다. 지금 되돌아보면 그것이 나의 성인식이며, 일종의 통과의례였을 것입니다.

그 날부터 일본은 나의 내면에서 상대화 되어 이미 '조국'이라는 환상은 사라졌습니다. 그리고 폐쇄적인 일본 사회 안에 입국관리체제 하에서 고통 받는 재일조선인과 중국인을 비롯한 많은 외국인이 있다는 사실을 알게 되었습니다.

오투위沖鬪委 · 전공투 운동 속에서(1969~72)

1969년 겨울에 시즈오카대학 교양부 A동이 바리케이드로 봉쇄되었을 때 나는 대학에는 거의 가지 않고 1년간에 걸쳐 이와나미서점岩波書店 판의 『루쉰선집魯迅選集』 13권

난 사실이 매스컴으로 보도되자, 반전운동이 시작되었다. '베트남에 평화를! 시민연합(ベトナムに平和を!市民連合)', 약칭 '베평련'은 일본에서의 대표적인 베트남전쟁반전평화운동단체이다.

27_ 전학공투회의(全學共鬪會議)의 약칭이다. 1968~69년의 대학분쟁에서 기성의 학생자치회조직과는 별개로 신좌익 제 당파와 논섹트(non-sect)의 학생들이 각 대학에 만든 투쟁조직이다.

(竹內好 외 역)[28]-을 읽었습니다. 대학 시절에 영향을 받은 사상은 실존주의, 맑스주의와 함께 동향 시인 야마노구치 바쿠의 작품과 루쉰[29]- 문학이 중심이었습니다. 열강의 침략에 내던져진 중국에서 태어난 루쉰은 제2차 세계대전 전에 도호쿠대학東北大學으로 의학을 공부하러 왔던 일본유학 체험을 갖고 있습니다.

루쉰의 『고향故鄕』[30]-과 『광인일기狂人日記』[31]- 『행복幸福』[32]- 등의 소설은 나의 유소년기의 원풍경을 상기시키는 것이었습니다. 또 그의 평론과 『아큐정전阿Q正傳』[33]-은 내가 오키나와로 돌아와서 무엇을 향해 투쟁해야 하는지를 암시하고 있었습니다. 당시 입이 거친 친구들은 "너는 맑스주의자가 아니라 루쉰주의자이다."라며 놀렸습니다.

1970년 안보개정을 목전에 두고 전국의 대학에서는 '베트남 반전, 안보, 오키나와, 학원' 투쟁이 중심과제로 떠올랐습니다. 오키나와 문제를 앞에 두고 오키나와 출신 학생들은 심하게 동요하였습니다. 당시는 모두 외국인과 동일하게 여권을 갖고 일본 생활을 보내고 있었습니다. 만약 학생운동에 참가하여 체포되면 '국비·자비 유학생'으로서의 신분을 잃고 오키나와로 강제송환 당한다는 공포감이 있었습니다. 실제로 규슈대학九州大學에 유학한 요나바루與那原 씨가 그 처분을 받고 소송 중이었습니다.

28_ 루쉰의 처녀작 『광인일기』 이래 1936년 루쉰이 사망할 때까지의 주요한 창작물·사회비평과 일기, 편지를 다케우치 요시미(竹內好) 등이 편집과 번역을 맡아 수록하였다.
29_ 1881~1936. 청나라 말기 절강(浙江) 소흥(紹興) 사람이다. 루쉰은 필명이며, 본명은 주수인(周樹人)이다. 1904년 일본의 센다이의학전문학교(仙臺醫學專門學校)에 입학했으나 문학의 중요성을 통감하고 의학을 단념, 국민성 개조를 위한 문학을 지향하였다. 1918년 문학혁명을 계기로 『광인일기』를 발표하여 가족제도와 예교(禮敎)의 폐해를 폭로하는 등 중국의 근대문학을 확립하였다. 대표작 『아큐정전(阿Q正傳)』은 세계적 수준의 작품으로 평가 받는다.
30_ 루쉰의 대표작이라고 할 수 있는 단편소설 중 하나이다. 1921년 5월 『신세이넨(新靑年)』에 발표했으며, 후에 루쉰의 최초 작품집인 『눗칸(吶喊)』(1923)에 수록되었다. 작품에 묘사된 주인공의 생가의 몰락, 고향에서의 퇴거는 루쉰 본인의 경험을 바탕으로 하고 있다.
31_ 38세였던 루쉰의 처녀작으로, 1918년에 잡지 『신세이넨』에 발표했던 단편소설이다. 가족과 주위 사람들이 모두 자신을 잡아먹으려 한다는 피해망상에 사로잡힌 남자의 일기이다. 문어체가 일반적이었던 당시에 구어체로 쓴 이 작품은 그 점에서 전통주의에 대한 안티테제이며, 사상해방운동으로 이어졌다.
32_ 1924년의 작품이다. 우아한 분위기 속에서 고상하게 글을 쓰고 싶으나, 서가(書架) 앞에는 배추가 산더미같이 쌓여 있으며 아내는 딸아이의 뺨을 때리는 교양 없고 천박한 분위기이다. 그러한 현실 속에서 소설 속 작가는 한숨을 쉬며 글을 쓰려고 노력하지만, 결국 휴지만 만들어낼 뿐이라는 내용이다.
33_ 주인공 아큐는 이름도 성도 없이 조씨 댁에 얹혀살면서 허드렛일을 하는 인물로, 무지몽매하고 노예근성을 지닌 전형적 하층민의 상징이다. 아큐는 자신이 패배했음에도 불구하고 상대방을 경멸하고 얕잡아봄으로써 정신적으로는 승리했다는 허위의식에 빠진다. 루쉰은 이를 통해 중국인들이 불의에 직접 대항하지 못하고 현실에 안주하는 나약한 국민이라는 것을 고발하고 비판하려 했다고 한다.

나는 오키나와 출신 학생 중에서도 바리케이드에 들어간 것은 늦은 편이었다고 생각합니다. 그 이유는 내가 자란 가정환경과 성격상 뭔가를 한 번 하기시작하면 도중에 관둘 수가 없었기 때문입니다. 그리고 설령 전공투 운동에 참가해도 우리들은 '오키나와투쟁학생위원회(오투위)'라는 오키나와 출신 학생들만의 독자적인 조직에 속하게 되었습니다. 당시는 1972년 오키나와 시정권반환을 목전에 두고 본토의 혁신정당과 신좌익의 여러 당파는 '오키나와 반환'이나 '오키나와 탈환', '오키나와 해방', '오키나와 인민해방' 등 각종 노선을 주창하고 있었기 때문입니다. 우리들은 어떡하든 자력으로 오키나와인이 나아가야 할 길을 찾고 독자성을 관철시키고자 발버둥치고 있었습니다.

1972년 3월, 나는 대학에 휴학원을 내고 오키나와로 돌아왔습니다. 아무래도 전후 오키나와의 최대 '세태 변화'='72년 오키나와 반환'을 오키나와 현지에서 직접 체험하며 자신의 눈으로 확인하고 싶었기 때문입니다. 그로부터 2년간의 휴학기간 중에 오키나와에서 여러 가지 일과 생활을 체험하였습니다. 오키나와 현지 사람들과 함께 정치투쟁을 이어가면서.

나의 귀국 노트(1972~)

휴학을 하고 오키나와에 돌아와서 많은 친구들과 만났지만, 그 중 최고는 시인인 고故 야마구치 고지山口恒治와 만나 나하 시 가이난開南의 슬럼가에 있던 함석지붕 단층집에서 함께 살게 된 일이었습니다. 야마구치는 당시 시작詩作 활동을 주로 하면서 택시기사와 토목 일 아르바이트로 연명하고 있었습니다.

나는 야마구치 고지에게 촉발되어 고등학교 시절부터 계속 써왔던 시에 진지하게 열중하였습니다. 1973년 1월, 처음으로 류큐신보琉球新報의 '류큐시단'(심사자는 아시미네 에이치安次嶺榮—[34]—)에 '기얀 곶喜屋武岬'이라는 시가 게재되었습니다. 오랜 만에 자신의 시가 활

34_ 1924~2005. 오키나와 현(縣) 나하 시(那覇市) 출신의 시인이다. 도쿄외국어학교(東京外國語學校)를 중퇴하고, 미국 뉴멕시코대학을 수료하였다. 류큐(琉球)정부 행정주석 전속비서 등을 거쳐 오키나와은행과 오키나와증권의 감사직을 역임하였다. 1952년에 발족한 시 동인 '산호초'에 참가했으며, 하이진(俳人)으로도 활약하였다. 1978년의 '야마노구치바쿠상(山之口貘賞)' 창설 때부터 2000년의 23회까지 심사위원을

자화 된 기쁨에 연이어 류큐시단에 투고하였습니다. 심사자인 아시미네 에이치도 '당선 평'에서 이 신인을 크게 격려해 주었습니다.

야마구치 고지를 통하여 오키나와의 젊은 시인인 이라하 모리오伊良波盛男[35]-와 고미즈나 아키라水納あきら[36]-와의 친교가 시작되었습니다. 그리고 『호란芫亂』이라는 동인지 활동을 시작하여 작품을 서로 비평하게 되었습니다. 내게 있어서는 태어나서 처음인 동인지 활동에의 참가였습니다. 이 체험이 1977년에 야마구치 고지, 미즈나 아키라와 함께 셋이서 시작한 동인지 『숀가네ションガネー』로 연결되었습니다. 이 동인지에는 후에 가와미쓰 신이치川滿信一와 나카치 유코仲地裕子[37]-라는 유력한 시인들도 참가해 주었습니다.

또 1984년에는 세키네 겐지關根賢司,[38]- 미즈나 아키라를 중심으로 나카자토 유고中里友豪,[39]- 야마구치 고지 등과 함께 월간동인지 『오키나와 1984OKINAWA 1984』를 일 년간 발간할 수 있었습니다. 그리고 1997년에는 기리노 시게루桐野繁,[40]- 시이타다 아쓰시後田多敦,[41]- 오시로 겐おおしろ建, 마쿠타 다다시眞久田正 등과 함께 시와 비평동인지인 『가나

역임하였으며, 81세에 폐렴으로 사망하였다. 저서에 시집 『빛의 뗏목(光の筏)』 등이 있다.

35_ 1942~ . 오키나와 현 이케마지마(池間島) 출신의 시인이다. 미야코제도(宮古諸島)에 속하는 이케마지마는 반농반어 지역으로, 독특한 제사와 생활문화를 갖고 최근까지 특이한 풍속이 다수 남아있었기 때문에 민속학 상으로도 매우 주목받는 곳이다. 이라하 모리오는 『죽을 만큼 사랑하다(すんぶり)』 등의 저서를 통해 수많은 이케마지마의 민속어휘를 소개하였다.

36_ 1942~1988. 시인이면서 '오리지널 기획(オリジナル企画)'이라는 출판사의 편집인이다. 타이완에서 출생하여 국학원대학을 졸업하였다. 언어를 역사나 의미로부터 해제하고, 순수하게 이미지에서 이미지로의 비약에 의한 표현의 가능성을 실험했다는 평을 받는다.

37_ 1945~ . 1972년에 발표한 작품 '신발창 세계를 맨발의 여자가(ソールランドを素足の女が)'는 시집 『신발창 세계를 맨발의 여자가』에 수록되어 있다. 기지촌 고자(コザ)에서 살아가는 여성들을 응시한 이 시집은 오시로 사다토시(大城貞俊)의 해설에 따르면, "빈곤에서 벗어나고자 하는 여성들의 불굴의 슬픔을 그려 낸" 것이라고 한다.

38_ 1940~ . 사이다마 현(埼玉縣) 출신의 고전학자이다. 1964년 국학원대학 문학과를 졸업하고, 1970년 동대학원에서 박사과정을 중퇴하였다. 1975년 류큐대학 법문학부 조교수, 2000년 시즈오카대학(靜岡大學) 교수 등을 역임하고 2006년에 정년퇴임하였다. 『이야기 공간 언어들의 숲으로(物語空間 ことばたちの森へ)』, 『오키나와평론(おきなわ評論)』, 『야포네시아 사행(ヤポネシア私行)』 등의 저서가 있다.

39_ 1936~ . 류큐대학 법문학부 국문과를 졸업하고 고등학교 교사를 역임하였다. 시 잡지 『에케(EKE)』의 동인이며, 연극집단 '창조'의 단원이다. 『고자·말더듬이의 밤의 발라드 (コザ·吃音の夜のバラード)』, 『임의의 밤(任意の夜)』, 『라군(ラグーン)』, 『먼 바람(遠い風)』 등의 시집과 시화집 『토스카나로의 여행(トスカーナへの旅)』, 희곡 『월경자(越境者)』, 에세이집 『사념의 모래언덕(思念の砂丘)』 등이 있다.

40_ 가고시마 현 출신의 시인이다. 류큐대학 법문학부 문학과를 졸업했으며, 현재 시와 비평 동인지 『가나』의 동인이다. 시집으로 『스카라무슈의 밤(すからむうしゅの夜)』이 있다.

KANA』를 창간하여 현재에 이르고 있습니다. 이처럼 1972년부터 현재까지 시와 비평의 동인지활동을 계속하는 것으로 나의 창작은 축적되었습니다. 그 2년간의 휴학이 없었다면 문학 활동의 길도 열리지 않았을 것이라고 생각합니다.

한편, 휴학 중에 멋진 사상적 만남도 가졌습니다. 우리들이 세 들어 살고 있던 곳은 슬럼가에서 '가이난 호텔'이라는 애칭으로 불렀는데, 가라 주로唐十郎[42]와 나카히라 다쿠마中平卓馬 등 전국에서 다양한 사람들이 찾아와서 함께 술을 마시거나 하며 무료로 머물고 갔습니다.

나는 야마구치 고지의 소개로 '반 복귀론'의 사상가인 아라카와 아키라新川明와 가와미쓰 신이치, 오카모토 게이토쿠岡本惠德 등과 교류하며 오키나와 토착 사상의 가능성에 대해서 큰 영향을 받았습니다. 아라카와 아키라는 『반 국가의 흥구反國家の兇區』(現代評論社, 1971)[43]에서 '반 국가, 반 권력, 이족異族 오키나와'의 사상을 전개하고 있었습니다. 가와미쓰 신이치는 '오키나와에서의 천황제 사상' 등을 논하며, 후에 『오키나와・자립과 공생 사상沖繩・自立と共生の思想』(海風社, 1987)[44]으로 집약한 논고를 거듭 발표하고 있었습니다. 오카모토 게이토쿠는 「수평축의 발상―오키나와의 공동체의식에 대해水平軸の發想―沖繩の共同體意識について」[45] 등에서 공동체론을 제시하며 문학과 개인의 사상적 자

41_ 1962~ . 이시가키지마(石垣島) 출신의 류큐사(琉球史) 연구자이다. 가나가와대학(神奈川大學) 대학원 역사민속자료학연구과 박사전기과정을 수료했으며, 자료학의 방법을 토대로 한 류큐사상사・일본근대사를 전공하였다. 현재 잡지 『우루마네시아(うるまネシア)』 편집위원이다. 저서로 새로운 역사적 사실과 논점을 제시한 『류큐 구국운동 항일 사상과 행동(琉球救國運動 抗日の思想と行動)』, 『류큐의 국가제사제도―그 변용・해체과정(琉球の國家祭祀制度―その變容・解體過程)』이 있다.

42_ 1940~ . 오쓰루 요시히데(大籠義英)가 본명인 배우・극작가・연출가이다. 작가로서도 활약, 『사가와 군이 보낸 편지(佐川君からの手紙)』로 '아쿠타가와상(芥川賞)'을 수상하였다. 다른 사람이 만든 영화나 드라마에 배우로 출연하기도 했으며, 다른 연출가에게 희곡도 많이 제공하였다. 메이지대학(明治大學) 문학부 연극학과를 졸업했고, 2012년 4월부터 동 대학 객원교수로 취임하였다.

43_ 오키나와인들이 해야 할 일은 '국가로서의 일본'에 의지하는 '복귀' 사상을 오키나와가 지녀온 이질성=이족성(異族性)으로 교살하는 작업이라며, 복귀운동의 격류에 저항하고 오키나와 자립으로의 사상투쟁을 주장하였다.

44_ 일본으로부터의 '독립'으로까지 발전하는 이 사상논집은 전후 반세기를 지난 현재 국가란 무엇인가, 그리고 민족이란 무엇인가를 다시 묻고 있다.

45_ 오키나와타임즈사(沖繩タイムス社)에서 1981년에 발행한 『현대 오키나와의 문학과 사상(現代沖繩の文學と思想)』에 수록되어 있다. 「수평축의 발상」은 인간관계를 '지리적 또는 문화적으로 가까우면 가까울수록 긴밀한 관계에 있다'고 상정한다. 이 발상은 개인이 타자와의 상호관계에서 자기인식을 한다는 전제 하에 성립하고 있으며, 다양한 공동체에 중복하여 개인이 존재하고 있다는 점도 설명하고 있다.

립에 대해 탐구하고 있었습니다.

그 세 사람에게 배움으로써 나는 시마오 도시오島尾敏雄의 '야포네시아와 류큐호ヤポネ
シアと琉球弧'론을 만났습니다. 또 그들의 '반 복귀론'을 둘러싼 논쟁 과정에서 구로다 기
오黒田喜夫와 요시모토 다카아키吉本隆明[46]의 여러 저서를 진지하게 다시 읽어나갔습니
다. 특히 시마오 도시오의 '야포네시아론'은 일본의 기층인 '조몬繩文 시대'와 태평양에
위치한 제도(네시아)의 중요성, 그리고 야포네시아 안에서 차지하는 류큐호의 중요한 위
치와 가능성에 대해 가르쳐 주었습니다.

또 구로다 기오의 시와 사상은 일본 프롤레타리아트의 실존의 기저에 있는, '도호쿠
지방의 예능집단東北のアンニャ'으로 상징되는 민중의 원상을 가르쳐 주었습니다. 그리고
둘 다 우연히 일본의 문학, 사상, 문화를 논할 때 난토南島・류큐호와 도호쿠東北・홋카
이도北海道에서 중앙문화를 상대화해 가는 방법을 제기했던 것입니다. 나는 구로다 기
오와 시마오 도시오의 문학, 사상으로부터 많은 용기를 얻었습니다.

한편, 가이난 호텔에서는 사진작가인 나카히라 다쿠마와의 사상적 만남도 있었습니
다. 나카히라 다쿠마는 내게 알제리 해방투쟁[47]과 아랍・아프리카 혁명의 지도자 프란
츠 파농Frantz Omar Fanon의 저서 및 사상을 소개해 주었습니다. 파농의 『지상의 저주받
은 사람들』[48]과 『검은 피부 하얀 가면』 등은 나의 시야를 크게 넓혀 주었습니다.

파농은 프랑스로부터 알제리를 독립・해방시킨 윤리적 지도자였을 뿐 아니라 아프
리카 혁명을 비롯하여 전 세계의 식민지해방 투쟁에 사상적으로 영향을 끼쳤습니다.
동시에 파농은 뛰어난 정신과 의사였습니다. 그 점이 고등학교 시절에 정신과 의사가
되려는 꿈을 갖고 있었던 나의 공감을 불러일으켰습니다. 그리고 파농이 프랑스제국주
의의 본국인인 사르트르Jean Paul Sartre나 카뮈Albert Camus와 주고받은 논의가 나에게 문학

46_ 1924~2012. 사상가・시인・평론가이다. 일본 언론계를 오랫동안 리드하여 '전후 사상계의 거인'으로 불
린다. 우파인 에토 준(江藤淳)에 맞서 좌파의 논진을 펼쳐 양자는 전후 마지막 비평가로 평가받고 있다.
47_ 1830년 이래 계속된 식민지 지배 하에서 결성된 민족해방전선(FLN)에 의해 1954년 11월 1일 알제리
각지에서 무장투쟁이 시작되었다. 8년 가까이 계속되었던 무력항쟁을 일반적으로 알제리전쟁 또는 국민
해방전쟁이라고 하지만, 독립 후의 정치체제나 사회주의적인 정책의 지향으로 민족독립혁명이라고 부르
는 경우도 있다.
48_ 1961년 백혈병으로 눈을 감은 프란츠 파농의 마지막 저서이다. 식민지 국가들의 실정과 미래에 대한
경고와 함께 정치와 문화와 개인을 긴밀한 관계망에 놓고, 경제・정치・문화적 지배가 피지배자에게
미치는 영향을 분석하였다.

과 사상 문제를 생각할 때의 커다란 힌트가 되었습니다.

1974년 4월, 나는 시즈오카대학으로 복학하였습니다. 그리고 1976년에 졸업하여 오키나와로 돌아왔습니다. 유학생활은 햇수로 8년이 걸렸습니다. 오키나와에 돌아온 후, 나는 내 주변의 생활과 문화에 대해 시간을 들여 심사숙고하고 검토하는 작업에 착수하였습니다. 나는 '류큐호 순례여행'을 자칭하며 북으로는 아마미제도奄美諸島에서 남으로는 야에야마제도八重山諸島까지의 신神 제례와 역사 및 문화를 탐방하였습니다. 그러는 가운데 일곱 권의 시집이 나왔습니다.

중학생 때부터 갖기 시작한, 작가가 되겠다는 꿈은 아직 실현되지 않았지만, 조금씩은 보이기 시작하였습니다. 나의 꿈은 어느 쪽이 되었든 오키나와 생활을 토대로 삼는다는 것이 전제로 되어 있습니다. 꿈은 포기하지 않고 계속 추구해나가고 싶습니다.

지은이 후기

제가 태어나서 처음으로 이와나미신서岩波新書를 읽은 것은 중학교 1학년 무렵으로, 마쓰다 미치오松田道雄[1]의 『나는 아기私は赤ちゃん』(岩波新書, 1960)라는 작품이었습니다. 같은 마을 선배 집에 놀러 갔을 때, "교양을 높이고 인간의 마음을 이해하기 위해서는 이런 책을 읽는 것이 좋다."라고 권해 주어 빌려서 읽었습니다. 그로부터 40여 년이 지났지만, 설마 제 자신이 이와나미신서에 책을 쓰게 되리라고는 생각지도 못하였습니다.

본서를 써나가면서 여러 가지로 고심하였습니다. 자신과 가족에 관해 이렇게 써서 세상에 내놓아도 되는 걸까, 이런 화제는 소설로 쓰는 편이 좋지 않을까, 어떤 사람이 이 책을 받아들여 줄까, 등등.

써나가는 동안에 갑자기 깨달았습니다. 우선은 우리 아이들이 읽게 만들자. 가능하다면 오키나와의 젊은 사람들이, 그리고 오키나와를 잘 이해하고 공감하며 일본을 상대화 해보고 싶은 사람들이 읽게 만들자. 제 생활지 속에서 무엇이 귀중하며, 무엇을 계승하고, 무엇을 변혁해야 하는지를 발견해 준다면 그것으로 다행이라고 생각하게 되었습니다.

그렇다고 해도 제 생활은 얼마나 모순으로 가득 찬 나날인지요. 미군기지문제와 류큐호琉球弧의 자립·독립과 관련해서는 사회 변혁과 혁신을 지향하면서도 한편으로는 청명제清明祭나 오본ぉ盆 등 전통행사와 문화의 보호·유지에도 노력하고 있습니다. 그

1_ 1908~1998. 이바라키 현(茨城縣) 조소 시(常総市) 출신의 의사·육아평론가·역사가이다. 교토제국대학 의학부를 졸업하고 1978년에는 안락사 법제화를 저지하는 모임의 성명발기인이 되었으며, 1967년에는 소아과 진료를 관두고 집필·평론활동에 전념하였다. 1967년에 출판한 대표작이며 베스트셀러인 『육아백과(育兒の百科)』를 비롯하여 다수의 저작이 있다. 또 러시아어 사료에 근거한 러시아혁명사연구의 개척자로도 알려져 있다. 1949년에 『아기의 과학(赤ん坊の科學)』으로 '마이니치출판문화상', 1963년에 『당신들의 재능을 살리자(君のたちの天分をいかそう)』로 '아동복지문화상'을 각각 수상하였다.

러나 이 혼돈과 모순으로 가득 찬 현실을 외면하거나 도망칠 수는 없습니다. 이곳에서, 이 지역에서 도약을 꾀할 수밖에 없습니다.

제가 이 책을 써내려가는 데에 2001년부터 2003년까지 아마미제도奄美諸島의 『난카이일일신문南海日日新聞』에 매월 연재했던 「오키나와 소식沖繩だより」이 큰 토대가 되었습니다. 이때 항상 가까이에 두고 참고한 책이 시마오 도시오島尾敏雄의 『나제 소식名瀬だより』(農山漁村文化協會)이었습니다.

그리고 이번에는 그 「오키나와 소식」을 일단 해체하여 전국·전 세계의 독자들에게 소식을 보낼 요량으로 써 내려갔습니다. 바라건대, 가능한 한 먼 곳에 있는 독자들에게까지 소식이 닿았으면 합니다. 그리고 마지막에 제 반생기를 덧붙였습니다. 이것은 『발언·오키나와의 전후 50년發言·沖繩の前後五十年』(ひるぎ社)에 썼던 글을 바탕으로 하였습니다.

이 책은 기획에서 편집·출판까지 자신의 일처럼 열의를 갖고 진행해 주신 담당자 오야마 미사코大山美佐子 씨의 도움이 없었다면 완성되지 못했을 것입니다. 또 「오키나와 소식」을 연재할 때의 담당이었던 난카이일일신문사의 마쓰이 데루미松井輝美 씨, 시게무라 고료重村晃兩 씨에게도 큰 신세를 졌습니다.

마지막으로, 사진 제공에서는 친구인 나카히라 다쿠마中平卓馬 씨가 협력해주었습니다. 또 「오키나와 소식」에서 함께 일했던 에바라 고타로惠原弘太郎 씨도 흔쾌히 사진을 제공해 주셨습니다. 그리고 동료인 간나 게이코漢那敬子 씨에게는 교정으로 신세를 졌습니다. 이에 감사 말씀을 드립니다.

제가 처음으로 쓴 저서인 까닭에 컴퓨터 입력은 딸 미와코美和子와 아들 조덴朝典이 도와주었습니다. 자신들의 이야기를 적은 원고를 발표할 수 있도록 허락해 준 누님들 가족을 비롯하여 지금까지 저를 줄곧 후원해 주신 모든 분들께 진심으로 감사를 드립니다.

쉬디가후데비루スィデイガフーデービル＝孵デ果報デ侍ル(감사합니다).

2005년 5월 30일
하에바루 정南風原町의 아침노을을 바라보며
다카라 벤高良勉

역자 후기

이 책은 오키나와 출신의 다카라 벤高良勉 시인이 쓴 『沖繩生活誌』(岩波書店, 2005)의 번역이다. 역자가 번역 과정에서 출판사와 협의하여 『오키나와 사람들의 한해살이』라고 다시 제목을 붙였다. 다카라 시인은 이 책에서 오키나와 사람들의 일상적인 한해살이를 봄, 여름, 가을, 겨울이라는 사계절로 나누어 소개하고 있다. 설과 오본お盆을 비롯한 연중행사, 오키나와의 의식주, 민속신앙, 춤과 노래, 오키나와전, 미군기지에 이르기까지 다양한 오키나와의 사회문화가 다카라 시인의 개인사 및 가족사를 축으로 하여 펼쳐진다. 책을 읽다보면, 오키나와 사람들의 가족, 이웃, 친구들의 일상생활을 통해서 오늘날 한국사회에서 잃어버린 혹은 잊어버린 공동체에 대한 그리운 기억들이 되살아나곤 한다. 역자는 처음 이 책을 읽으면서, 책의 곳곳에서 나의 어린 시절의 가족, 이웃, 친구들의 모습을 떠올리곤 했다. 아마도 이 점이 역자가 이 책을 번역하기로 마음먹은 가장 큰 이유일 것이다.

내가 다카라 시인을 처음 만난 것은 2000년 5월 광주에서이다. 당시 광주에서는 '동아시아 평화와 인권 심포지엄'이 개최되었다. 이 심포지엄은 한국, 일본, 오키나와, 타이완이라는 4개 국가 및 지역의 연구자 및 운동가들이 한 자리에 모여서 동아시아의 평화와 인권문제에 관해서 고민하고 토론하는 자리였다. 심포지엄 장소도 4개 국가 및 지역에서 돌아가며 개최되었다. 마침 2000년 5월이 5·18민주화운동 20주년에 해당하기 때문에 이를 기념하는 의미에서 광주에서 심포지엄을 개최하기에 이르렀다. 광주에서의 심포지엄 기간 동안에, 카우보이모자를 쓰고 열심히 휘파람을 불며 문화행사에 참가하던 한 사람이 유난히 눈에 띄었다. 바로 오키나와 팀의 일원으로 참가한 다카라 시인이었다. 심포지엄에서 처음 만난 이후, 내가 2002년에 5개월 정도 오키나와에 체류하는 기간을 거쳐 다카라 시인과의 교류가 지금까지 이어지고 있다.

　『沖繩生活誌』의 한국어 번역은 우연한 기회에 시작되었다. 나는 2010년 2월에 오키나와의 구다카지마久高島 섬에 머무르며 해마다 섬에서 거행하는 설 의례를 조사하던 중이었다. 그러던 중에 뜻밖에도 그 섬에서 다카라 시인 부부와 만나게 되었다. 구다카지마는 이 책의 제1장 「구다카지마」에서 소개하고 있는 바와 같이, 오키나와의 창세신이 처음 이 섬으로 강림하였다고 알려진 '신화의 섬'이다. 지금도 섬 가운데에 창세신에게 제사지내는 사당이 세워져 있다. 다카라 시인의 부인은 오키나와 전통무용을 전공한 무용가로 유명한 분이다. 마침 그 무렵에 구다카지마의 창세신 신화를 소재로 한 창작무용을 연출하게 되었는데, 사당을 찾아가서 그 사실을 보고하고 설 의례에도 참가하기 위해 부부가 함께 섬을 찾았다고 한다. 다카라 시인 부부와 이런저런 이야기를 나누던 끝에, 내가 『沖繩生活誌』에 관해서 언급하며 언젠가 이를 한국어로 번역하여 소개했으면 좋겠다는 말씀을 드렸다. 다카라 시인은 흔쾌히 승낙하며 기뻐해주셨다.

　생각해보니, 다카라 시인에게 이 책의 번역에 관해 말씀드리고 나서 이번에 책이 출판되어 나오기까지 꼬박 6년이라는 세월이 흘렀다. 이마저도 오키나와문화를 연구하는 김희영이라는 공역자가 없었더라면 앞으로 몇 년이 더 걸렸을지 모를 일이다. 김희영 선생의 성실함이 고마울 따름이다. 나는 번역하는 동안 몇 번에 걸쳐 오키나와를 방문하며, 이 책에서 저자가 소개하는 현지를 둘러볼 기회가 있었다. 바쁜 일정에도 함께 동행하며 가르침을 주신 오키나와국제대학沖繩國際大學의 이나후쿠 미키코稲福みき子 교수, 가리마타 게이이치狩俣惠一 교수께 감사드린다. 내게 있어서 '큰누님'과도 같은 존재인 이나후쿠 교수는 벌써 정년을 맞이하셨다. 정년후의 생활이 안온하시기만을 바랄뿐이다. 끝으로 역자들의 부족한 부분을 채우느라 애써주신 민속원의 편집부 여러분들께 진심으로 감사드린다.

2016년 2월
역자를 대표하여 김용의

가

지은이

다카라 벤高良 勉, Ben Takara

시인이자 지역운동가로 본명은 다카미네 조세이高嶺朝誠이다. 1949년 오키나와 현 시마지리 군島尻郡 다마구스쿠 촌玉城村에서 출생하였다. 1976년 시즈오카대학靜岡大學 이학부 화학과를 졸업한 후에 오키나와현립고등학교에서 교사생활을 하였다. 1984년에 발표한 시집『곶岬』으로 제7회 '야마노구치바쿠상山之口獏賞'을 수상하였다. 1990년에 필리핀대학 대학원으로 유학을 갔다. 1990년대 중엽에는 오키나와현립후텐마고등학교沖繩縣立普天間高等學校 교사로서 반 기지운동에 참가하였다. 또한 한평반전지주회一坪反戰地主會 운동에 참가하여 가데나嘉手納 기지 안에 토지를 공유하고 있다. 2013년 5월 15일, 류큐민족독립종합연구학회琉球民族獨立總合硏究學會에 발기인 중 한 사람으로 참가하였다. 오키나와 현 사료편집실에서 연구원으로 사료 편집을 담당하였으며, 일본문예가협회 및 일본현대시인회의 회원으로 활동하고 있다. 시집으로『夢の起源』,『岬』,『花染よー』,『越える』,『サンバギータ』,『絕對零度の近く』등이 있다. 주요 저서로는『琉球弧(うるま)の發信』,『發言・沖繩の前後50年』,『僕は文明をかなしんだー沖繩詩人山之口貘の世界』(彌生書房) 등이 있다.

옮긴이

김용의金容儀, Kim Yongui

1961년 광주에서 태어났다. 현재 전남대학교 일어일문학과 교수이다. 전남대학교 일어일문학과를 졸업하고 중앙대학교 대학원 석사과정에서 일본신화를 공부하였다. 일본 오사카대학 대학원 석사 및 박사과정에서 일본문화학(민속학)을 전공하여 석사 및 박사학위를 취득하였다. 한일설화의 비교, 오키나와문화, 일제강점기 한국문화의 변용 등에 관심을 갖고 연구하고 있다. 주요 저역서로『도노 모노가타리』(역서),『유로설전』(역서),『종교민속학』(공역),『혹부리 영감과 내선일체』(저서),『일본설화의 민속세계』(저서),『동중국해문화권』(공역),『일본의 스모』(저서),『오키나와 구전설화』(역서),『선조 이야기』(역서) 등이 있다.

김희영金希英, Kim Heeyoung

현재 전남대학교 일어일문학과 강사 겸 울산대학교 일본어일본학과 선임연구원이다. 전남대학교 일어일문학과 및 인류학과를 졸업하고 전남대학교 대학원 일어일문학과에서 일본문화학을 연구하여 석사 및 박사학위를 취득하였다. 수년 전부터 현지 민속조사를 바탕으로 한 오키나와 민속문화 연구에 몰두하고 있다. 주요 연구논문으로「오키나와 '아가리우마이'의 낙원지향성」,「무라야마 지준의 조선관」등이 있다. 저서로는『무라야마 지준의 조선인식』(민속원), 역서로는『조선의 미신과 풍속』(공역),『일본사상의 감성전통』(공역),『종교민속학』(공역),『동중국해문화권』(공역) 등이 있다.

오키나와 학술총서沖繩學叢書 3

오키나와 사람들의 한해살이
시인 다카라 벤이 들려주는 오키나와 생활지

초판1쇄 발행 2016년 2월 25일

지은이 다카라 벤高良 勉   **옮긴이** 김용의 · 김희영
펴낸이 홍기원

총괄 홍종화   **편집주간** 박호원
편집 · 디자인 오경희 · 조정화 · 오성현 · 신나래 · 김선아
          이효진 · 남도영 · 이상재 · 남지원
관리 박정대 · 최기엽

펴낸곳 민속원   **출판등록** 제18-1호   **주소** 서울 마포구 대흥동 337-25(토정로25길 41)
전화 02) 804-3320, 805-3320, 806-3320(代)   **팩스** 02) 802-3346
이메일 minsok1@chollian.net, minsokwon@naver.com   **홈페이지** www.minsokwon.com

ISBN 978-89-285-0867-9
SET 978-89-285-0176-2   94380

ⓒ 高良 勉, 2005
ⓒ 김용의 · 김희영, 2016
ⓒ 민속원, 2016, Printed in Seoul, Korea

책 값은 뒤표지에 있습니다.
잘못된 책은 바꾸어 드립니다.